高等院校公共课系列精品教材

# ICT 职业素养训练
## （基础篇）（第 2 版）

王真文　向　艳　赖啸月　主　编
黄俊秋　邢琼川　任大鹏　严志童　副主编
　　　　　　　　　　耿　兵　主　审

电子工业出版社
Publishing House of Electronics Industry
北京·BEIJING

## 内 容 简 介

本书由编者基于多年的 ICT 行业项目管理经验、人力资源管理经验和高校工作经验，并参阅大量的研究资料编写而成。

本书包含职业生涯规划和职业素养两大主题，共 6 章。第 1 章从"弄清楚自己上大学的目的"和"入学即明确职业目标"两个方面引导读者重视职业生涯规划，制作自己的职业生涯规划模板。第 2 章从认知 ICT 行业和相关职业入手，帮助读者深入了解职业和就业准入制度，引导读者以完成任务的方式填写职业生涯规划书中的行业环境、职业环境分析，确定职业目标。第 3 章帮助读者从生理和心理、人格成熟度、职业兴趣、职业性格、职业能力、创新能力等方面认识自我，引导读者一步步完成自己的职业生涯规划书。第 4~6 章分别聚焦"提升自我，构筑基础能力""磨炼自我，增强团队能力""挑战自我，完善卓越能力"，引导读者实施职业生涯规划书中的计划，以达到系统地提升职业素养的目的。

本书既可作为高校 ICT 专业的职业素养或专业课程教学用书，也可作为职场新人入职前后培训的参考用书，还可作为相关老师、培训师备课的参考用书。

未经许可，不得以任何方式复制或抄袭本书之部分或全部内容。
版权所有，侵权必究。

图书在版编目（CIP）数据

ICT 职业素养训练. 基础篇 / 王真文，向艳，赖啸月主编. -- 2 版. -- 北京：电子工业出版社，2025.6.
ISBN 978-7-121-50557-7

Ⅰ．F49

中国国家版本馆 CIP 数据核字第 2025SQ7491 号

责任编辑：徐建军
印　　刷：三河市鑫金马印装有限公司
装　　订：三河市鑫金马印装有限公司
出版发行：电子工业出版社
　　　　　北京市海淀区万寿路 173 信箱　　邮编：100036
开　　本：787×1092　1/16　印张：18.25　字数：468 千字
版　　次：2021 年 10 月第 1 版
　　　　　2025 年 6 月第 2 版
印　　次：2025 年 6 月第 1 次印刷
印　　数：2 000 册　　定价：59.80 元

凡所购买电子工业出版社图书有缺损问题，请向购买书店调换。若书店售缺，请与本社发行部联系，联系及邮购电话：（010）88254888，88258888。
质量投诉请发邮件至 zlts@phei.com.cn，盗版侵权举报请发邮件至 dbqq@phei.com.cn。
本书咨询联系方式：（010）88254570，xujj@phei.com.cn。

# 前　言

党的二十大报告指出,高质量发展是全面建设社会主义现代化国家的首要任务。

随着我国经济转型的不断加速,ICT作为产业经济结构转型新动能的价值日益凸显,相关行业保持着较快的发展速度。新一代信息技术已融入、渗透到社会的多个领域,改变着人们的生产、生活和思维方式,成为推动经济发展的重要引擎。我国ICT行业面临着人才供给量小、人才错位、企业招不到合适的人才等问题,这些问题制约了ICT行业的健康、快速发展。在这种情况下,寻求破解ICT人才入门困境的方法,快速、高质量地提升ICT人才的职业认知水平与职业迁移能力,成为刻不容缓的研究课题。

虽然ICT领域存在巨大的人才需求缺口,但是这一需求缺口并未促使供给端形成人才"抢手"的现象。之所以产生人才供需结构性错位问题,有两个原因:一是ICT应用往往要求专业人才有一定的工作和实践经验,而且随着许多新岗位的诞生,这个要求会越来越高;二是新人往往只有基础学习能力,在职业认知、团队合作、解决问题和理解企业文化等方面有所欠缺。这样一来,就业难,招聘更难,新人找不到合适的工作,企业也难以找到适合自身的新人。

ICT企业通常对新人有以下期望:"应知应会还不够,我们需要心智成熟的人""把知识转化为生产力的确需要时间,但最好别超过一个月""我们最希望看到的是新人的实操经验和发展的可能"。

在技术更新迅速的ICT行业中,企业强调员工的技术与职业素养的深度融合,不仅要求员工具备扎实的专业技能,还注重其综合能力的培养。编者从满足大学生体验式学习的趣味性需求出发,编写了本书,旨在帮助大学生做好职业生涯规划,修炼扎实的"内功",认识自我,切实提升自己的职业素养。

本书具有以下突出特点。

(1)理论体系完整且系统性强。本书的重点是引导读者重视并执行职业生涯规划,积累实践经验,提升职业综合素质。本书逻辑清晰,理论体系完整且系统性强。

(2)新颖性强。在编写本书的过程中,编者将课堂活动和知识讲解结合起来,以活动引入新知识,以对活动的思考和体会加深读者对新知识的理解,以方法参考的形式形成将知识和技能转化为能力的切入点,引导读者学以致用。

(3)现实针对性强。本书包括丰富的ICT行业案例和分析,聚焦ICT行业及相关岗位,对ICT行业相关专业的大学生具有较强的现实针对性和实用性,对提升大学生的职业素养具有指导作用。

(4)内容充实。除了阅读正文,读者还能扫描书中的二维码进行扩展阅读,或者用互联网查询相关知识,拓宽学习的广度,通过"第二课堂"来加深记忆和巩固所学知识。

在使用本书的过程中，老师可以先让学生了解每一节的"任务目标"，再分析如何完成任务；在"实现准备"环节，以活动为主、讲解为辅的方式展开，引导学生学习并思考新知识；在"实现参考"环节，结合书中给出的参考观点和参考建议，提升学生解决问题、完成任务的能力；在"任务实现"环节，基于每一节介绍的知识，指导学生完成任务；在"任务小结"环节，或启发学生思考，或提炼每一节的精华，或承上启下，引入下文的相关内容。

党的二十大报告指出，坚持以人民为中心发展教育，加快建设高质量教育体系，发展素质教育，促进教育公平。在教学过程中，老师可以参考学校的课时安排，并根据学生的需求和具体的教学情况，有选择地开展实训和讲解知识，以学生为中心，促进师生间和学生间的互动，激发学生的学习兴趣，挖掘学生的潜力，在提升学生的职业素养的同时，让学生体会到学习知识和参与课内外活动的乐趣。

本书由四川长江职业学院组织策划，由四川长江职业学院的王真文、杭州喜马拉雅信息科技有限公司的向艳和四川长江职业学院的赖啸月担任主编，由四川长江职业学院的黄俊秋和邢琼川、海渡科技（四川）有限公司的任大鹏、四川长江职业学院的严志童担任副主编。此外，四川长江职业学院的耿兵审阅了全书并提出了宝贵意见。

在编写本书的过程中，编者参阅了许多同类教材和文献资料，汲取了其中的精髓，同时引用了一些专家、企业家的理论和观点，并得到了广大师生的支持和帮助，在此表示衷心的感谢！

由于编者水平有限，书中难免有疏漏之处，敬请广大读者批评指正。

编　者

2025 年 5 月

# 目录

## 第 1 章 职业生涯规划从入学开始 .................................................. 1

### 1.1 上大学需要认真读书吗 .................................................. 2
- 1.1.1 上大学的目的 .................................................. 2
- 1.1.2 弄清楚自己上大学的目的是必要的吗 .................................................. 2
- 1.1.3 大学里能学到什么 .................................................. 5
- 1.1.4 为什么要上大学 .................................................. 8
- 1.1.5 上大学的目的与规划职业生涯目标 .................................................. 9

### 1.2 做好职业生涯规划 .................................................. 9
- 1.2.1 开始你的职业生涯规划 .................................................. 9
- 1.2.2 就业是职业生涯的基础 .................................................. 10
- 1.2.3 入学即明确职业目标 .................................................. 12
- 1.2.4 为何要进行职业生涯规划 .................................................. 15
- 1.2.5 如何进行职业生涯规划 .................................................. 18
- 1.2.6 即刻准备你的职业生涯规划 .................................................. 21
- 1.2.7 "迭代式"补充你的职业生涯规划信息 .................................................. 23

## 第 2 章 认知 ICT 行业和相关职业 .................................................. 24

### 2.1 认知 IT 行业 .................................................. 25
- 2.1.1 我的未来在哪里 .................................................. 25
- 2.1.2 初步认知 IT 行业 .................................................. 25
- 2.1.3 IT 行业的主要职位 .................................................. 31
- 2.1.4 IT 行业的优势和职业发展机遇 .................................................. 35
- 2.1.5 规划自己的未来 .................................................. 37
- 2.1.6 除了 IT 行业，CT、ICT 行业也是你的舞台 .................................................. 38

### 2.2 了解 CT、ICT 行业 .................................................. 39
- 2.2.1 初步确定职业目标和职业发展路径 .................................................. 39
- 2.2.2 了解通信技术、信息与通讯技术 .................................................. 39
- 2.2.3 CT、ICT 的发展趋势和带来的机会 .................................................. 46
- 2.2.4 基本确定自己的职业发展路径 .................................................. 51
- 2.2.5 职业目标是可以改变的 .................................................. 53

### 2.3 职业和就业准入制度 .................................................. 54

2.3.1 行业、职业、职业资格证书应该怎么选择 ............................................................. 54
   2.3.2 职业、就业准入与职业资格证书的基础知识 ......................................................... 54
   2.3.3 基于职业排行榜与"考证热"的"冷思考" .......................................................... 63
   2.3.4 选择行业、职业、职业资格证书 ............................................................................. 67
   2.3.5 确定职业目标和意向职业资格证书 ......................................................................... 68

第3章 认识自我，完成职业生涯规划书 ........................................................................................ 69
 3.1 我是谁——生理和心理探索 ............................................................................................... 70
   3.1.1 初步评估自我 ............................................................................................................. 70
   3.1.2 客观看待自身，每个人都有独特之处 ..................................................................... 70
   3.1.3 了解自己的途径和自我意识自测 ............................................................................. 74
   3.1.4 填写职业生涯规划书 ................................................................................................. 77
   3.1.5 距离全面认识自我尚有很长的路要走 ..................................................................... 77
 3.2 我能独立生活吗——人格成熟度探索 ............................................................................... 78
   3.2.1 规划大学生活，制订身体锻炼计划 ......................................................................... 78
   3.2.2 独立生活从"心""身"开始 ................................................................................. 78
   3.2.3 提升独立生活能力需要强健的体魄 ......................................................................... 83
   3.2.4 规划并执行独立生活、身体锻炼计划 ..................................................................... 89
   3.2.5 独立生活，养成体育锻炼习惯，增强自信 ............................................................. 89
 3.3 我喜欢做什么——职业兴趣探索 ....................................................................................... 90
   3.3.1 发现职业兴趣，填写职业生涯规划书 ..................................................................... 90
   3.3.2 理解霍兰德职业兴趣六边形模型 ............................................................................. 90
   3.3.3 了解霍兰德职业兴趣测试及其结果解读 ................................................................. 95
   3.3.4 进行霍兰德职业兴趣测试，填写职业生涯规划书 ................................................. 97
   3.3.5 发现职业兴趣，保持工作稳定 ................................................................................. 97
 3.4 我适合做什么——职业性格探索 ....................................................................................... 98
   3.4.1 了解 MBTI 性格测试，填写职业生涯规划书 ......................................................... 98
   3.4.2 了解 MBTI 的主要特征 ............................................................................................. 99
   3.4.3 性格与职业的关系 ................................................................................................... 104
   3.4.4 了解 MBTI 性格测试及其结果样例 ....................................................................... 109
   3.4.5 进行 MBTI 性格测试，填写职业生涯规划书 ....................................................... 111
   3.4.6 正确看待 MBTI 性格测试 ....................................................................................... 112
 3.5 我能做什么——职业能力探索 ......................................................................................... 112
   3.5.1 制订专业学习和技能提升计划 ............................................................................... 112
   3.5.2 提升专业技能是硬道理 ........................................................................................... 113
   3.5.3 制订技能提升计划，并培养其他的相关能力 ....................................................... 115
   3.5.4 制订有针对性的专业学习和技能提升计划 ........................................................... 117
   3.5.5 执行计划需要找方法"对付"自己 ....................................................................... 119

## 目录

- 3.6 我能出奇制胜吗——创新能力探索 ..... 119
  - 3.6.1 了解创新人格测试，填写职业生涯规划书 ..... 119
  - 3.6.2 了解创新能力和创新人格特质 ..... 120
  - 3.6.3 怎样培养创新能力 ..... 123
  - 3.6.4 进行创新人格测试，填写职业生涯规划书 ..... 125
  - 3.6.5 人的知识越丰富，创新的机会就越多 ..... 128
- 3.7 完成职业生涯规划书 ..... 128
  - 3.7.1 完成职业生涯规划书的制订 ..... 128
  - 3.7.2 学习如何进行职业生涯规划 ..... 129
  - 3.7.3 ICT 职业生涯规划案例 ..... 131
  - 3.7.4 完成职业生涯规划书并严格执行 ..... 132
  - 3.7.5 ICT 人必须持续提高自己的职业综合素质 ..... 132

## 第 4 章 提升自我，构筑基础能力 ..... 136

- 4.1 自我管理能力 ..... 137
  - 4.1.1 制订 21 天计划，进行时间管理、情绪管理、压力管理 ..... 137
  - 4.1.2 自我管理、时间管理、情绪管理、压力管理的必要性 ..... 138
  - 4.1.3 做好时间管理、情绪管理、压力管理和自我管理 ..... 151
  - 4.1.4 制订 21 天计划，收集调节情绪和缓解压力的方法 ..... 159
  - 4.1.5 自我管理是提升自我的基础 ..... 160
- 4.2 学习能力 ..... 161
  - 4.2.1 测试你的学习能力 ..... 161
  - 4.2.2 只有拥有学习能力，才能实现自我更新 ..... 161
  - 4.2.3 提升学习能力的建议和"秘籍" ..... 163
  - 4.2.4 完成学习能力测试 ..... 169
  - 4.2.5 出色的学习能力是可持续的竞争优势 ..... 170
- 4.3 主动性 ..... 170
  - 4.3.1 安排自己做一件事 ..... 170
  - 4.3.2 为何要主动 ..... 171
  - 4.3.3 怎样才能具有主动性 ..... 176
  - 4.3.4 发挥主动性，完成自己安排的一件事并提交总结 ..... 180
  - 4.3.5 工作要有主动性 ..... 181
- 4.4 成功导向性 ..... 182
  - 4.4.1 3 天能卖出多少套职业装 ..... 182
  - 4.4.2 成功需要什么态度和行动 ..... 182
  - 4.4.3 成功是有方法可循的 ..... 188
  - 4.4.4 分组比赛 3 天内卖出多少套职业装 ..... 191
  - 4.4.5 成功导向性促使我们攀登更多的绩效高峰 ..... 191

## 4.5 执行力 ... 192
### 4.5.1 哪个团队的纸飞机飞得最远 ... 192
### 4.5.2 理解执行力对个人和企业的重要性 ... 192
### 4.5.3 提升个人执行力和企业执行力的措施 ... 197
### 4.5.4 哪个团队的纸飞机任务得分最高 ... 199
### 4.5.5 强大的执行力是成功的关键 ... 200

## 4.6 职场礼仪与职场形象 ... 200
### 4.6.1 职场交际情景演练 ... 200
### 4.6.2 职场礼仪和职场形象的相关知识 ... 200
### 4.6.3 进行职场交际情景演练 ... 208
### 4.6.4 知礼仪、塑形象是获得事业成功的重要保障 ... 210

# 第5章 磨炼自我，增强团队能力 ... 211

## 5.1 沟通能力 ... 212
### 5.1.1 大学生职业生涯规划设计大赛 ... 212
### 5.1.2 有效沟通的重要性和原则 ... 212
### 5.1.3 如何有效沟通 ... 216
### 5.1.4 如何进行演讲 ... 220
### 5.1.5 开展大学生职业生涯规划设计大赛 ... 224
### 5.1.6 异性交往艺术 ... 225
### 5.1.7 沟通能力是人人都需要的能力 ... 225

## 5.2 问题解决能力 ... 226
### 5.2.1 突破性解决问题的团队游戏 ... 226
### 5.2.2 问题解决能力概述 ... 226
### 5.2.3 提升问题解决能力的方法 ... 227
### 5.2.4 突破性解决问题的团队游戏——创新接力 ... 240
### 5.2.5 一个人最大的价值在于其问题解决能力 ... 240

## 5.3 影响力 ... 241
### 5.3.1 选谁和唐僧去西天取经 ... 241
### 5.3.2 利用强大的影响力提升与人连接的能力 ... 241
### 5.3.3 如何提升影响力 ... 245
### 5.3.4 你选谁和唐僧去西天取经 ... 248
### 5.3.5 提升影响力，成为意见领袖 ... 248

## 5.4 团队合作能力 ... 249
### 5.4.1 策划学校元旦晚会 ... 249
### 5.4.2 如何理解团队精神和开展团队合作 ... 249
### 5.4.3 如何高效地进行团队合作 ... 256
### 5.4.4 分组完成学校元旦晚会策划 ... 260

5.4.5　即使个人能力再强，也离不开团队合作 .................................................................. 260

# 第6章　挑战自我，完善卓越能力 .................................................................................. 261

## 6.1　跳出舒适圈 ........................................................................................................... 262
### 6.1.1　在大学期间如何跳出舒适圈 ................................................................... 262
### 6.1.2　挑战自我就是要跳出舒适圈 ................................................................... 262
### 6.1.3　如何跳出舒适圈 ....................................................................................... 266
### 6.1.4　在大学期间跳出舒适圈 ........................................................................... 268
### 6.1.5　跳出舒适圈，未来的我们一定会感谢现在努力的自己 ....................... 268

## 6.2　坚韧性 ................................................................................................................... 269
### 6.2.1　和自己签一份"合同" ............................................................................... 269
### 6.2.2　坚韧性是战胜挫折的有力武器 ............................................................... 269
### 6.2.3　如何培养坚韧性 ....................................................................................... 276
### 6.2.4　和自己签一份"合同"，并总结执行情况 ............................................... 280
### 6.2.5　坚韧性是克服困难、成就事业的钥匙 ................................................... 280

# 参考文献 ................................................................................................................................ 281

# 第 1 章 职业生涯规划从入学开始

## 学习目标

- 客观地进行分析和思考,弄清楚自己上大学的目的,端正大学期间的学习态度和生活态度。
- 了解就业是职业生涯的基础,入学即明确职业目标,开始进行职业生涯规划。

## 任务安排

- 思考如何精彩地度过大学时光。
- 做好职业生涯规划。

## 学习指南

- 课堂内:通过参与"课堂活动"、小组讨论分享来了解新知识,通过"课堂讲解"、问题答疑来理解知识点。
- 课堂外:扫描书中的二维码进行扩展阅读,拓宽知识面,深度理解要点;自学"实现参考"部分的内容,将知识点转化为自己的收获或能力。
- 利用课余时间阅读和 ICT 行业有关的书籍,可以是名人传记(如《史蒂夫·乔布斯传》)或小说(如《浮沉》),了解名人或职场人士的成长经历,从而理解职业生涯规划的重要性,并结合"课堂实训"完成本章的任务。

## 1.1 上大学需要认真读书吗

### 任务目标

#### 1.1.1 上大学的目的

**任务名称**

任务:弄清楚自己上大学的目的。

**任务分析**

上大学的目的因人而异,没有固定的答案。一个人如果没有弄清楚做某件事情的目的,就可能走错路、走偏或走得不顺,因为人们容易根据能否达到目的来判断自己的行为和手段,并培养或提升相应的能力。要想弄清楚自己上大学的目的,可以参考以下思路。

| 实现准备 | 课堂活动 | 活动一:搭讪高手 |
| --- | --- | --- |
| | | 活动二:读书真的无用吗 |
| | 课堂讲解 | 知识点:马斯洛需求层次理论 |
| 实现参考 | 课堂活动 | 活动三:"'随遇而安'的王某"案例分析 |
| | 课堂讲解 | 参考观点:大学里能学到什么 |
| 任务实现 | 课堂实训 | 任务:弄清楚自己上大学的目的 |
| 任务小结 | 课后思考 | 上大学的目的与规划职业生涯目标 |

### 实现准备

#### 1.1.2 弄清楚自己上大学的目的是必要的吗

**活动一:搭讪高手**

1. 活动目的

通过活动,尽快认识和了解彼此,便于今后讨论、交流。

2. 活动流程

1)按照指导操作

先拿出一张白纸,参考图 1-1 画线;再在标注"姓名"的区域写下你的姓名,在其余 4 个区域画出相应的内容(只能画画,不能写字)。在这个过程中不能交流,要保持安静,5 分钟后结束画画。

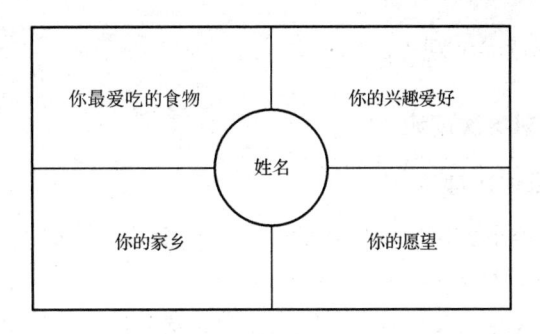

图 1-1　给自己"画像"

2）与周围的同学交流

两个同学一组，向对方介绍自己的姓名，请对方猜自己画的内容（可以找不同的同学多次交流），交流时间为 10 分钟。

3）课堂分享
- 你的活动感想是什么？
- 你与同学相互认识并更熟悉对方了吗？

### 活动二：读书真的无用吗

#### 1. 活动目的

通过活动，认识读书的必要性，端正大学期间的学习态度，加深对学习的重要性的认识。

#### 2. 活动流程

1）阅读案例

> **案例 1：在下面这两份名单中，你分别认识多少人**
>
> 第一份名单：傅以渐、王式丹、毕沅、林召棠、王云锦、刘子壮、陈沆、刘福姚、刘春霖。
>
> 第二份名单：曹雪芹、胡雪岩、李渔、顾炎武、金圣叹、黄宗羲、吴敬梓、蒲松龄。
>
> 哪份名单中的人你认识的多一些？
>
> 第一份名单中的人是清朝的科举状元，第二份名单中的人是落第的秀才。

2）分组讨论
- 读书是无用的吗？我们需要在大学期间好好读书吗？
- 你怎么看待上面两份名单中的人取得的"成功"？他们过得幸福吗？

3）课堂分享

各小组安排 1 人分享小组讨论结论，其他小组成员既可以补充，也可以分享不同观点。

#### 3. 观点参考：不要人云亦云，要有自己的思考

现在的网络很发达，信息很丰富。在这种背景下，我们需要独立收集资料、查证资料和独立思考，得出自己的分析和观点。

请扫描二维码,阅读参考观点。

## 知识点：马斯洛需求层次理论

### 1. 了解马斯洛需求层次理论

马斯洛需求层次理论是关于需求结构的理论,传播较广。该理论被行为科学吸收,并成为行为科学的一个重要理论。

亚伯拉罕·马斯洛认为,人的需求由生理需求、安全需求、社交需求、尊重需求、自我实现需求 5 个层次构成,其模型如图 1-2 所示。

图 1-2 马斯洛需求层次模型

1）生理需求

生理需求包括空气、水分、食物、睡眠、性的需求等,它们在人的所有需求中最基础。例如,当不会游泳的人落水时,空气对其更重要,相比之下,自尊和爱就没那么重要了。

2）安全需求

人需要稳定、安全、受到保护、有秩序、能免除恐惧和焦虑等。例如,人通常希望有稳定的工作和各种保险。

3）社交需求

社交需求即归属和爱的需求,人往往要与他人建立感情的联系或关系。例如,人通常渴望结交朋友、加入各种圈子和追求爱情等。

4）尊重需求

尊重需求即自尊和希望受到他人尊重的需求,其中自尊的需求使人相信自己的力量和价值,变得更有能力和创造力,包括成就、名声、地位和晋升机会等。

5）自我实现需求

人追求发挥自己的能力或潜能,并使之完善化。在人生道路上,自我实现的形式是不一样的,每个人都有机会完善自己的能力,满足自我实现需求。这是一种对真善美的至高人生境界的追求。

### 2. 满足更高层次的需求

需求的产生和发展是由低层次向高层次波浪式推进的。当低层次的需求没有完全得到满足时,高层次的需求已经产生了；当低层次需求的高峰过去但没有完全消失时,高层次的需求逐步增强，直到占据优势地位。

当低层次的需求基本得到满足以后，其激励作用会减小，其优势地位将不再保持下去，高层次的需求会取代低层次的需求，成为推动人的行为的主要原因。有的需求一旦得到满足，便不能继续成为推动人的行为的主要原因，于是被其他需求取代。需求的相对强度变化趋势如图1-3所示。

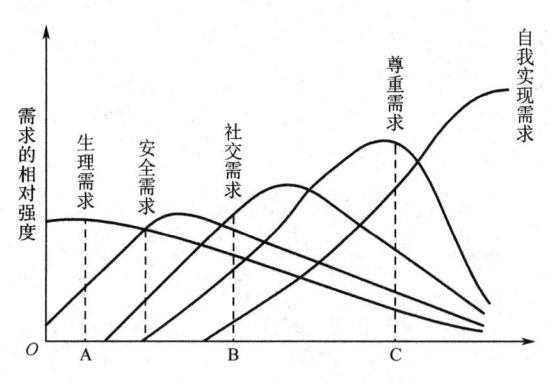

图1-3　需求的相对强度变化趋势

很多人有自我实现的愿望，但达到自我实现的境界并不是每个人都能做到的，只有少数人能做到。

人的最高需求是自我实现需求，也就是以最有效和最完整的方式发挥自己的潜力。只有这样，人才能获得高峰体验。

随着社会的进步和经济的发展，满足更高层次需求的人越来越多。戴维斯曾就美国的相关情况做过统计，如表1-1所示。

表1-1　不同需求层次所占的比例变化

| 需求层次 | 1935年所占的比例 | 1995年所占的比例 |
| --- | --- | --- |
| 生理需求 | 35% | 5% |
| 安全需求 | 45% | 15% |
| 社交需求 | 10% | 24% |
| 尊重需求 | 7% | 30% |
| 自我实现需求 | 3% | 26% |

> 实现参考

## 1.1.3　大学里能学到什么

**活动三："'随遇而安'的王某"案例分析**

1. 活动目的

通过活动，了解如果没有弄清楚上大学的目的，那么无论是今后的就业还是事业，都会没有方向。

## 2. 活动流程

1）阅读案例

---

### 案例2："随遇而安"的王某

王某是计算机专业的学生。一开始，他想做软件工程师，因为这个职业和他的专业更接近。但他从报纸上看到，软件工程师是吃"青春饭"的职业，和年龄有很大的关系，35岁以后就有被淘汰的可能，工作不太稳定。

然后，王某想去卖包子，因为他认为他家楼下包子店的生意很稳定。后来由于家人反对，王某放弃了这个想法。

于是，王某决定去公司应聘。他想做销售，因为他看到很多公司的高层领导都是从销售做起的。王某应聘销售没有成功，他想回到IT（信息技术）行业做IT培训师，还是没有成功。

王某找了很多工作，做了很多选择，都没有成功。他非常失望、焦虑，觉得自己不被社会接受。

人在焦虑的时候会想办法排解这种情绪，于是王某经常上网、玩游戏，以暂时排解焦虑情绪。

快毕业的时候，为了逃避就业的压力，王某决定考研，成为高校中的"考研一族"。

---

2）快速思考

- 上述案例中的王某为何一直不知道毕业后做什么？如何避免出现这样的情况？
- 焦虑情绪导致王某经常上网、玩游戏。如果是你，你会怎么做？

### 参考观点：大学里能学到什么

大一新生应该思考两个问题：一是上大学能获得什么，二是毕业后要做什么样的人。我们先思考第一个问题，看看上大学能获得什么。

大一新生需要了解学生、员工这两个身份对个人的要求有什么不同。从图1-4中可以看出，对学生、员工的要求和得到的回报有很大的差别。要想消除两者之间的差别，我们需要在大学期间努力提升自己的认知和能力。

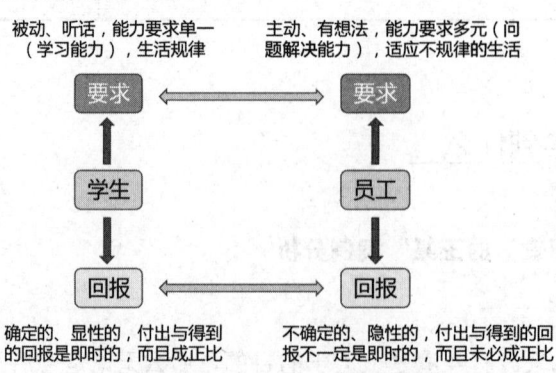

图1-4 对学生、员工的要求和得到回报的差别

可以说，上大学并不是未来的保证，其目的或许真的只是学习。现在认识到自身的渺小和不足比未来捉襟见肘时再想弥补更有利，毕竟当我们进入职场、扮演更多的社会角色之后，不可能专门用几年时间拓宽知识面。在大学里，我们有更多的时间来加深对自身的认识和提升能力。

上大学或读更多的书虽然不能帮我们解决所有实际问题，但是不读书很难获得渊博的学识、深厚的涵养和开阔的眼界。

上大学、多读书可以让我们得到以下收获。

（1）树立理想。党的二十大报告提出，从现在起，中国共产党的中心任务就是团结带领全国各族人民全面建成社会主义现代化强国、实现第二个百年奋斗目标，以中国式现代化全面推进中华民族伟大复兴。大学生的理想要与国家战略同频共振，我们应该将个人的"小目标"融入民族复兴的"大理想"。理想是指引人生的奋斗目标，既能提供人生的前进动力，也能激励人们主动克服困难。其实，每个人都有理想，只是它可能很小，以至于我们不把它称为理想。理想既可以是我们暗下决心时定下的小目标，也可以是一种执着的追求。在大学里，我们可以尽情地丰富自己的内心，拓宽知识面，一步一步地拥有理想。例如，有人相信努力就会有收获，即使吃亏也是一种收获。

（2）学会独立思考。党的二十大报告强调"必须坚持守正创新"。独立思考要求我们以社会主义核心价值观为根基，敢于挑战学术前沿，拒绝"躺平""内卷"等消极思潮。这种能力是我们在大学期间应该着重培养的能力。例如，有人每天在宿舍里打游戏，说"年轻就是要享受生活"，我们也要放纵自己吗？有人勤工俭学、打工赚钱，我们也要向他们学习吗？在做一件事之前，我们应该思考这件事对自己的意义有多大，要有独到的见解，不被别人的思想牵着走，不被大多数人影响。

做一个独立思考的人也许会有些与众不同，不要害怕别人对自己的质疑和反驳。既然选择了独立思考，我们就要做好自己的观点可能"不合群"的心理准备。当我们能够正视自己的与众不同并承受相应的心理压力时，我们会发现自己拥有了独立的思维，我们结识的都是志同道合的人，我们的内心会变得强大、成熟。

（3）学识与眼界：学识影响眼界，眼界决定格局，而格局影响人的一生。

（4）认识自我：大学教育对我们的重要性不仅在于学会了多少专业知识、掌握了多少技能，更重要的是学会认识自我。

（5）基本素质：敬畏规则、诚实守信、商务礼仪等。

（6）学习知识：基础知识、专业知识、技术知识、管理知识、社会知识、心理知识、健康知识等。

（7）培养能力：专业能力、创新能力、学习能力、沟通能力、团队合作能力、自我管理能力等"软能力"。

（8）职业素养：职业道德、职业意识、职业行为、职业作风等。

（9）爱岗敬业：从"爱一行，干一行"到"干一行，爱一行"。

（10）做好自己：坚定、坚持、坚韧。

（11）对他人和社会的责任感：大学生作为社会的一分子，理应承担更多的社会责任，不仅要关注自己的学业，还要关注他人，关注集体、社会和国家的发展。

（12）对知识的追求与探索：大学是知识经济之根，在知识经济时代，大学教育的基本目的是对知识的探索与传播，让学生养成终身学习的习惯。在大学期间，我们要孜孜不倦地追求与探索新知识、新技能，充实自己的头脑。

十几年后，我们或许早已忘记了在大学里学过的课程、考过的试卷，却依然能清楚地记得，在那几年里，有些东西化成了血肉，留在了我们的心底——可能是做人的道理，可能是纯洁的爱情，也可能是青春的记忆……

### ➡ 任务实现

### 1.1.4　为什么要上大学

**任务：弄清楚自己上大学的目的**

请完成下面的小调查，弄清楚自己上大学的目的（可多选）。

1. 你为什么选择上大学

□提高个人能力和综合素质
□获得专业的理论知识，学会逻辑思考
□找一份适合自己的工作
□放松自己，吃喝玩乐
□继续深造，获得更高的学历
□追求自由，打游戏
□谈恋爱，拥有爱情
□结交朋友，提高交际能力
□不辜负父母、亲戚的期望
□提高独立生活能力、心理承受能力
□顺应时代潮流
□消磨时光
□实现自己的理想，为创业做准备
□今后可以为有需要的人服务
□没有想过
□其他，请写明：_____

2. 你对学习的态度是什么

□学习使我快乐，我爱学习
□学习没有其他事情重要
□学习不重要，"60分万岁"
□对于自己感兴趣的知识，学习态度端正

☐其他，请写明：_____

3. 你为自己的前途考虑过吗

☐仔细考虑过并已做好打算
☐粗略考虑过，大致做过打算
☐考虑过，但没有明确的打算
☐没考虑过
☐家人已经帮我规划好了
☐其他，请写明：_____

### 任务小结

## 1.1.5 上大学的目的与规划职业生涯目标

在高中阶段，我们的目标是考大学。在考上大学后，我们需要规划下一个目标是继续深造，还是毕业后步入社会。只有明确了目标，我们才不会在大学阶段迷失方向。

一方面，规划职业生涯目标，明确人生方向，有助于我们弄清楚自己上大学的目的；另一方面，弄清楚自己上大学的目的，有助于我们更好地规划职业生涯目标。由此可见，两者是相辅相成的。

# 1.2 做好职业生涯规划

### 任务目标

## 1.2.1 开始你的职业生涯规划

### 任务名称

任务：制作你的职业生涯规划模板。

### 任务分析

要想完成令人满意的职业生涯规划，你需要通过学习新知识来培养自己的相关意识，制作你的职业生涯规划模板，并结合自己的实际情况填写相关信息，随着学习的深入，逐渐完善，直至完成你的职业生涯规划书。

| 实现准备1 | 课堂活动 | 活动一：我们为什么要就业 |
| --- | --- | --- |
| | 课堂讲解 | 知识点一：就业是职业生涯发展的起点 |
| 实现准备2 | 课堂活动 | 活动二："为了追求兴趣，我背上了校园贷"等案例分析 |

续表

| 实现准备 2 | 课堂讲解 | 知识点二：入学就树立职业生涯规划意识，明确职业目标 |
|---|---|---|
| 实现准备 3 | 课堂活动 | 活动三："谁先当上院长"案例分析 |
| | 课堂讲解 | 知识点三：职业生涯规划的概念和意义 |
| 实现参考 | 课堂讲解 | 知识点四：职业生涯规划的原则、出发点和步骤 |
| | | 扩展阅读：大学生职业生涯规划参考 |
| 任务实现 | 课堂实训 | 活动四：画出自己的生命线<br>任务：制作你的职业生涯规划模板 |
| 任务小结 | 课后思考 | "迭代式"补充你的职业生涯规划信息 |

### ➡ 实现准备 1

## 1.2.2 就业是职业生涯的基础

### 活动一：我们为什么要就业

#### 1. 活动目的

通过活动，阅读动物独立生活的故事，说明我们为什么要工作、就业。

#### 2. 活动流程

1）阅读故事

如图 1-5 所示，鹰是飞禽中的强者。母鹰在悬崖峭壁上筑巢时，先用喙衔来一些荆棘放置在底层，再衔来一些尖锐的小石子铺在荆棘上面，最后衔来一些枯草、羽毛、兽皮覆盖在小石子之上，筑成一个能孵蛋的暖窝。在孵化出小鹰后，母鹰按时叼回小虫等肉食，细心地喂养和呵护小鹰。

图 1-5 鹰

后来，小鹰慢慢长大、羽翼渐丰。这时，母鹰认为小鹰该学习独立生活了。于是，母鹰开始"无情"地搅动鹰巢，让巢内的枯草、羽毛、兽皮掉落，露出尖锐的小石子和荆棘。小鹰痛得哇哇叫，可是母鹰仍"无情"地加以驱逐，小鹰只好忍痛挥动双翅，离巢单飞。

除了这种方式，母鹰到了时间还会"狠心"地把小鹰丢下悬崖，小鹰在下坠的过程中被迫学会飞翔。刚开始，小鹰跌跌撞撞，母鹰只偷偷地在一旁照顾、看护小鹰，直到小鹰能展翅高飞、直上云霄。在看到小鹰学会飞翔后，母鹰就再也不会理睬小鹰了。

2）分组讨论
- 你觉得母鹰残忍无情吗？你有没有听说过哪种动物会带着后代过一辈子？
- 人是否应该像动物一样，到了一定的时候必须独立生活？
- 人为什么要工作？

3）课堂分享

各小组安排 1 人分享小组讨论结论，其他小组成员既可以补充，也可以分享不同观点。

3. 观点参考：我们为什么要工作

请扫描二维码，阅读参考观点。

扫一扫

微课：我们为什么要工作

## 知识点一：就业是职业生涯发展的起点

### 1. 就业、职业、事业的定义

简单地说，就业、职业、事业是指我们正在进行的、用职业化水平来经营的、对广大人民群众有利的工作。

1）就业

就业是指开始进入所选择从事工作的岗位或即将从事职业活动，是连接学业和职业、事业的桥梁。一方面，了解就业市场导向有助于我们提升学业，促进学业进步；另一方面，如果顺利就业，就能为职业和事业成功做铺垫。因此，我们首先要就业。

2）职业

职业是指承担某种责任、履行某种义务、达到某种要求或标准的行业性、专业性活动。职业是参与社会分工，利用专门的知识和技能，为社会创造物质财富和精神财富，获取合理报酬作为物质生活来源，并满足精神需求的工作。

3）事业

《易经》有云："举而措之天下之民，谓之事业。"简单地说，真正的事业是为"天下之民"的利益而做的，否则只能被称为职业。既做了自己喜欢的事情，又帮助了他人，这就是事业。

### 2. 就业、职业、事业的关系

结合马斯洛需求层次理论来看，就业满足"就业人"的生理需求和安全需求，职业满足"职业人"的社交需求和尊重需求，事业满足"事业人"充分发挥自身潜能的自我实现需求。

"就业人"占社会在岗人群的大部分。"职业人"占社会在岗人群的小部分，他们有清晰的短期目标，是所在行业里不可或缺的专业人才。"事业人"占社会在岗人群的极少数，他们有清晰且长期的目标，是社会各界的顶尖人士和精英，是企业和社会最需要的一种人。

"就业人"虽有工作的愿望，但通常为了工作而工作，处理事情没有"职业人"的技术和方法，对领导和同事的依赖性较强。"职业人"有充分发挥潜能、自我实现的意愿，处理事情有自我控制能力，专业能力较强，但缺乏"事业人"处理复杂事务的能力和拼命工作的精神。"事业人"的目标性很强，有明确的人生规划和职业蓝图，为了实现目标不惜一切代价，有"不达目的死不休"的事业精神。

### 3. 工作的3个步骤：从就业开始，做好职业，创造事业

几乎没有哪种动物会带着后代过一辈子。人就像动物一样，到了一定的时候，必须自食其力。

通俗地说，就业就是找一份工作，自己赚钱，不再花父母的钱。22岁以前，父母资助我们上学；22岁以后，我们毕业了，无论是继续读书还是工作，多花父母一分钱都应该是有些"问心有愧"的。

学业、就业、职业和事业之间是递进关系，第一次就业可以是临时工作，既可以和未来的发展方向相关，也可以不相关；对于职业，我们要慎重选择，因为可能做一辈子；事业是职业向外的扩展和延伸，是职业的更高境界，创造事业的前提是即使遭遇失败，依然能回归职业。

学业、就业、职业和事业之间的递进关系不是严格的依存关系，一些人在学业阶段就选择了创业，跳过了中间的环节。不过，"学业→就业→职业→事业"的发展轨迹适用于大部分人。

作为大学生，我们要以学业为基础，以就业为导向，以职业为载体，以事业为目标。我们要明白，要想拥有理想的职业甚至创造一番事业，必须先就业。

## ➡ 实现准备2

### 1.2.3 入学即明确职业目标

#### 活动二："为了追求兴趣，我背上了校园贷"等案例分析

**1. 活动目的**

通过活动，了解职业目标对大学的学习生活、毕业、就业的重要性，从而树立制定职业目标的意识。

**2. 活动流程**

1）阅读案例

---

**案例1：为了追求兴趣，我背上了校园贷**

大学期间，我不喜欢自己的专业，有些学科挂科，勉强把大学混了过去，游戏没玩好，学习没学好，朋友也没几个，为了找到自己喜欢的工作，还背上了校园贷。

在求职时，我想起童年和一群伙伴玩游戏的经历，萌生了做游戏策划的想法，于是好好准备了简历，想在校招中应聘游戏策划。在面试时，可能是面试官看出了我的不自信，我与游戏策划失之交臂。于是，我选择了与之相关的游戏推广，在工作中有很负责的前辈带我，虽然工作压力很大，但是还算过得去。

后来，挂科的压力、毕业论文答辩的压力和工作压力一度让我觉得自己抑郁了。我突然决定去做游戏策划，并参加了游戏策划的培训。在学习课程的过程中，我发现自己还有很多游戏没见识过，于是在在线游戏平台中注册了很多游戏的账号，骗自己说这样做是为了研究它们，还在某游戏中充值了近 2000 元，贷款越来越多。

在游戏策划课程快结束时，我感觉这不是自己想要的，毅然去了北京，再次贷款学习原画设计网上课程，并注册了其他游戏的账号。

最后，家人帮我分担了贷款压力，不然我可能就被贷款压垮了。这样一来，我也成了"啃老族"。

我求职的过程如下：
- 面试游戏策划岗位。
- 去游戏互联网公司做游戏推广。
- 从事与游戏相关的工作，如密室逃脱运营、游戏代练，在游戏主题店、VR（虚拟现实）游戏体验馆、网吧工作等。
- 在其他行业工作，如房地产销售、艺术品销售，还去过工厂。

现在，我依旧对自己的工作不满意，说实话，我不知道自己的路在何方。我一直在做各种尝试，甚至不惜贷款，但这只让我越来越疲惫，别说提高生活质量了，连生存都很困难。

我希望学弟、学妹引以为戒，不要碰校园贷，最好从大一就开始做职业生涯规划，浏览各种招聘信息，找到自己喜欢的工作并为此努力，不要到了大四还找不到方向。

### 案例2：最大的幸运是在学校就想好了自己毕业后要做什么

我是成都人，就读的是一所普通大学。我觉得那所学校没有太大的优势，我得学好一门技术，所以在大一下学期就决定了毕业后的就业方向——程序开发方向，学习计算机语言 Java。

下定决心后，我基本上每天都起早贪黑地学习 Java。在那段时间，我学了好多东西，确实很辛苦，只有自己一个人在学，周围没人一起学。后来，我接触了前端开发，发现自己更喜欢前端开发。大二寒假期间，我开始系统地学习前端开发知识。

大三下学期，我开始准备找实习的公司。毕业前，我接到了两家公司的实习通知。实习期间，我也学到了不少东西。

回到学校，我意识到了自己有哪些不足，开始查漏补缺，为之后的面试做准备。在此期间，我面试了不少公司，我的心态很平稳，把每一次面试都当作积累经验、总结问题的机会。

毕业前，我接到了深圳某公司的正式岗位录用通知，我既可以提前去实习，也可以毕业后去报到。

我总结的经验如下：
- 在校期间，思考自己毕业后要做什么，精确到具体的岗位。
- 了解胜任该岗位所需的技能，并利用课余时间学习，学校教的知识往往不能满足实际的岗位需求。
- 学到一半就放弃的人很多，一定要有学习的决心和毅力。

> - 因为我在学校的时候做过不少项目，积累了一些项目经验，所以可以在面试中谈这些项目，这也是我的优势。

2）快速思考
- 明确的目标对大学生学习、就业有什么影响和意义？
- 你是否已经有了自己的职业目标？

### 3. 参考观点

从上面的两个案例中我们可以看出，尽早进行职业生涯规划，明确自己的职业目标，并在大学期间按照规划安排自己的学习和生活，对毕业后的就业情况、职业选择有着极大的影响。

大学生应该尽早明确职业生涯的概念，进校就想出门事，从上大学的第一天就开始进行职业生涯规划，并确保其与大学的学习、生活同步：在大一时了解自我，锁定感兴趣的职业；在大二时有针对性地提升职业素养；最后1~2年初步完成从学生向"职业人"的角色转换，清楚自己的优势和劣势，毕业时才不会临时抱佛脚，出现就业恐慌。

## 知识点二：入学就树立职业生涯规划意识，明确职业目标

大学与中学最大的不同是学生可以根据自己的需要、特长来自主规划和安排生活。这既为具有独立思考能力、有主见的学生提供了展示才干的机会，也可能让缺乏独立思考能力的学生感到困扰和纠结：是参加学生会还是参加兴趣小组？是在校准备继续深造还是找实习公司？毕业后是在国内找工作还是去国外发展？看看学长、学姐的选择，每个人好像都很有道理，同样的问题放到自己身上，我们却有些不知所措。

大学里不乏"穷忙族"，面对忙碌的同学，他们无法坐以待毙，他们认为思考太虚无，只有采取行动才是积极的态度。这些同学在不明白自己适合做什么的情况下就仓促上路，成功的概率自然很小。

在大学期间，对学习内容重点的选择和实践活动的安排要以未来的职业发展为基础，不要和任何人攀比。科学的规划是先确定职业方向，然后合理地安排自己的大学生活。目前，大学生主要有以下8条职业发展路径。

### 1. 考公务员

如果你有意向考公务员，那么可以多参加学生会的活动，积累社会经验，提升判断、解决问题的能力。

### 2. 进入科研院所

如果你的目标是学术研究，那么可以把更多的精力用于学习专业知识和提高英语水平，以攻读博士学位为目标。

### 3. 大学毕业后参加工作

在校期间，大学生可以参加学校的社团活动。如果把更多的精力用于选择对口的实习公司，就能更早地接触社会，提升自己的实际工作能力。

#### 4. 学校安排对口实习和就业

有些学校会安排对口实习和就业，根据学生的表现和实际情况，为其安排工作单位。对于一些学生来说，听从学校的安排进行对口实习和就业也是一种不错的选择。

#### 5. 继续深造，申请国内外大学的研究生

毕业后，很多大学生选择继续深造，如申请国内外大学的研究生。

如果你想在国内考研，就要好好学习，用优秀的成绩争取保研，或者在考研过程中把基础课和专业课考出好成绩。

如果你有意出国，就要努力学习专业课，尽可能提高平均学分绩点，尽早考雅思、托福，多"刷"几次成绩，以求考出高分；同时多参加与慈善相关的志愿者活动，并获得相应的证明。

#### 6. 自主创业

在大学生的就业选择中，自主创业正在成为一条引人注目的就业之路。大学生自主创业不但能解决自身的就业问题，而且能为他人创造更多的就业机会。这已经成为国家和地方各部门重视、鼓励的一条重要的就业路径，相关部门不仅出台了相应的配套政策，还经常举行全国性或地区性的大学生创业大赛，建立大学生创业实习基地，设立大学生创业基金，为大学生自主创业打开了一扇门。

#### 7. 灵活就业

灵活就业又称弹性就业、非正规就业，是指个体经营、非全日制以及新就业形态等灵活多样的就业方式。大学生颇具代表性的灵活就业形式是 SOHO（Small Office 和 Home Office 的简称，意思是居家办公）。近年来，选择灵活就业的大学生人数逐渐增加，这种就业方式越来越受到青睐。

#### 8. 其他就业方式

选择其他就业方式（如参军）的大学生同样要提前做好相关的准备和积累，包括储备知识、锻炼身体等。

职业目标即职业定位，它是进行职业生涯规划的关键。职业定位就是明确一个人在职业上的发展方向，它是人在整个职业生涯发展历程中需要解决的战略性问题和根本性问题。具体而言，从长远的角度来看，职业定位是找准一个人的职业类别；从阶段性的角度来看，它是明确一个人未来就业对应的行业和职位，也就是在职场中应该处于什么样的位置。可以说，职业目标是职业生涯规划的关键，我们将在下文中系统地学习如何进行职业生涯规划。

### 实现准备 3

### 1.2.4　为何要进行职业生涯规划

### 活动三："谁先当上院长"案例分析

#### 1. 活动目的

通过活动，了解职业生涯规划的重要意义。职业生涯规划既包括明确的目标，也包括可

行的实施方案和计划。

### 2. 活动流程

1）阅读案例

> **案例3：谁先当上院长**
>
> 杨某和吴某是硕士同学，杨某认真、冷静、做事有计划，吴某灵活、圆滑、做事有冲劲。毕业后，两人同时到南方的同一所高校任教，而且在同一个系。在迎接新老师的座谈会上，院长殷切地希望年轻人要树立人生目标并为之奋斗。会后，两人开玩笑地说，他们的目标都是当院长，看谁先当上。
>
> 15年后，两人中果然有一人当上了院长，你猜是谁？
>
> 任教3年后，吴某当上了系副主任，杨某仍然是普通老师。15年后，杨某当上了院长，吴某仍然是系副主任。
>
> 为何会是这样的结果呢？
>
> 杨某自树立目标后便制订了职业生涯规划：前3年注重教学；第4~8年准备考博并就读博士；第9~12年潜心做研究，成为知名学者；从第13年起，不仅要取得突出的教学、科研成绩，还要加强各方面的人际关系。第15年，老院长退休，同事不约而同地提议让杨某接班。
>
> 吴某一开始关注仕途，只用了3年就当上了系副主任，但教学成绩一般，没有科研成果，压力很大。后来，她跟着下海的潮流，先合伙开餐厅，然后开面粉厂、美容院、服装店，可干一样亏一样，4年后才发现自己不适合经商。等回到教学、科研这条路上时，已经过去了10年，她与杨某之间已经拉开了差距。
>
> 吴某与杨某处在同一起跑线上，有一样的目标，最终的结果却相距甚远，根本原因在于她没有制订合理的职业生涯规划。

2）快速思考

- 吴某和杨某的目标是一样的，为何她没有实现目标？
- 杨某的职业生涯规划除了有比较详细的方案，还有哪些因素是其成功的关键？

### 3. 观点分享

职业生涯规划及其更新伴随着我们的学习和工作。职业生涯规划开始得越早，对毕业后找工作越有利。谁的职业生涯规划做得早，谁就更有可能在毕业后先赚到第一桶金，一毕业就按照职业生涯规划来发展，前途无量。如果不做职业生涯规划就闯入职场，很容易东一榔头西一棒子，难成大业，回头一看，自己的职业生涯轨迹是一条一波三折的曲线，有人甚至绕来绕去又回到起点，想向前走，却举步维艰。

在此提醒大一新生，从大一开始就要对今后的职业方向有初步的定位和规划，这是基本要求。首先，我们要确定自己的职业方向，和现实挂钩，知道自己需要什么、社会需要什么，结合自己的兴趣、特长、技能、经历等进行客观的自我评估，对职业环境和社会环境进行分析，确定务实、可行的职业方向；然后，我们要根据自己的爱好、实际能力和社会需求制定高效的实施步骤，如在某个年龄段应该做什么，在某个时间段应该实现什么目标等，不断地总结并完善职业生涯规划。

### 知识点三：职业生涯规划的概念和意义

有人曾请教面试过数万名求职者的美孚石油公司前人事经理保罗·波恩顿："年轻人在求职时最容易犯的错误是什么？"他回答："不知道自己想要什么。"

**1．职业生涯规划的概念**

1）什么是生涯

生涯是生活里各种事态的演进方向和里程，它综合了人一生中的各种职业和生活角色，由此表现出个人独特的自我发展形态。

生涯不是一个静止的点，而是一个动态的过程，它不止发生在人生的某个阶段，而是伴随人的一生。同时，因为遗传、家庭、经历、所处社会环境等因素的不同，每个人的生涯也不同。

生涯的发展是个性化的发展，即使处于同一时代或同一文化背景下，因为生涯发展中其他因素的影响，每个人也会有属于自己的生涯。

2）职业生涯规划的含义

（1）职业生涯。

职业生涯是一个人一生中所有与职业相联系的行为和活动，以及相关的态度、价值观、愿望等连续性经历的过程，也是一个人一生中职业、职位的变迁及工作理想的实现过程。

（2）职业生涯规划。

职业生涯规划是指个人在进行自我剖析，全面、客观地认知主客观因素与环境的基础上，进行自我定位，设定自己的职业生涯发展目标，选择有助于实现既定目标的职业，制订相应的教育、培训、实习、实践计划，采取各种积极的行动实现既定目标的过程。

从狭义的职业生涯规划角度来看，大学阶段主要是职业的准备期，其主要目的是为未来的就业和事业发展做好准备。在这个阶段，系统的学习和实践至关重要。

**2．大学生进行职业生涯规划的意义**

大学生进行职业生涯规划具有现实意义，主要体现在以下 4 个方面。

1）充分认识自我

很多大学生很了解自己的个性、兴趣和能力，却很少有人清楚自己喜欢的职业和不喜欢的职业。通过职业生涯规划，大学生能够充分认识自我，采用科学的方法正确、合理地对自己进行评估，从而实现自我定位和职业定位，选择自己喜欢且适合自己的职业，找到切实可行的奋斗目标。

（1）通过职业生涯规划，大学生可以分析自我，以既有的学业成就为基础，确定人生方向和奋斗目标。

（2）通过职业生涯规划，大学生可以准确定位职业方向。

2）提升应对社会竞争的能力

当今社会，在市场经济条件下，各种竞争日益激烈。要想在竞争中占据有利的位置，大学生需要找到适合自己发展的平台，并了解社会环境，认识社会的本质。

（1）通过职业生涯规划，大学生可以准确评价自己的特点和强项，在职业竞争中发挥个人优势。

（2）通过职业生涯规划，大学生可以全面了解自己，增强职业竞争力，发现并抓住新的职业机遇。

3）合理安排大学的学业

大学生的学业规划应该以职业为导向，也就是说，选择了什么样的职业，就应该有相应模式的学业规划。每个人的学业规划不完全相同，或多或少存在一些差异。

（1）通过职业生涯规划，大学生可以评估现状和目标之间的差距，进而增加前进的动力。

（2）通过职业生涯规划，大学生可以重新安排自己的职业生涯，改变碌碌无为的学习和生活状态，塑造自信、充实的自我。

4）提升就业能力

就业能力即进入职场所需的职业生涯规划能力、求职面试能力等能力。大学生不仅要找到适合自己的就业方向，还要有意识地提高自己的综合素质，锤炼自己的综合能力，尝试相关的社会实践活动，增强自己的社会责任感和挫折承受能力，大幅提升自己的就业能力，顺利进入职场并得到用人单位的认可，实现自己的人生价值。

（1）通过职业生涯规划，大学生可以重新认识自身的价值并使其增值，先通过自我评估了解自己的优缺点，然后通过反思和学习不断完善自己，使个人价值增值。

（2）职业生涯规划通常建立在个体的人生规划上，做好职业生涯规划有助于我们把个人的生活、事业、家庭联系起来，使人生更加充实而有条理。

**➡ 实现参考**

## 1.2.5 如何进行职业生涯规划

**知识点四：职业生涯规划的原则、出发点和步骤**

1. 职业生涯规划的原则

1）可行性原则

在进行职业生涯规划时，我们必须考虑个人特质、社会环境、组织环境及其他相关因素，制定切实可行的目标和措施。

2）挑战性原则

目标和措施应具有挑战性，不能太保守。

3）一致性原则

主要目标与次要目标一致，目标与措施一致，个人目标与组织目标一致。

4）变动性原则

目标和措施应具有弹性或缓冲性，能够根据环境的变化做出调整。

5）激励性原则

目标应符合个人的性格、兴趣和特长，能够产生内在激励作用。

6）具体性原则

职业生涯规划各阶段的路线划分与安排应具体、可行。

7）可评量性原则

职业生涯规划的设计应有明确的时间限制或标准，以便进行评量、检查，随时掌握执行情况，并为修正规划提供参考依据。

2. 职业生涯规划的出发点

1）择世所需

社会需求不断变化，新的需求不断产生，新的职业也在不断产生。在规划职业生涯时，我们一定要分析社会需求，择世所需，目光要长远，尽可能准确地预测行业或职业未来的发展方向，在此基础上做出选择。

2）择己所利

职业是个人谋生的手段，其目的是追求个人幸福。在择业时，我们要考虑自己的预期收益——个人幸福最大化。明智的选择是在由收入、职业声望、成就感和工作付出等变量组成的函数中找到最大值。这就是职业生涯规划中的收益最大化原则。

3）择己所爱

从事喜欢的工作不仅能给我们带来满足感，职业生涯也会变得妙趣横生。调查表明，兴趣与成功的概率有明显的正相关性。在规划职业生涯时，我们一定要考虑自己的特点和兴趣，择己所爱，选择自己喜欢的职业。

4）择己所长

绝大多数职业都要求从业者掌握一定的技能，具备一定的能力或条件。一个人不可能掌握所有技能，在进行职业选择时，我们必须择己所长，这样有利于发挥自己的优势。

3. 职业生涯规划的步骤

每个人都渴望成功，但并非所有人都能如愿。只有了解自己，坚定自己的奋斗目标，并根据实际情况的变化及时调整计划，才有可能成功。职业生涯规划的步骤如下。

1）自我评估

自我评估既包括对自己的兴趣、特长、性格的了解，也包括对自己的学识、技能、智商、情商的测试，还包括对自己的思维方式、道德水准的评价等。自我评估的目的是认识自己、了解自己，从而对自己适合的职业和职业生涯目标做出合理的抉择。

2）职业生涯机会评估

职业生涯机会评估主要是评估周围的各种环境因素对自己的职业生涯发展的影响。在制订职业生涯规划时，我们要充分了解所处环境的特点，掌握职业环境的发展变化情况，明确自己在环境中的地位,以及环境对自己提出的要求和环境为自己创造的条件等。只有充分了解各种环境因素,我们才能在复杂的环境中趋利避害,从而使职业生涯规划具有实际意义。环境因素主要包括组织环境、社会环境、经济环境等。

3)确定职业发展目标

在对自己和环境做出准确的评估后,我们需要确定适合自己的、有可能实现的职业发展目标。在确定职业发展目标时,我们要分析自己的性格、兴趣、特长与选定的职业是否匹配,更重要的是考察自己的知识、能力与职业发展目标是否相适应,既不能妄自菲薄,也不能好高骛远。合理、可行的职业发展目标在很大程度上决定了职业发展中的行为和结果,是职业生涯规划的关键。

4)选择职业生涯发展路线

在确定职业发展目标后,我们要选择在哪条路线上发展,是走技术路线,还是走管理路线?是走"技术+管理"路线,还是先走技术路线,再走管理路线?不同的发展路线对职业发展的要求不同,在进行职业生涯规划时,我们必须对发展路线做出抉择,以便及时调整自己的学习、工作安排及各种行动、措施,沿着预定的方向前进。

5)确定职业生涯行动计划与措施

在确定职业生涯的终极目标并选定职业生涯发展路线后,行动成为关键的环节。这里所说的"行动"是指实现目标的具体措施,主要包括教育、培训、工作、轮岗等方面的措施。对照自己的行动计划,我们可以将职业目标分解为短期目标、中期目标、长期目标,其中短期目标分为日目标、周目标、月目标、年目标,中期目标一般为3~5年的目标,长期目标一般为5~10年的目标。分解目标有利于跟踪、检查目标,同时,我们可以根据环境的变化来制订和调整短期行动计划,并针对具体计划采取有效的措施。

职业生涯行动计划中的措施主要是指为实现既定目标,在提高工作效率、学习知识、掌握技能、开发潜能等方面采取的措施。行动计划要有相应的措施,层层分解、具体落实,细致的行动计划与措施便于定时检查和及时调整。

6)分析总结

影响职业生涯规划的因素很多,有的因素是可以预测的,有的因素难以预测。在这种情况下,要想做出有效的职业生涯规划,我们必须不断地对规划的执行情况进行评估:首先,对年目标的实现情况进行总结,确定哪些目标已按计划实现,哪些目标未实现;其次,对未实现的目标进行分析,找出未实现目标的原因及障碍,制定排除障碍的相应对策及方法;最后,根据评估结果,对下一年的计划进行修订与完善,如果有必要,也可以对职业目标和发展路线进行修正,不过一定要谨慎考虑。

综上所述,大学生要想在毕业后快速找到一份适合自己的工作,不仅要依靠国家政策的支持,更重要的是学会未雨绸缪,在大学里就做好职业生涯规划,并在日常生活中实践,将自己的职业生涯纳入正确的轨道上,而不是盲目、无计划地生活,否则只能羡慕别人的高薪工作和"幸运"了。

> **扩展阅读：大学生职业生涯规划参考**

请扫描二维码，进行扩展阅读。

> **任务实现**

### 1.2.6　即刻准备你的职业生涯规划

> **活动四：画出自己的生命线**

1. 活动目的

通过活动，认识到职业生涯规划的重要性，学习如何初步确定人生目标和规划。

2. 活动流程

1）按照指导操作

拿出一张白纸，在上面画一条线段，起点是你的生日，终点是你预测的自己生命的终点，在起点标注字母 $A$，在代表你现在的年龄的节点标注字母 $B$，在终点标注字母 $C$。生命线被分成两段，$B$ 点代表此时此刻，线段 $AB$ 代表过去，线段 $BC$ 代表将来。请你在线段 $AB$ 上标注 3 个对你最有影响的重要事件，在线段 $BC$ 上标注 3 个你最希望实现的愿望。

建议用红笔标注正面事件（如快乐的、成功的事件），用蓝笔标注负面事件（如悲伤的、失败的事件）。在画画的过程中，同学之间不能交流，要保持安静，独立思考。

2）思考、讨论与分享

回首来时路，看一看你成长的足迹，你是否觉得快乐、充实？和大家一起分享影响你的重要事件，想一想它们在你成长的过程中带给了你什么。

从现在算起，距离你"生命的终点"还有多少年？它是你过去生命的几倍？你对此有什么感想？

愿望不是空想，而是通过努力能够实现的目标，我们要避免不切实际的空想、幻想。你认为应该在什么时候进行职业生涯规划？怎样才能实现你最希望实现的 3 个愿望？

> **任务：制作你的职业生涯规划模板**

根据所学知识，参考 1.2.5 节的职业生涯规划书，制作你的职业生涯规划模板。

1. 基本信息

姓名、性别、出生年月、职业生涯规划的年龄跨度、所学专业。

2. 职业目标

1）相关信息

目标城市、首选职业、备选职业一、备选职业二。

2）缘由
- 专业与社会需求：所学专业的社会需求和社会价值，包括社会环境、行业环境、职业环境。
- 成长经历与家庭教育影响：成长经历和家庭教育对职业选择的影响。

3）适配性分析
- 目标职业的能力要求：总结3～5种核心能力。
- 个人特质分析：健康情况、职业兴趣、人格成熟度、自我管理能力、职业性格、优势。
- 价值认同：榜样人物、职业价值观。

4）职业目标分析
- 职业生涯机会评估：综合1.2.5节中的相关内容，对职业定位进行SWOT［Strength（优势）、Weakness（劣势）、Opportunity（机会）、Threat（威胁）］分析，确定职业目标。
- 职业生涯发展路线：制定职业发展策略，并选择职业生涯发展路线。

### 3. 成长计划

- 未来的成长行动计划：包含计划实施一览表、时间节点、总目标、分目标、计划内容。
- 行动措施：制定大学期间和毕业后3～5年的行动措施应遵循SMART［Specific（明确性）、Measurable（可衡量性）、Achievable（可实现性）、Relevant（相适性）、Time-bounding（时限性）］原则。

### 4. 成长行动总结

- 成长行动实践：描述具体的实践过程，如为了提升某方面的能力，利用课余时间进行练习或参加竞赛。
- 成长行动反思：通过以上实践，你获得了什么？你发现了自己的哪些不足？

### 5. 评估调整

- 如何评估职业生涯规划的执行情况？你的衡量标准是什么？
- 如何适时纠偏、调整？
  - ➢ 职业目标评估：是否需要重新选择职业？如果一直未获得预期的发展，是否会尝试新的职业？
  - ➢ 职业发展路径评估：是否需要调整发展方向？如果所选职业不景气，是否会选择其他就业前景广阔的发展方向？
  - ➢ 实施策略评估：是否需要改变行动策略？如果遇到困难，是否会用积极的态度面对困难或采取其他措施？
  - ➢ 其他因素评估：及时评估健康情况、家庭情况、经济情况和机遇、意外等因素，根据实际情况具体分析。
- 评估调整说明。

- 评估时间：在一般情况下，定期（半年或一年）评估职业生涯规划；当出现特殊情况时，及时评估并进行相应的调整。
- 调整原则：计划赶不上变化，没有一成不变的计划，应根据实际情况进行相应的调整，不放弃自己的目标，努力实现理想。

## 任务小结

### 1.2.7 "迭代式"补充你的职业生涯规划信息

职业生涯规划是一件关乎大学生终身发展的大事。在不断变化的社会环境中，如何根据自己的条件和理想，准确定位，重塑自我，最大化实现自己的人生价值，值得我们花费时间和精力认真思考。

在完成本节的任务后，我们就有了一份属于自己的职业生涯规划书的提纲，在接下来的一段时间里，我们要把所有信息填写完整。例如，我们现在可以填写基本信息、社会环境等信息；随着学习的深入，我们要依次填写其他信息。这个过程就是"迭代式"补充职业生涯规划信息的过程，直到我们完成一份可以指导自己进行大学学习、能力提升、校内外活动和求职的职业生涯规划书。

# 第 2 章 认知 ICT 行业和相关职业

### 学习目标

➢ 通过认知 IT、CT、ICT 行业和相关职业,学会分析行业环境和职业环境,初步确定自己的职业目标。
➢ 学习职业的基础知识和就业准入制度,思考自己需要考取哪些职业资格证书。

### 任务安排

- 思考自己的未来在哪里,填写职业生涯规划书中行业环境、职业环境等相关部分的信息。
- 初步确定职业目标和职业发展路径。
- 思考自己需要考取哪些职业资格证书。

### 学习指南

- 以课堂活动为主、知识讲解为辅的方式学习知识点,通过案例分析、小组讨论分享等加深理解、印象和强化记忆。
- 扫描书中的二维码进行扩展阅读,拓宽知识面;利用课余时间,通过网络了解与所学专业相关的行业和职业,借助书中介绍的利用逆向思维倒推等方法,初步确定自己的职业目标和职业发展路径,以及需要考取哪些职业资格证书。

## 2.1 认知 IT 行业

### 任务目标

#### 2.1.1 我的未来在哪里

**任务名称**

任务：填写职业生涯规划书中行业环境、职业环境等相关部分的信息。

**任务分析**

在认知 IT 行业和相关职业的基础上，结合自身的实际情况，通过独立思考来完成本节的任务。

| 实现准备 1 | 课堂活动 | 活动一：什么技术给我们的生活带来了重大改变 |
| --- | --- | --- |
| | 课堂讲解 | 知识点一：产业、行业的定义和分类 |
| | | 知识点二：IT 的基础知识和相关企业介绍 |
| 实现准备 2 | 课堂活动 | 活动二：不爱敲代码的人可以选择哪些 IT 职位 |
| | 课堂讲解 | 知识点三：IT 行业常见职位的简介和素质要求 |
| 实现参考 | 课堂讲解 | 知识点四：IT 行业的现状和发展前景 |
| | 课堂活动 | 活动三：你的 IT 梦是什么 |
| 任务实现 | 课堂实训 | 任务：填写职业生涯规划书中行业环境、职业环境等相关部分的信息 |
| 任务小结 | 课后思考 | 除了 IT 行业，CT、ICT 行业也是你的舞台 |

### 实现准备 1

#### 2.1.2 初步认知 IT 行业

**活动一：什么技术给我们的生活带来了重大改变**

1. 活动目的

通过活动，直观地感受信息技术的发展及其给我们的生活带来的重大改变。

2. 活动流程

1）看图 2-1

图 2-1 清楚地说明了从过去到现在，娱乐、购物、教育、医疗等方面的改变。这些改变是互联网带来的，可以说，互联网改变了我们的生活。

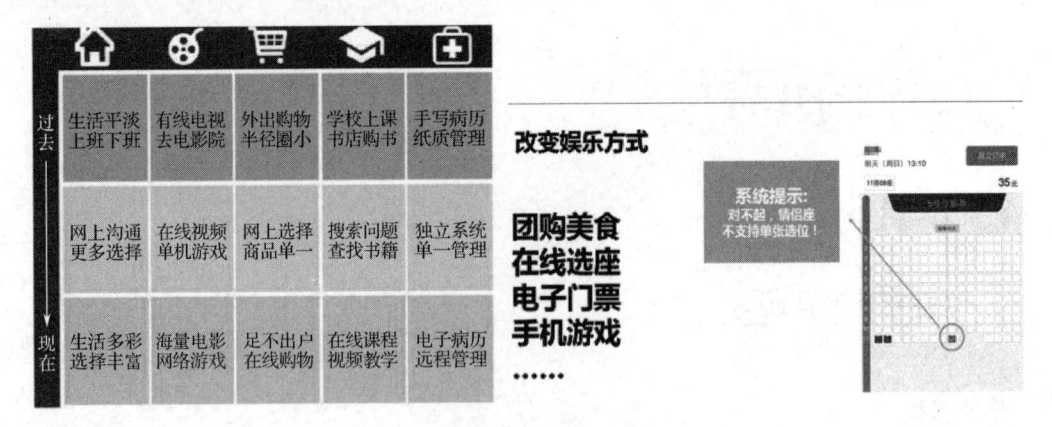

图 2-1 互联网改变了我们的生活

2）看图 2-2

图 2-2 诙谐地表现了"低头族"过度使用手机的状态。

图 2-2 "低头族"过度使用手机的状态

3）快速思考

- 你觉得改变我们生活的技术是 IT、CT（通信技术）、ICT（信息与通讯技术），还是这些技术共同推动了生活的改变？除此之外，还有哪些技术改变了我们的生活？
- 由技术推动的改变有哪些发展趋势？
- 技术的发展既带来了好处，也带来了值得我们深思的问题。例如，有时候，我们应该放下手机，多陪伴家人和朋友，这样人与人的关系会更加亲近。
- 哪些产业、行业或职业有很大的发展机会？
- 你知道产业、行业、职业分别是什么吗？你了解 IT、CT、ICT 的基础知识吗？

## 知识点一：产业、行业的定义和分类

### 1. 产业的定义和分类

1）产业的定义

产业是社会分工和生产力不断发展的产物。产业是指由利益相互联系的、具有不同分工的、由各个相关行业所组成的业态总称。虽然不同产业的经营方式、经营形态、企业模式和流通环节有所不同，但是它们的经营对象和经营范围是围绕着共同的产品展开的，并且可以在组成业态的各个行业内部完成各自的循环。

2）产业的分类

我国的产业划分如下：第一产业为农业，包括农、林、牧、渔业；第二产业为工业（包括采矿业、制造业，电力、热力、燃气及水生产和供应业）和建筑业；第三产业即服务业，是指除第一产业、第二产业以外的其他行业，分为流通部门和服务部门两大部分，共4个层次。

- 流通部门，包括交通运输、仓储及邮电通信业，批发和零售贸易、餐饮业。
- 为生产和生活服务的部门，包括金融、保险业，地质勘查业、水利管理业，房地产业，社会服务业，农、林、牧、渔服务业，交通运输辅助业，综合技术服务业等。
- 为提高科学文化水平和居民素质服务的部门，包括教育、文化艺术及广播电影电视业，卫生、体育和社会福利业，科学研究业等。
- 为社会公共需要服务的部门，包括国家机关、政党机关和社会团体以及军队、警察等。

2. 行业的定义和分类

1）行业的定义

行业是指按生产同类产品、具有相同工艺过程或提供同类劳动服务划分的企业或组织群体的集合，如餐饮行业、服装行业、机械行业等。

2）行业的分类

行业分类是从事国民经济中同性质的生产或其他经济社会的经营单位或者个体的组织结构体系的详细划分，如林业、汽车业、银行业等，它可以解释行业本身所处的发展阶段及其在国民经济中的地位。

我国的行业分类是根据《国民经济行业分类》（GB/T 4754—2017）进行划分的：A 农、林、牧、渔业；B 采矿业；C 制造业；D 电力、热力、燃气及水生产和供应业；E 建筑业；F 批发和零售业；G 交通运输、仓储和邮政业；H 住宿和餐饮业；I 信息传输、软件和信息技术服务业；J 金融业；K 房地产业；L 租赁和商务服务业；M 科学研究和技术服务业；N 水利、环境和公共设施管理业；O 居民服务、修理和其他服务业；P 教育；Q 卫生和社会工作；R 文化、体育和娱乐业；S 公共管理、社会保障和社会组织；T 国际组织。

其中，信息传输、软件和信息技术服务业的详细分类如下：63 电信、广播电视和卫星传输服务，具体包括 631 电信、632 广播电视传输服务、633 卫星传输服务；64 互联网和相关服务，具体包括 641 互联网接入及相关服务、642 互联网信息服务、643 互联网平台、644 互联网安全服务、645 互联网数据服务、649 其他互联网服务；65 软件和信息技术服务业，具体包括 651 软件开发、652 集成电路设计、653 信息系统集成和物联网技术服务、654 运行维护服务、655 信息处理和存储支持服务、656 信息技术咨询服务、657 数字内容服务、659 其他信息技术服务业。

### 知识点二：IT 的基础知识和相关企业介绍

1. IT 的概念和相关服务

IT 是指主要用于管理和处理信息所采用的各种技术的总称。IT 服务是指在信息技术领域，服务商为其用户提供信息咨询、软件升级、硬件维修等全方位的服务，主要包括硬件、软件两个方向。硬件方向包括个人计算机（PC）、手机、平板电脑，以及互联网设备的生产和制造。软件和我们的生活息息相关，如我们玩的游戏、写文档用的 WPS、看视频用的播放器等。软件主要包括以下 3 个方向。

1）系统软件

系统软件是指控制和协调计算机及外部设备，支持应用软件开发和运行的系统，是无须用户干预的各种程序的集合，主要功能是调度、监控和维护计算机系统。系统软件使计算机使用者可以将计算机当作一个整体，而不需要顾及底层的每个硬件是如何工作的。

2）个人软件

个人软件是指专门为个人用户设计和开发的软件，主要用于满足个人用户在日常生活、学习和娱乐等方面的需求，包括邮箱、游戏、视频播放器等。

3）企业软件

企业软件是指满足企业的特定需求，为企业提供服务的软件，它可以分为以下两个方向。

（1）行业应用软件：专门为特定行业设计和开发的软件，用于支持、优化、简化特定行业的各种业务流程和操作。

- 电信行业软件：电信运营商需要通过一款软件记录用户通话时长，进而计算话费。
- 金融行业软件：可能被卖给银行、证券公司，用于解决所在行业的问题或满足业务需要的应用软件。
- 财务行业软件：专门用于处理财务数据和进行财务管理的计算机程序。

（2）互联网应用软件：通过互联网提供服务和功能的软件，如我们在日常生活中访问的百度、京东、淘宝等 App 或网站。

相较于系统软件，比较成熟的常用软件通常被称为应用软件。应用软件是为满足用户不同领域、不同问题的应用需求而提供的软件。它可以拓宽计算机系统的应用领域，放大硬件的功能。

## 2. IT 行业的发展

IT 行业是一个"年轻"的行业，其发展大致分为硬件、软件、互联网、移动互联网、物联网等阶段，每个阶段都有一批新公司出现并迅速超越前面的公司。

1）硬件时代（20 世纪 80 年代）

时间：20 世纪 80 年代中期至 80 年代末。

代表公司：IBM、惠普、戴尔、苹果、联想、东芝、索尼等。

代表产品：服务器、台式电脑、笔记本电脑等。

机会：由于产品门槛高、竞争不激烈，因此做产品代理的公司赚了钱，做系统集成的公司利润也不错。

盈利模式：产品溢价、产品差价。

2）软件时代（20 世纪 90 年代）

时间：20 世纪 80 年代末至 90 年代末。

代表公司：微软、甲骨文、奥多比、赛贝斯、用友、金碟、金山等。

代表产品：Windows、Office、Oracle 数据库、财务软件、金山词霸等。

机会：由于市场大、边际成本低，因此利润较高。

盈利模式：卖产品或软件定制开发（根据模块、工作量来收费）。

3）互联网时代（2000 年前后）

时间：20 世纪 90 年代中后期至 2010 年。

代表公司：雅虎、亚马逊、谷歌、Meta、推特、新浪、搜狐、网易、阿里巴巴、腾讯、百度等。

代表产品：三大门户网站、百度搜索、QQ、人人网、淘宝、天猫、京东、腾讯游戏等。

机会：起步早、做得好的公司在短时间内获取大量用户，但刚开始获取用户时几乎没有收入。

盈利模式：基础服务免费，增值服务收费（收入来源通常有广告、游戏虚拟道具收费、电商技术服务费、产品差价等）。

4）移动互联网时代（现在）

时间：2007 年至今。

代表公司：腾讯、抖音等。

代表产品：微信、今日头条、口袋购物、高德地图、共享单车等。

机会：因为大多数智能手机有定位功能，所以基于位置的应用（App）迅速火了起来，如互联网应用商务模式 O2O 把线下和吃喝玩乐有关的商家整合到线上，用户在线上查找商家服务、支付下单，在线下到店消费，互联网公司定时与商家结算。

盈利模式：和互联网时代的盈利模式类似，基础服务免费，有商家服务费和收益抽成，增值服务收费（如广告、游戏虚拟道具收费等）。

5）物联网时代（现在和未来）

未来 10 年可能是物联网时代。现在，智能硬件（如智能手环、智能眼镜等）只是物联网的一部分；以后，电视、冰箱、洗衣机、汽车等产品和实时路况、空车位等信息都将"上网"，我们可以实时查看、远程控制。互联网技术将真正实现连接人与信息、连接人与人（社交）、连接人与商品（电商）、连接人与服务（O2O）、连接物与物（物联网）。其中蕴藏着许多商业机会，等着人们发掘。

3．IT 企业分类

1）硬件相关企业

一说到硬件，我们首先想到的可能是 PC，其实我们也可以把手机看成"小 PC"，把服务器看成"大 PC"。现在是移动互联网时代，要想把手机、PC 连接起来，需要借助基站、路由器。

（1）手机企业。

国外手机企业：苹果、三星、LG、索尼、诺基亚、摩托罗拉等。

国内手机企业：华为、小米、OPPO、vivo、荣耀、联想、中兴、TCL、魅族等。

（2）芯片企业。

高通、三星半导体、联发科技、英伟达、英特尔、博通、苹果半导体、海思半导体、德州仪器、美满电子科技、爱立信、展讯通信、中兴通讯、紫光展锐等。

在上述企业中，除了英特尔使用 x86 架构，其他企业使用的是 ARM（进阶精简指令集机器）架构。

（3）PC 相关企业。

PC 企业：联想、华为、小米、戴尔、惠普、宏碁、华硕等。

PC 芯片企业：英特尔、超威半导体、华为鲲鹏、龙芯中科、天津飞腾、上海申威、海光信息、上海兆芯等。

（4）服务器企业。

国外服务器企业：IBM、惠普、戴尔等。

国内服务器企业：联想、浪潮、中科曙光、华为等。

（5）网络设备企业。

思科、华为、瞻博网络、中兴通讯等。

2）软件相关企业

（1）系统软件和应用软件企业。

甲骨文、微软、思爱普［ERP（企业资源计划）、HANA］、易安信（存储）、用友、金蝶等。

（2）增值服务企业。

电商：亚马逊、阿里巴巴、京东、唯品会、当当、大众点评、美团、携程等。

搜索：谷歌、百度、360 等。

游戏：暴雪娱乐、搜狐畅游、金山游戏、完美世界、巨人网络、米哈游等。

社交：腾讯、挚文集团、抖音、行吟信息、Meta 等。

3）IT 行业业务分类

（1）信息处理和服务行业。

该行业的特点是利用现代的电子计算机系统收集、加工、整理、存储信息，为各行业提供各种各样的信息服务，如计算机中心、信息中心、咨询公司等。

IT 服务包括产品网络服务、IT 维护服务、IT 专业服务、集成和开发服务、运营管理服务、IT 教育和培训服务、IT 管理外包服务等。IT 服务是 IT 行业和服务业的重要组成部分。

请扫描二维码，进行扩展阅读，了解外包服务。在国内，软件外包服务企业主要有中电文思海辉、博彦科技、中软国际、东软集团、软通动力、神州数码等。

扫一扫

微课：外包服务

（2）信息处理设备行业。

该行业的特点是从事电子计算机的研究和生产（包括相关机器的硬件制造）、计算机的软件开发等活动。计算机制造、软件开发等属于这个行业。

(3) 信息传递中介行业。

该行业的特点是运用现代化的信息传递中介，将信息及时、准确、完整地传递到目的地。印刷业、出版业、新闻广播业、通信邮电业、广告业等属于这个行业。

信息产业分为初级信息产业（一次信息产业）和次级信息产业（二次信息产业）。初级信息产业主要涉及信息的产生和开发，包括公共部门及私人部门中生产和发展知识产权的组织。次级信息产业侧重于信息的编译和整理，包括参考作品、数据库、信息统计及实时信息服务平台等，这些平台能够提供关于股票价格、商品价格等的持续信息流。

不同类型的企业，其产品的附加值差异较大。不同企业创造附加值的差异如图 2-3 所示。

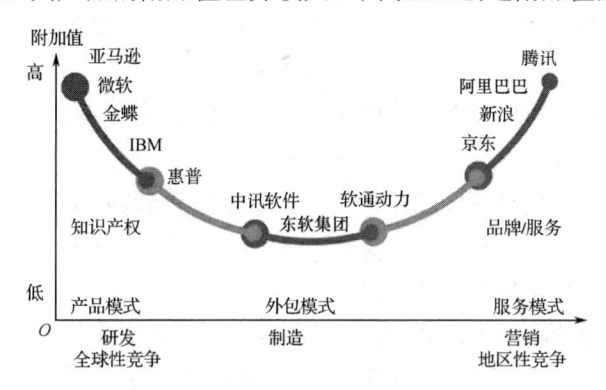

图 2-3　不同企业创造附加值的差异

> **实现准备 2**

## 2.1.3　IT 行业的主要职位

**活动二：不爱敲代码的人可以选择哪些 IT 职位**

1. 活动目的

通过活动，认识到了解 IT 职位对确定职业生涯目标的重要性。

2. 活动流程

1）分组讨论

在 IT 行业里，有没有低代码也可以拿高薪的职位？汇总小组讨论结论。

2）课堂分享

老师抽查，各小组安排 1 人分享小组讨论结论。

3. 观点参考：不爱敲代码也有 IT 职位可选

不同的职位有不同的分工协作。人的潜力是无限的，一个人或许有创新精神，有很强的团队管理能力，有多年积累下来的市场意识和销售能力，或者特别耐心、细心……

请扫描二维码，进行扩展阅读，了解低代码的 IT 职位。

扫一扫

微课：低代码的 IT 职位

## 知识点三：IT 行业常见职位的简介和素质要求

### 1. IT 行业常见职位的简介

IT 行业的职位大体上分为研发类、产品类、设计类、游戏类、市场类、销售类等。下面介绍一些常见职位。

1）程序员和系统分析员

程序员和系统分析员不存在高低之分，它们是两种职位，对职业技能的要求不完全相同。程序员的工作主要是编写程序，这也是计算机专业的学生需要练好的基本功。系统分析员的职业技能要求包括编写程序，其工作重心是把一个很大的项目切割成适合个人的模块，并将这些模块组织起来。程序员的职责就是更好、更快地实现这些模块。

2）硬件工程师

硬件工程师负责根据项目进度和任务分配，完成符合功能要求和质量标准的硬件开发产品；依据产品设计说明，设计符合功能要求的逻辑设计图、原理图；编写调试程序，测试开发的硬件设备；编制项目文档及质量记录。

硬件工程师的一般要求如下：电子、自动化相关专业本科以上学历，1～2 年以上硬件开发经验，熟悉各类设计开发工具；有扎实的数字模拟电路专业基础和 16 位单片机硬件开发经验，熟悉 CPLD（复杂可编程逻辑器件）、FPGA（现场可编程门阵列），熟练掌握 VHDL、Verilog（两种主流的硬件描述语言），有设计 CPLD、FPGA 的经验；熟悉 CAN（控制器局域网）网络协议和电路设计、PCB（印制电路板）布板、电路调试，熟练使用 EDA（电子设计自动化）工具；有一定的英语基础，至少能通读英语资料。

3）硬件测试工程师

硬件测试工程师属于专业人员职位，负责硬件产品的测试工作，保证测试质量及测试工作的顺利进行；编写测试计划、测试用例；提交测试报告，撰写用户说明书；参与硬件测试技术及规范的改进和制定。

硬件测试工程师的一般要求如下：大专以上学历，计算机、通信、电子工程或自动化专业皆可（视所负责的不同硬件设备而定）。

4）UI 设计工程师

UI（用户界面）设计工程师负责海报设计、画册设计、标志设计、宣传单设计、展架设计，以及网页设计、网页运维、改版等；完成店铺商品拍摄、商品图片处理、店铺广告设计、店铺首页设计、店铺详情页设计、店铺后台管理、店铺客户服务；开展界面需求策划、用户体验调查、界面原型图绘制、界面交互设计、界面效果图设计，对接软件程序开发人员。

5）软件测试工程师

IT 企业在发布产品前通常需要进行大量的质量控制、测试和文档工作，这些工作必须由技术娴熟的专业软件人才来完成。软件测试工程师是 IT 企业中的重要角色。同时，软件测试是软件开发的重要环节，软件测试工程师负责对程序员编写的程序进行检测，并向程序员提出修改意见。

软件测试工程师一般分为以下 4 个等级：初级测试工程师、中级测试工程师、高级测试工程师、测试主管。不同等级的软件测试工程师薪资差异很大。

初级测试工程师：按照测试方案和流程对产品进行功能测试，检查产品是否有缺陷；积累手工测试经验，开发测试脚本，并开始熟悉测试生存周期和测试技术。

中级测试工程师：编写测试方案、测试文档，与项目组一起制订测试阶段的工作计划；在项目中合理利用测试工具，完成测试任务；独立编写自动测试脚本程序，并担任测试编程初期的领导工作，进一步拓展编程语言、操作系统、网络与数据库方面的技能。

高级测试工程师：不但掌握测试与开发技术，而且非常了解所测试软件的对口行业，对测试方案可能出现的问题进行分析和评估；帮助开发、维护测试或编程标准与过程，负责对同级测试工程师的评审，并指导初级测试工程师。

测试主管：有 5 年左右的工作经验，负责管理一个小团队；安排进度、估算工作规模和成本，按照进度表和预算目标交付产品；制定项目的测试技术方法，为用户提供支持与演示。

初级测试工程师的一般要求如下：大专以上学历，一年以上相关工作经验，不仅需要理解和掌握测试理论、标准、规范，还需要根据不同企业的产品特点，了解相应的开发、测试方法，熟练操作一种甚至多种测试工具。

6）技术支持工程师

技术支持工程师是一个跨行业的职位，负责平台、软件、硬件的技术支持；用户培训、系统安装，以及与用户的联络；从技术角度辅助销售工作。技术支持工程师分为企业对内技术支持和企业对外技术支持，其中企业对外技术支持分为售前技术支持和售后技术支持。售前技术支持接近于产品销售，售后技术支持接近于工程师。

技术支持工程师的一般要求如下：计算机相关专业大专以上学历，一年以上客户服务工作经验，需要直接面对客户，具有良好的沟通协调和应变能力。

7）网络工程师

网络工程师主要负责信息安全、系统集成、数据处理、交换机和服务器的配置、局域网组建、网络维护、综合布线等工作；企业内部网络的组建、调试、维护，优化网络结构，为各部门提供网络服务；制定网络管理规程，做好故障预防，制定网络受到攻击后的紧急处理措施；利用网络管理平台监控网络设备、服务器等各种设备的运行状态；参与、指导公司计算机系统建设工作，如机房施工、布线等。

网络工程师的一般要求如下：计算机、通信及电子相关专业大专以上学历，两年以上网络项目和管理经验，持有国家或网络厂商（如华为）的专业技术证书；具备调试 LAN（局域网）、WAN（广域网）、Wireless（无线）、VoIP（基于互联网协议的语音）等网络设备的技能；熟悉 1～2 种网络操作系统，如 Microsoft Windows Server、Linux、UNIX、OpenStack 等。

8）大数据 ETL 工程师

大数据 ETL（抽取、转换、装载）工程师负责使用工具进行数据 ETL 的设计、开发、部署、运维；数据清洗工具的开发与维护；数据 ETL 流程的设计、开发和实施；数据批处理的日常调度与维护。

9）ICT解决方案销售工程师

ICT解决方案销售工程师负责运营商售前业务开展、售前技术支撑。售前技术支撑包括但不限于客户需求分析与挖掘、方案设计、预算编制、招投标支撑等；组织售前方案沟通会议，准备方案文档，提供项目售前技术支撑，在支撑经理和客户经理的指导下，参与并完成相关技术方案的撰写、讲解及用户答疑等工作；跟踪售前方案的宣讲效果，以及对潜在用户方案选型的持续跟踪；招投标技术支撑，撰写招投标文件；与合作伙伴、厂商进行信息互通、技术交流，做好相关软件、硬件产品的技术储备与产品引入。

10）信息安全工程师

信息安全工程师主要负责信息安全解决方案和安全服务的实施；公司计算机系统标准化实行，制定公司内部的网络标准、计算机软/硬件标准；提供互联网安全方面的咨询、培训服务；协助解决项目中的安全技术难题。

信息安全工程师的一般要求如下：大专以上学历，一年以上网络服务经验，具备相关的网络资质认证（如思科或微软的相关认证）；能够独立完成网络管理，并解决与网络有关的各种问题。

11）软件架构师

在IT部门中，有经验的项目经理往往会负责一些架构方面的工作。软件架构师实际上是软件的总设计师，他们的能力是在工作实践中培养出来的。

软件架构师的工作职责是在软件开发项目中，将客户的需求转换为规范的开发计划及文本，并制定项目的总体架构，指导整个开发团队完成计划。其主要任务不是从事具体的软件程序编写工作，而是从事更高层次的架构开发工作。

可以说，软件架构师的工作能力在很大程度上决定了整个软件开发项目的成败。软件架构师必须对开发技术非常了解，并具有较强的组织管理能力。软件架构师不仅要经常与各路人马打交道（如客户、市场人员、开发人员、测试人员、项目经理、网络管理员、数据库工程师等），还要在很多角色之间起到沟通者的作用。在技术能力方面，对软件架构师而言，最需要掌握的知识是构件通信机制方面的知识，如远程过程调用、Java RMI（远程方法调用）、CORBA（公共对象请求代理体系结构）、COM（组件对象模型）、DCOM（分布式组件对象模型）、各种标准的通信协议、网络服务、面向对象数据库、关系数据库等。

**2. IT行业常见职位的素质要求**

据调查，沟通能力、团队合作能力、学习能力、责任感、问题解决能力、诚信、主动性、理解能力、应变能力、抗压能力、踏实、大局观是胜任大多数IT职位必须具备的素质，但又各有侧重。例如，对IT管理人员而言，沟通能力、责任感、学习能力和团队合作能力这4个维度的重要性超过其他维度；IT销售人员在沟通能力、问题解决能力、主动性和诚信这4个维度上要求更高；技术支持人员在学习能力、责任感、团队合作能力和沟通能力这4个维度上要求更高；研发人员在团队合作能力、学习能力、责任感和问题解决能力这4个维度上有比其他维度更高的要求。IT行业常见职位的素质要求如图2-4所示。

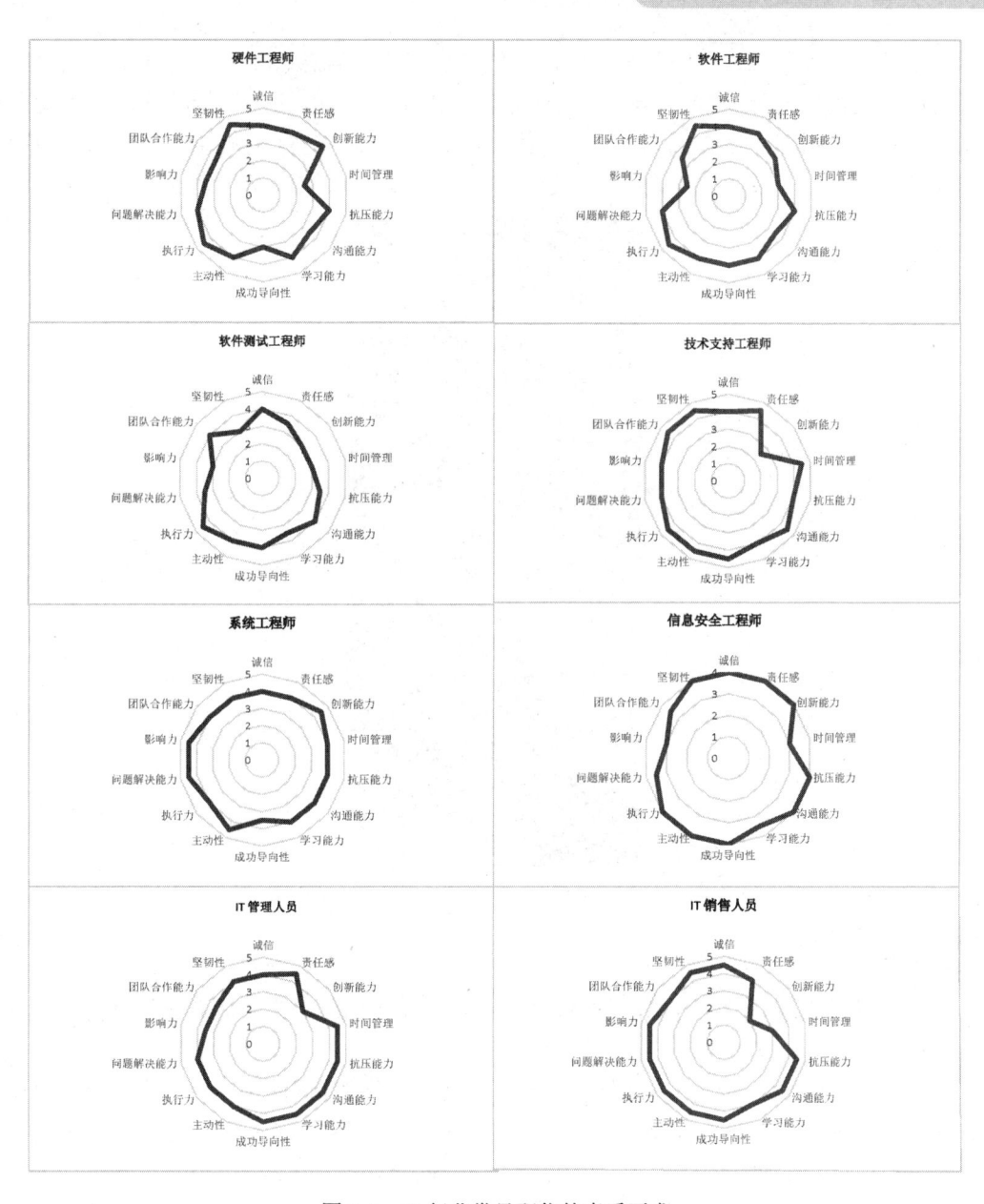

图 2-4　IT 行业常见职位的素质要求

> 实现参考

## 2.1.4　IT 行业的优势和职业发展机遇

### 知识点四：IT 行业的现状和发展前景

#### 1. 市场巨大

IT 行业属于第三产业，为第一产业、第二产业提供相关服务，其市场巨大。图 2-5 所示为手机应用，相信大家对它们并不陌生，它们和我们的生活息息相关，如社交、点餐、出行、网购、投资理财等。2015 年政府工作报告中提出了"互联网+"行动计划，也就是将传统行业和互联网行业结合到一起，促进传统行业的发展。在 IT 行业内，就业的领域和机会非常多。

图 2-5  手机应用

### 2. 前景广阔

IT 行业快速发展，新技术层出不穷。如今，许多城市的路边都停放着五颜六色的共享单车，既环保、节能，又方便。

我国物流行业的发展速度全球领先，得益于电商平台，我国的国际贸易也实现了快速发展，很多欧洲国家的消费者开始使用"海外版淘宝"。中国的商品价格又便宜，质量又好，关键是物流速度非常快，如将商品从中国运送到西班牙只需要三四天。以前，无人机主要用于农业和拍摄；现在，无人机结合软件可以帮助交警部门巡逻，快速、精准地捕捉机动车违规的情况，大大节约了人力。除此之外，还有许多新技术正在快速发展中，如大数据、人工智能、光传输等。IT 行业拥有广阔的前景，急需有目标、有想法的新生力量。

### 3. 发展速度快

在国外，微软、Meta、苹果、亚马逊的业务几乎覆盖全球；在国内，阿里巴巴、腾讯、百度、京东等互联网企业几乎尽人皆知，抖音也火到了美国、欧洲等国家和地区。

时势造英雄，互联网带来了很多机遇。截至 2024 年 9 月，我国的移动互联网月活跃用户数为 12.44 亿人，我国已经成为全球领先的移动支付大国。IT 行业欣欣向荣，属于朝阳产业，发展速度非常快。

#### 4. 人才需求量大

Java 被誉为编程语言界的"常青藤"，在编程语言界占据着数一数二的地位，从 1995 年诞生至今，一直处于编程语言界"老大哥"的位置，并不断地更新迭代，保持着旺盛的生命力。调查结果显示，我国的 Java 大数据人才需求量在 200 万人左右。IDC 预测，2027 年中国大数据 IT 投资规模有望达到 430 亿美元，全球占比约为 8%，5 年复合增长率约为 21.5%，增速位居全球第一。

#### 5. 环境优越

IT 行业是一个新兴行业，国家支持 IT 行业的发展，专门成立了一批软件园（如北京的中关村、成都的天府软件园、深圳的科技园等），它们的环境非常好，是互联网产业的聚集地。优秀的 IT 人才是 IT 企业的宝藏，为了招聘 IT 人才，许多 IT 企业不仅开出非常优厚的薪资待遇，在环境方面也尽可能追求人性化，给予员工更好的工作体验和更多的关怀，如高端、大气的写字楼，明亮、宽敞的办公室，干净、整洁的会议室，"高大上"的员工食堂，设施齐全的健身房，以及专门为女性员工设置的母婴室和育儿室等。

世界一直在变，它不以人的意志为转移。未来，不懂得 IT 的人很可能被淘汰。你想好要怎么做了吗？

### 活动三：你的 IT 梦是什么

#### 1. 活动目的

通过活动，在了解 IT 行业知识的同时，明确今后的专业学习方向，努力实现 IT 梦。

#### 2. 活动流程

1）分组讨论

假设你就职于不同的公司（如广告设计公司、自媒体公司、信息技术公司等），发挥你的想象力，讨论你在这些公司需要学习哪些与 IT 行业有关的专业知识。

2）快速思考

- 不同的公司对 IT 的应用体现在哪些方面？这些公司未来的发展潜力和方向是什么？
- 你打算怎么提前学习与 IT 行业有关的专业知识，为实现 IT 梦做准备？

### 任务实现

## 2.1.5 规划自己的未来

### 任务：填写职业生涯规划书中行业环境、职业环境等相关部分的信息

#### 1. 填写信息

如果你的职业目标与 IT 行业相关，请填写职业生涯规划书中行业环境、职业环境等相

关部分的信息。

### 2. 阅读参考案例

1）参考案例 1

伴随着计算机行业的发展，IT 行业已经成为我国的热门行业之一。计算机专业是一个很重要的、拥有广阔前景的专业。在当今社会中，计算机的应用十分广泛，我们有很多的发展机会和空间。与计算机有关的专业知识是学不完的，我们要活到老，学到老，努力地钻研和学习。我决定学好这个专业，在我的专业领域认真、努力地学习。这个专业的学制是 3 年，现在一个学期快过去了，我决定利用课余时间打工，提升自己的实践能力，向计算机行业的前辈请教，请他们指点指点我，这一定会对我有所帮助。

2）参考案例 2

王某给人的印象不太符合大部分人观念中"IT 人"的形象，他是一个表现欲和沟通欲非常强的人。王某在研发部工作时，周围的同事更喜欢用代码和机器沟通，他们沉默寡言，不善于与人交流。王某在这种环境里很不适应，他想去 IT 行业内一家知名公司的营销部应聘。王某认为这份工作既能发挥自己的技术优势，也能充分展现自己的沟通能力，两全其美。

### ➡ 任务小结

## 2.1.6 除了 IT 行业，CT、ICT 行业也是你的舞台

信息技术从一诞生起就与通信技术紧密联系在一起，信息技术的发展与通信技术的发展分不开。信息的产生和传输、处理、加工等所采用的理论直接来自通信技术。全球的信息系统之间的通信联系、信息传输是由通信系统完成的。可以说，通信技术的进步促进了信息技术的发展，而信息技术的发展使通信的服务质量更好、速度更快、成本更低。

如何管理无所不在的网络和海量的各类终端？这是一个非常棘手的问题。经过多年实践，人们认识到，如果没有功能强大的网络管理系统，通信网络就不可能很好地工作，更谈不上网络优化和质量保证；规模庞大的通信网络如果没有计费系统，就不能保证用户、运营商及产业链上各方的合法权益和利益的合法分配；如果没有安全系统，就没有通信的安全和保障；如果没有监测、纠错系统，就没有服务质量的保障；如果没有客户服务系统，就难以达到"客户是上帝"的服务要求。技术进步、用户需求促使运营商将这些信息系统应用到通信网络中。虽然它们不直接参与信息传输，但是它们保证了通信系统的正常运行。如今，这些信息系统已经和通信融为一体了。

在理论、技术、应用 3 个层面上，信息技术和通信技术都已经融为一体了。基于此，人们提出了一个新的概念——信息与通讯技术，以概括两者融合后变得更丰富的内容。这可以帮助我们理解信息技术和通信技术的关系。

总之，同学们未来的出路不仅限于 IT 行业，CT、ICT 行业也是大家的舞台！

## 2.2　了解 CT、ICT 行业

### 任务目标

#### 2.2.1　初步确定职业目标和职业发展路径

**任务名称**

任务一：继续填写职业生涯规划书中行业环境、职业环境等相关部分的信息。
任务二：初步确定自己的职业目标，并规划职业发展路径。

**任务分析**

在了解 CT、ICT 行业的发展前景和优势、主要企业、职位等信息的基础上，初步确定自己的职业目标和职业发展路径，并将其填写在职业生涯规划书中。

| 实现准备 | 课堂讲解 | 知识点一：了解通信技术和通信行业的主要服务商 |
| --- | --- | --- |
| | | 知识点二：了解信息与通讯技术 |
| | 课堂活动 | 活动一：你知道第四次工业革命吗 |
| 实现参考 | 课堂讲解 | 观点参考一：CT 的 5G 时代给社会带来的变化和机会 |
| | | 观点参考二：ICT 的发展趋势和带来的机会 |
| | 课堂活动 | 活动二：ICT 人才缺口超过 2000 万人意味着什么 |
| 任务实现 | 课堂实训 | 任务一：继续填写职业生涯规划书中行业环境、职业环境等相关部分的信息 |
| | | 任务二：初步确定自己的职业目标，并规划职业发展路径 |
| 任务小结 | 课后思考 | 职业目标是可以改变的 |

**实现准备**

#### 2.2.2　了解通信技术、信息与通讯技术

**知识点一：了解通信技术和通信行业的主要服务商**

1. 通信技术

1）什么是通信

用任何方法、通过任何传输介质完成信息传递均可称为通信。通信的实质是进行信息传递，完成信息交互。狭义地讲，自从人类社会产生，就开始了通信；广义地讲，自从有了生命，就有了通信。通信既是社会发展的需要，也是个人生活、经济发展、科技进步等不可或缺的一部分。

2）通信发展史

（1）古代通信。

古代的通信方式包括击鼓传声、烽火台、驿站、信鸽等，其特点是范围小、内容少、笨重、费时、时效差。

（2）近代移动通信。

1837 年，塞缪尔·莫尔斯发明了莫尔斯电码。莫尔斯电码由两种基本信号和不同的间隔时间组成：短促的点信号"."读作"嘀"，保持一定时间的长信号"—"读作"嗒"；不同的间隔时间为嘀=1t（时间单位），嗒=3t，嘀嗒间=1t，字符间=3t，单词间=7t。

1896 年，伽利尔摩·马可尼发明了无线电通信，他用电磁波进行了约 2km 距离的无线电通信实验并获得了成功，他因此被称为"无线电通信之父"。

（3）现代移动通信。

1978 年，美国贝尔实验室成功研制了第一代模拟网移动电话系统（当时被称为高级移动电话系统）。中国的第一代模拟移动通信系统（后来被称为 1G）于 1987 年 11 月在第六届全国运动会上开通并正式商用。2001 年 12 月，中国移动通信集团公司（简称中国移动）关闭模拟移动通信网。

世界上第一台手机摩托罗拉 DynaTAC 8000X 如图 2-6 所示，它重约 2 磅，通话时长为半小时，价格为 3995 美元。中国第一代"大哥大"的价格在 2 万元左右，入网费为 6000 元。

图 2-6　摩托罗拉 DynaTAC 8000X

第一代移动通信技术的缺点是容量有限、保密性差、通话质量不高和不能提供数据业务、自动漫游等。

第二代移动通信技术（2G）在 20 世纪 80 年代兴起于欧洲，1991 年投入使用。1992 年，原邮电部批准建设了浙江嘉兴地区 GSM（全球移动通信系统）试验网。1993 年 9 月，嘉兴 GSM 网正式向公众开放使用，成为我国第一个数字移动通信网。图 2-7 所示为 2G 机房设备。

图 2-7　2G 机房设备

GSM：基于 TDMA（时分多址），起源于欧洲，后来实现全球化。

IS-95（也被称为 cdmaOne）：基于 CDMA（码分多址），是美国最简单的 CDMA 系统，用于美洲和亚洲的一些国家。

国际电信联盟在 2000 年 5 月确定了 WCDMA（宽带码分多址）、CDMA2000 和 TD-SCDMA（时分同步码分多址）3 个主流的第三代移动通信技术（3G）标准。2009 年 1 月 7 日，中华人民共和国工业和信息化部（简称工业和信息化部）向中国移动、中国电信集团公司（简称中国电信）和中国联合网络通信集团有限公司（简称中国联通）发放了 3G 牌照。

2001 年 12 月，我国开始研发第四代移动通信技术（4G）。2010 年，海外主流运营商开始大规模建设 4G 网络。2013 年 12 月 18 日，中国移动在广州宣布中国 16 个城市开始享受 4G 服务。4G 系统能够以 100Mb/s 的速度下载，比拨号上网快 2000 倍，其上传的速度能够达到 20Mb/s。2020 年，我国用户开始享受商用 5G 移动网络。

如图 2-8 所示，移动通信技术具有明显的周期性，每一代移动通信技术都有明确的发展目标和可预见的未来。

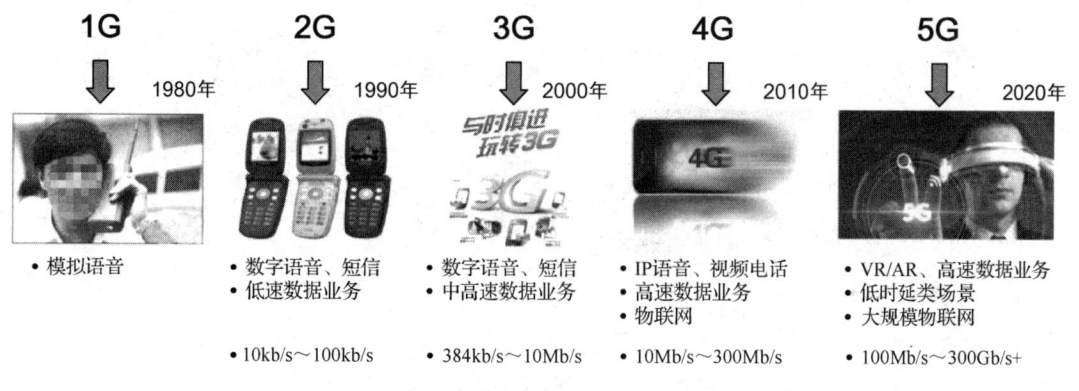

图 2-8 移动通信技术的发展历程

## 2. 通信行业的主要服务商

1）中国主要的电信运营商

（1）中国移动。

中国移动成立于 2000 年 4 月 20 日，是一家基于 GSM 和 TD-LTE（长期演进）、FDD（频分双工）-LTE 制式网络的移动通信运营商，是根据国家关于电信体制改革的部署和要求，在原中国电信移动通信资产总体剥离的基础上组建的国有重要骨干企业，拥有全球领先的网络规模和客户规模，于 2000 年 5 月 16 日正式挂牌。

中国移动主要经营移动话音、数据、IP（因特网协议）电话和多媒体业务，并具有计算机互联网国际联网单位经营权和国际出入口局业务经营权。2008 年 5 月 23 日，中国铁通集团有限公司并入中国移动，成为其全资子企业，保持相对独立运营。

（2）中国电信。

中国电信成立于 1995 年，是我国特大型国有通信企业。中国电信作为中国主体电信企业和规模庞大的基础网络运营商，拥有全球领先的固定电话网络规模，覆盖全国城乡，通达世界各地。中国电信主要经营固定电话、移动通信、卫星通信、互联网接入及应用等综合信息服务。

（3）中国联通。

中国联通于 2009 年 1 月 6 日在原中国网通和原中国联通的基础上合并重组而成，在国内 31 个省（自治区、直辖市）及境外多个国家和地区设有分支机构。中国联通主要经营 GSM 和 WCDMA 制式移动网络业务、固定宽带网络业务、移动互联网业务等。

2）主要的通信设备商

通信设备的复杂度和专业度比较高，通信设备商负责对通信设备进行设计、开发、生产和安装、调试等。

通信设备商是负责研发、制造通信设备的厂商。图 2-9 展示了部分通信设备商的发展历程，其中爱立信、华为、诺基亚、中兴通讯是世界上规模较大的 4 家通信设备商。

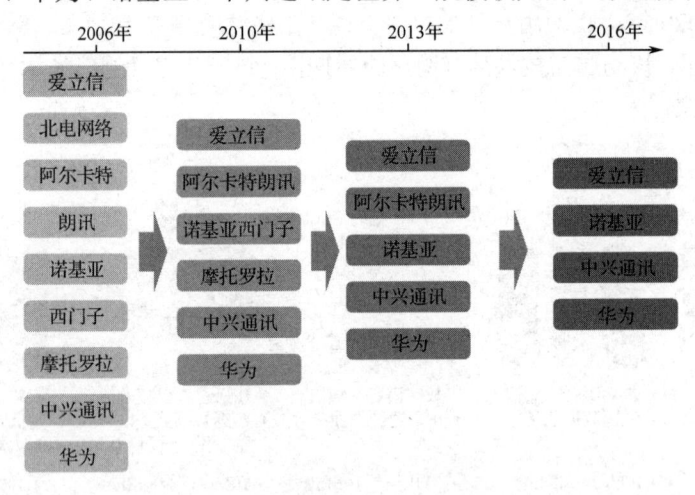

图 2-9　部分通信设备商的发展历程

（1）爱立信。

1876 年，爱立信成立于瑞典的首都斯德哥尔摩。从早期生产电话机、电话交换机发展到今天，爱立信的业务遍布全球 180 多个国家和地区，是全球领先的提供端到端全面通信解决方案及专业服务的供应商。爱立信的业务体系包括通信网络系统、专业电信服务、技术授权、企业系统和移动终端业务。

100 多年来，秉承"构建人类全沟通世界"的愿景，爱立信始终专注于电信行业，不断定义电信行业中"进步"的含义，并通过实现每一次进步，引领全球电信行业的技术发展与变革，保持领先的市场地位。爱立信能够为世界上主要的移动通信运营商提供设备和服务。

（2）华为。

1987 年，华为成立于中国深圳，是一家生产、销售电信设备的员工持股的民营科技公司。华为是全球领先的电信解决方案供应商，其业务涵盖移动、宽带、IP、光网络、电信增值业务、数据通信、手机和固定终端等领域，致力于让用户在任何时间、任何地点都可以通过任何终端享受一致的通信体验。华为的产品和解决方案已经应用于全球 150 多个国家和地区,服务超过全球 1/3 的人口。

(3) 诺基亚。

诺基亚成立于 1865 年,是一家总部位于芬兰埃斯波,主要从事移动通信设备生产和相关服务的跨国公司。诺基亚早期以伐木、造纸为主业,后来发展成一家手机制造商,以通信基础业务、先进技术研发及授权为主。

随着使用新操作系统的智能手机的崛起,诺基亚手机销量全球第一的地位在 2012 年第一季度被三星超越,结束了其对手机市场长达 14 年的"统治"。2014 年 4 月 25 日,诺基亚完成与微软的手机业务交易,将设备与服务业务出售给微软并退出手机市场。2015 年 11 月 18 日,诺基亚正式启动对阿尔卡特朗讯的收购。

(4) 中兴通讯。

中兴通讯成立于 1985 年,是全球领先的综合性通信制造业上市公司。作为在香港和深圳两地上市的大型通信制造业上市公司,中兴通讯立足中国,放眼全球,是中国重点高新技术企业和技术创新试点企业。

早在 1995 年,中兴通讯就启动了国际化战略,是中国高科技领域最早成功实践"走出去"战略的标杆企业。中兴通讯在国际市场中"十年磨一剑",相继与包括葡萄牙电信、法国电信等在内的众多全球电信巨头建立了战略合作关系,并不断开拓发达国家的高端市场。

3) 主要的通信服务商

(1) 什么是通信服务商?

通信服务商是介于运营商与设备商之间的提供通信网络设计、建设、维护、优化等服务的厂商。

(2) 国内典型的通信服务商。

国内的通信服务商很多,比较典型的有中国通信服务、宜通世纪、超讯通信、广东达安、江苏邮电等。相关通信服务商的情况既可以上网查找,也可以扫描二维码了解。

## 知识点二:了解信息与通讯技术

### 1. ICT 概述

ICT 是 IT 和 CT 两个领域紧密结合的产物,涵盖通信业、电子信息产业、互联网和传媒业,可提供基于宽带、高速通信网的集用户端系统及软件开发集成、维护、咨询服务和租赁业务于一体的综合服务业务。

ICT 业务是面向政企客户提供的集成服务、外包服务、灾备服务,以及基于企业信息综合服务平台的信息互通、应用交互、协同处理等平台应用的增值服务,包括系统专业服务、知识服务等 IT 服务及应用服务。

### 2. ICT 对社会和经济的影响

ICT 广泛应用于经济、社会和人际交往,它大大改变了人们工作、沟通、学习和生活的方式。ICT对经济发展和业务增长的重要性非常大，它引入了人们常说的第四次工业革命的许多成果。ICT促进了交流方式和生活方式的重大转变，人们正从面对面的交流转向数字空间的互动。

然而，ICT带来的各种变革的发展并不均衡。简单来说，就是更发达的国家和更富裕的个人拥有更多的发展机会，从而更有能力抓住ICT带来的发展优势，使其给整个国家或各个商业领域带来更多的经济收益。因此，在ICT领域，发展中国家需要投入更多的经济资本和教育资源来改变这种不均衡的状态。

### 3. ICT对企业的意义

ICT的进步带来了大量的成本节约、发展机会和生活便利。这既包括能降低成本、高度自动化的业务流程（将海量的ICT信息转化为推动新产品优化和服务改进的大数据革命），也包括ICT支持的互联网购物和远程医疗等服务，还包括社交媒体的变革与发展给人们带来的沟通和交互便利。

以云计算、大数据、人工智能和大模型为代表的新一代ICT已经成为最活跃的创新领域之一，是驱动社会和经济转型升级的重要引擎。在网络持续演进、技术创新升级、应用日渐丰富的背景下，ICT正在渗透到各行各业，加速数字经济与实体经济的融合发展。可以预见，未来几年，5G依然是网络演进的关注焦点，云计算、大数据技术和应用将加速落地，区块链将进一步成熟，人工智能将在机遇和挑战中发展。总之，ICT已经成为我们的生活中越来越重要的一部分。

2020—2025年，我国ICT行业步入自主创新活力迸发期，网络、技术、应用进一步发展。与此同时，经营体制、管理机制、分配机制也需要进行配套变革。未来，ICT将助力人类解放生产力，满足人们对幸福生活的需求。

## 活动一：你知道第四次工业革命吗

### 1. 活动目的

通过活动，了解第四次工业革命（工业4.0）的主要变革，以及IT、ICT等技术给工业4.0带来的技术动力，树立为工业4.0贡献力量的职业目标。

### 2. 活动流程

1）阅读案例

---

**案例1：德国安贝格西门子智能工厂**

作为工业4.0概念的提出者，德国是第一个实践智能工厂设想的国家。位于德国巴伐利亚州东部城市安贝格的西门子智能工厂是德国政府、企业、大学和研究机构合力研发全自动的、基于互联网的智能工厂的成功案例。

在西门子智能工厂，占地10万$m^2$的厂房内仅有大约1000名员工，近千个制造单元仅通过互联网进行联络，大多数设备都在无人力操作的状态下进行挑选和组装。令人惊叹的是，在西门子智能工厂，每100万件产品中约有15件次品，可靠性超过99%，可追溯性达到 100%。这样的智能工厂能够实现产品自动化生产，堪称智能工厂的典范。

### 案例 2：九江石化智能工厂

九江石化是中国第一批智能工厂试点之一。为达到可视化、实时化、智能化的生产和管理要求，九江石化与华为进行战略合作，在信息通信、生产协作、智能管理等领域开展广泛合作，共同打造世界一流智能工厂的基础设施。

基于华为在通信和数据信息方面的技术实力，九江石化完成了工厂 LTE 无线宽带网络、调度系统、视频会议系统、视频监控系统、存储系统、巡检终端等设备的布局。虽然九江石化的工厂目前尚未达到工业 4.0 要求的智能工厂的运营标准，但是在未来，九江石化将建设一个云数据中心，实现虚拟化、云计算等信息技术的智能化管理，进一步降低能源消耗率，提升资源利用率，实现更智能化的运营。

2）思考以下问题，提出你的观点
- 工业革命的发展历程如图 2-10 所示，第一次工业革命由蒸汽机带动，其特点是机械化生产；第二次工业革命由电气动力带动，其特点是自动化生产；第三次工业革命由电子设备和 IT 带动，其特点是数字化生产。你认为第四次工业革命的主要标志和特点是什么？
- 你认为最有可能引领第四次工业革命的是哪种技术？

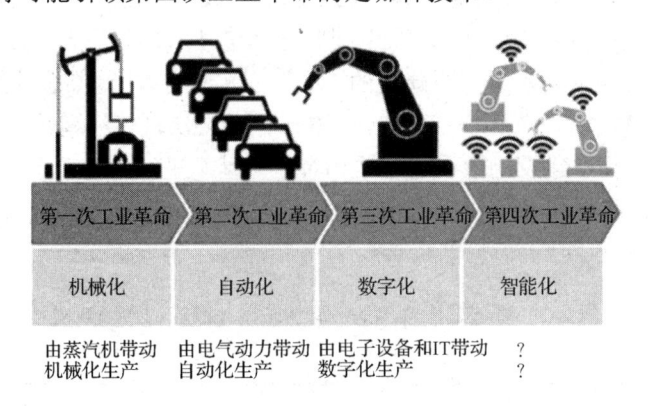

图 2-10 工业革命的发展历程

### 3. 观点参考

纵观 4 次工业革命，人类进行的所有活动，以及社会进步、政治改革、时代变迁、技术发展，这一切都是围绕生产力和生产方式的变革来展开的，而"互联网+"的实质就是生产力的不断提高，因为生产力和生产方式的发展是人类社会永恒的主题。

要想了解关于工业 4.0 的更多信息，可以扫描二维码，进行扩展阅读。

> 实现参考

### 2.2.3　CT、ICT 的发展趋势和带来的机会

**观点参考一：CT 的 5G 时代给社会带来的变化和机会**

#### 1. 5G 时代给社会带来的变化

5G 可以应用于现场直播、智慧家庭、VR/AR（增强现实）、车联网、远程医疗、游戏娱乐、智能农业、自动驾驶、工业自动化、高清视频、智慧城市、大型展览、现场监控等场景。业界通常将 5G 的应用场景分为以下 3 类。

- eMBB：增强移动宽带，针对大流量移动宽带应用，又称"超高速"。
- uRLLC：超高可靠低时延通信，又称"低时延"。未来，uRLLC 将是主要支持工业 4.0 的应用场景。此外，工业自动化也被认为是 5G 最重要的垂直行业应用之一，其重要性甚至超过自动驾驶应用。
- mMTC：海量机器类通信，又称"海量连接"。

#### 2. 5G 建设的市场和产业链分析

工业和信息化部分配给 5G 的高频段（频段越高，覆盖面积越小）迫使工程师采用"宏站+小站"的方式进行 5G 区域覆盖，其中宏站用的天线频率是中低频段（6GHz 以下），小站用的天线频率是高频段（6GHz 以上）。中国联通网络技术研究院无线技术研究部高级专家指出，从连续覆盖的角度来看，需要建成的 5G 基站总数是 4G 基站总数的 1.3～1.5 倍。

5G 的小站覆盖面积较小（半径为 10～200m），若要实现连续覆盖，则小站的数量要远远多于宏站的数量。基站建设包括重建基站和对原有基站进行升级改造两种方式。由于基站数量巨大，因此 5G 基站相关模块的需求量也很大。表 2-1 所示为赛迪智库预测的 5G 基站相关模块的市场规模。

表 2-1　赛迪智库预测的 5G 基站相关模块的市场规模

单位：亿元

| 模块名称 | 市场规模 |
| --- | --- |
| 基站天线 | 855 |
| 基站射频模块 | 641.25 |
| 小微基站 | 1050 |
| 通信网络设备解决方案 | 2600 |
| 光模块 | 997.5 |
| 光纤光缆 | 899.2 |
| 网络规划运营 | 1300 |
| 系统集成与应用 | 1600 |
| 其他（工程建设等） | 1600 |
| 总计 | 11 542.95 |

IMT-2020（5G）推进组发布的《5G 承载需求白皮书》指出，按照 5G 的发展计划，2019—2021 年，5G 开始陆续商用，4G、5G 融合部署，4G 不会很快退出通信网络服务市场，4G、5G 实现互操作和电路域回退语音业务，物理设备、虚拟化设备会组成资源池和实现功能融合。

网络建设初期和 4G、5G 网络互操作运行期间需要大量的业务测试、设备维护、网络优化人员，业务的发展周期正好留出了人才培养所需的时间周期。

### 3．5G 建设给行业带来的机会

5G 建设给行业带来的机会可以从以下 3 个方面来分析。

1）技术发展带来的机会

5G 的新技术会带来网络结构、无线环境、维护模式的变化，无线侧和用户端的部署会不断发展，因此移动通信是未来的重点。

2）产业升级带来的机会

5G 的成熟会不断促进产业升级，使各产业进一步融合发展，最终引发各产业更深层次的变革。

3）商业模式带来的机会

人与物、物与物之间的连接会形成万物互联，5G 将帮助人们实现更深层次的沟通，因此终端及移动应用开发是未来的重点。

5G 建设将给许多厂商带来新的发展机会，从运营商到设备商，从芯片设计公司到模块制造公司，从物联网、车联网应用开发公司到 VR/AR 应用开发公司。

### 4．5G 的未来就是我们的职业定位

5G 建设将解决以下问题。

- 网络云化带来的规划和运维挑战。
- 网络演进、高密度组网、多天线、多业务带来的规划和建设难题。
- 高频段、高功耗、大带宽给基站建设带来的难题。
- 机房供电需求大。
- 站点传输资源需求大，改造需求大。
- 高频段、多天线使传统室内分布系统无法满足 5G 的需求。
- 高频段及安装空间的限制使地铁、高铁隧道难以实现 5G 覆盖。

解决以上问题的职位就是相关专业的大学生未来的职业定位，包括 5G 设备开发工程师、网络规划施工工程师、网络运维工程师、网络优化工程师、网络监控工程师、终端开发工程师和移动应用开发工程师等。

## 观点参考二：ICT 的发展趋势和带来的机会

### 1．ICT 的发展趋势

1）IPv4 制约物联网发展，发展 IPv6 势在必行

IPv4 地址总数为 2 的 32 次方，IPv6 地址总数为 2 的 128 次方，实现从 IPv4 向 IPv6 的

过渡已经成为互联网发展的必然趋势。

从 IPv4 向 IPv6 的过渡涉及硬件设备的更换和软件版本的更新，这意味着通信网络及互联网全产业链的每个环节都要更新甚至重建，成本较高，应遵循市场发展规律。

2017 年 11 月 26 日，中共中央办公厅、国务院办公厅印发了《推进互联网协议第六版（IPv6）规模部署行动计划》，提出"用 5 到 10 年时间，形成下一代互联网自主技术体系和产业生态，建成全球最大规模的 IPv6 商业应用网络，实现下一代互联网在经济社会各领域深度融合应用，成为全球下一代互联网发展的重要主导力量"。未来，物联网需求日益增加，随着车联网、移动 VR、可穿戴装备的日渐普及，这些设备需要大量 IPv6 地址的支持。

2）中国"芯"的比例持续增加

5G 通信终端芯片、物联网、车联网、大容量存储芯片、量子计算机、高端制造等都需要以大量的具有自主产权的芯片为硬件的基础装备。优化供给侧结构，提高供给侧质量，首先要在核心技术上掌握主动权。国际上已经实现 5nm 甚至 3nm 先进芯片制程工艺。当前，中国 ICT 行业的薄弱环节是高端集成电路的智能制造能力。根据北京群智信息技术咨询有限公司的研究报告，2024 年，国产移动智能终端芯片在全球市场中的占有率约为 12.8%。若保持当前的创新速度，则未来中国"芯"的比例将持续增加。

3）5G 独立组网标准制定

3GPP 组织（第三代合作伙伴计划组织）将 5G 标准化进程分为非独立组网和独立组网，已经冻结的 5G 新特征都可以在这两种架构上分别实现。中国已领跑窄带物联网、车联网技术，积极探索 5G 融合应用。基于高速率、低时延的物联网等应用技术的开发必须与 5G 试点同步，才能丰富 5G 标准化体系、加快 5G 标准化进程。

4）信息系统开发模式变革

在当今社会，生活和工作节奏越来越快，这让人不禁发出感慨：虽然信息化建设已经开展了很多年，但是信息化似乎并没有让我们减轻工作量。这就是"信息化悖论"。

首先，当前的社会分工越来越细，要求也越来越细；其次，当前的信息化建设难以满足人们对信息化的需求，很多信息系统上线 3 年后就已满足不了人们的需求；最后，当前的信息系统开发的出发点是基于管理控制，而不是基于信息管理，这种开发模式与大数据理念是相悖的。

基于信息管理的政务信息化要服务于政务大数据及企业、公民。在企业层面，信息系统要服务于企业的核心价值链。衡量信息管理水平的关键是信息能否在信息系统里"跑"起来。当前的很多信息系统还达不到这个要求，大多数信息系统仍然是基于管理控制理念而人为制造的"信息孤岛"，导致企业进入"不用信息系统不行，用了信息系统反而更乱"的怪圈。

5）网络重构持续推进

局端机房数据中心化是 ICT 行业 2020 年以来的关注重点，许多省份的运营商网络规划、计划部门积极探讨局端机房数据中心化的演进路线。作为信息基础设施的通信网络不仅要提速降费，还要大幅提高软件自定义水平，降低网络传输时延。例如，一项新型 VR 业务的服务器设置在某个城市，而这项业务是面向全国的，如果在全国范围内设置大量的服务器，必然造成巨大的能源、资源浪费，同时也与国家对超大型数据中心、大型数据中心的布局指导意见不符。可以预见，低时延传送技术开发、局端机房数据中心化将随着网络演进成为网络建设的重点和难点。

6）区块链加速兴起

如果大数据技术是数字经济的重要角色和信息化发展到较高阶段的产物，区块链技术与云计算技术就是大数据技术的"左膀右臂"。区块链技术作为一种创新的信息存储与传输方式，正逐渐改变着数字资产的信任机制。区块链技术具有去中心化、不可篡改及透明化的特性，增强了数字资产交易的安全性和可靠性。近年来，云计算技术发展迅速，但真正的云时代是私有云"唱主角"的时代，云计算技术与区块链技术相结合将推动私有云快速发展。

7）5G 开启"物即网络"时代

2G、3G 移动通信网采用的是 800MHz、900MHz、1800MHz、2110MHz～2125MHz 等频段，密集城区站间距保持在 1km、农村区域站间距保持在 6～7km 即可满足覆盖要求。4G 移动通信网采用的是 2GHz 左右的频段，密集城区站间距小于 500m、农村区域站间距小于 3km 才可以基本满足覆盖要求。5G 移动通信网采用的是毫米波频段（毫米波是 30GHz～300GHz 的电磁波，对应波长为 1～10 mm），绕射能力和透射能力都很差，覆盖范围较小，最佳覆盖距离在百米量级，而且时延要求达到 ms 级。

在 4G 时代，虽然绿化带标语、路灯杆、城市雕塑、广告牌等可以作为天线，但是网络依然有很多盲区。到了 5G 时代，移动通信网络盲区的存在对于车联网、物联网、人工智能的应用可能是"致命"的。5G 时代的天线将更加多种多样，所有的建筑物、公共设施、交通设施都将与网络设施共同设计和部署，成为网络的一部分。网络无处不在、无时不有，5G 将开启"物即网络"时代。

8）一切技术都是人工智能时代的基础元素

近年来，数字经济、知识经济、信息经济、共享经济、智能化、工业互联网、信息消费、大数据、物联网、智慧城市等热点技术名词层出不穷。不同名词之间有一定的交叉，给人们造成了概念上的混淆。

事实上，它们都是面向未来社会提出的理念，每个理念的背后是若干"技术群族"。人类社会从农业社会、工业社会、信息社会发展到智慧社会，虽然各个国家和地区的发展不平衡，但是主流社会正在从信息社会向以人工智能为主体的智慧社会迈进，人类社会正在从解放双脚、解放双手向解放大脑演进。

大胆设想一下，未来人类社会的生产力将是高度发达的。要想达到这个高度，只有不知疲倦的机器人和人工智能技术能支撑。因此，我们可以认为现在的所有技术都在为高度文明的人工智能时代做准备。当机器人或人工智能遍布于三百六十行时，这个时代就到来了。

2. ICT 带来的机会

ICT 行业是知识密集型、技术密集型行业，其迅速发展的关键是要有一大批从事 ICT 创新的人才加入该行业，具有一定数量、结构和质量的 ICT 人才队伍是 ICT 行业发展的必要前提。ICT 行业的五大热门人才需求包括软件开发、开发运营（DevOps，Development 和 Operations 的复合词）、云计算技术、网络技术、存储技术，而 ICT 行业的职位大致分为研发类、产品类、设计类、游戏类、市场类、销售类等。

我们可以分析一些职位的大致发展方向，这也许就是你的职业发展路径。

- 软件工程师→高级软件工程师→系统分析员→软件架构师。
- 软件工程师→团队组长→项目经理→部门经理→技术总监/研发总监。
- 程序员→设计师→软件开发部技术总监。
- 程序员→软件开发部项目经理→软件开发部总监/系统架构总设计师。
- 技术研发中心程序员→总工程师。
- 技术研发中心程序员→软件专家。
- 测试工程师→架构及逻辑测试经理→SQA（软件质量保证）管理总监。
- 测试工程师→版本发行经理→版本发行及开发管理总监。
- 销售人员→区域销售经理→销售总监→销售总裁。
- 实施工程师（售后工程师）→需求分析及架构初级设计师→售前售后全系统解决方案总体架构设计师。
- 实施工程师（售后工程师）→实施项目经理。
- 售前工程师→售前咨询顾问/产品经理→解决方案高级咨询顾问/部门经理/事业部总监。
- 业务需求分析员→业务需求分析工程师→项目经理/咨询顾问→部门经理/事业部总监。
- 客服人员→售前咨询顾问→解决方案高级咨询顾问。
- 客服人员→实施项目经理。

ICT 行业中工资高的职位不在少数，当然，任何行业都有优胜劣汰的规则，除了有目标地努力，没有捷径可走。在 ICT 行业中，我们不能寄希望于外部资源的支持，应该努力学习、努力工作，争取在每一次行业热潮来临前尽快适应。

## 活动二：ICT 人才缺口超过 2000 万人意味着什么

1. 活动目的

通过活动，了解 ICT 人才缺口带来的机会，为自己的职业目标规划提供决策依据。

2. 活动流程

1）阅读材料

2023 年，安永与华为联合发布《中国 ICT 人才生态白皮书》，预测到 2025 年，我国 ICT 人才缺口将超过 2000 万人，整体供需缺口呈持续扩大的趋势，缺口主要分布在云计算、大数据、物联网、人工智能、5G 等新兴技术领域。

2）快速思考
- 在IT、CT、ICT行业的众多职位中，是否有适合作为你的职业生涯目标的职位？
- 为了达到这些职位的要求，你打算怎么度过大学的学习生活？

3. 阅读参考：网络与安全技术人员可以向网络运维职位转型

网络与安全技术人员可以在多种企业内担任网络工程师、信息安全工程师、运维工程师、首席技术官等职位，从事网络规划设计、IT架构优化、数据库运营保障、网络安全防护等相关工作。具备Linux云计算、运维开发能力的网络与安全技术人员可以向网络运维职位转型。

网络运维人才可以通过一台笔记本电脑，高效地完成网络规划、监控、故障排除等工作，从而保障企业网络的稳定性和安全性。网络运维人才的技术能力和发现、解决、预防问题的能力，得益于长期的实践经验积累。网络运维人才的职业生涯通常比较长，其薪酬水平、发展空间随着技术水平的提高、年龄的增长而攀升、拓展，属于"越老越吃香"的职业。

## 任务实现

## 2.2.4 基本确定自己的职业发展路径

**任务一：继续填写职业生涯规划书中行业环境、职业环境等相关部分的信息**

2.1节主要聚焦认知IT行业，本节的主要内容是了解CT、ICT行业。如果你的职业目标与CT、ICT行业相关，请填写职业生涯规划书中行业环境、职业环境等相关部分的信息。

CT、ICT行业常见职位的素质要求如图2-11所示。相较于IT行业的职位，CT、ICT行业的职位的某些素质要求更高，如抗压能力、成功导向性、坚韧性等。

关于CT、ICT行业的职业环境分析，我们可以参考以下内容。

- CT、ICT行业正处于发展的春天，研发领域、市场领域提供了很多高薪职位，如百度、阿里巴巴、腾讯、京东、华为、中兴通讯、烽火通信等知名企业的研发职位的待遇非常有竞争力。
- 虽然CT、ICT行业属于高工资的高科技行业，但是从业者经常在外出差，工作压力较大，有时候还需要直接与客户交流。
- CT、ICT行业的发展速度很快，从业者需要不断地给自己充电。
- CT、ICT行业属于知识密集型行业，对专业知识的要求比较高，进入门槛也比较高。

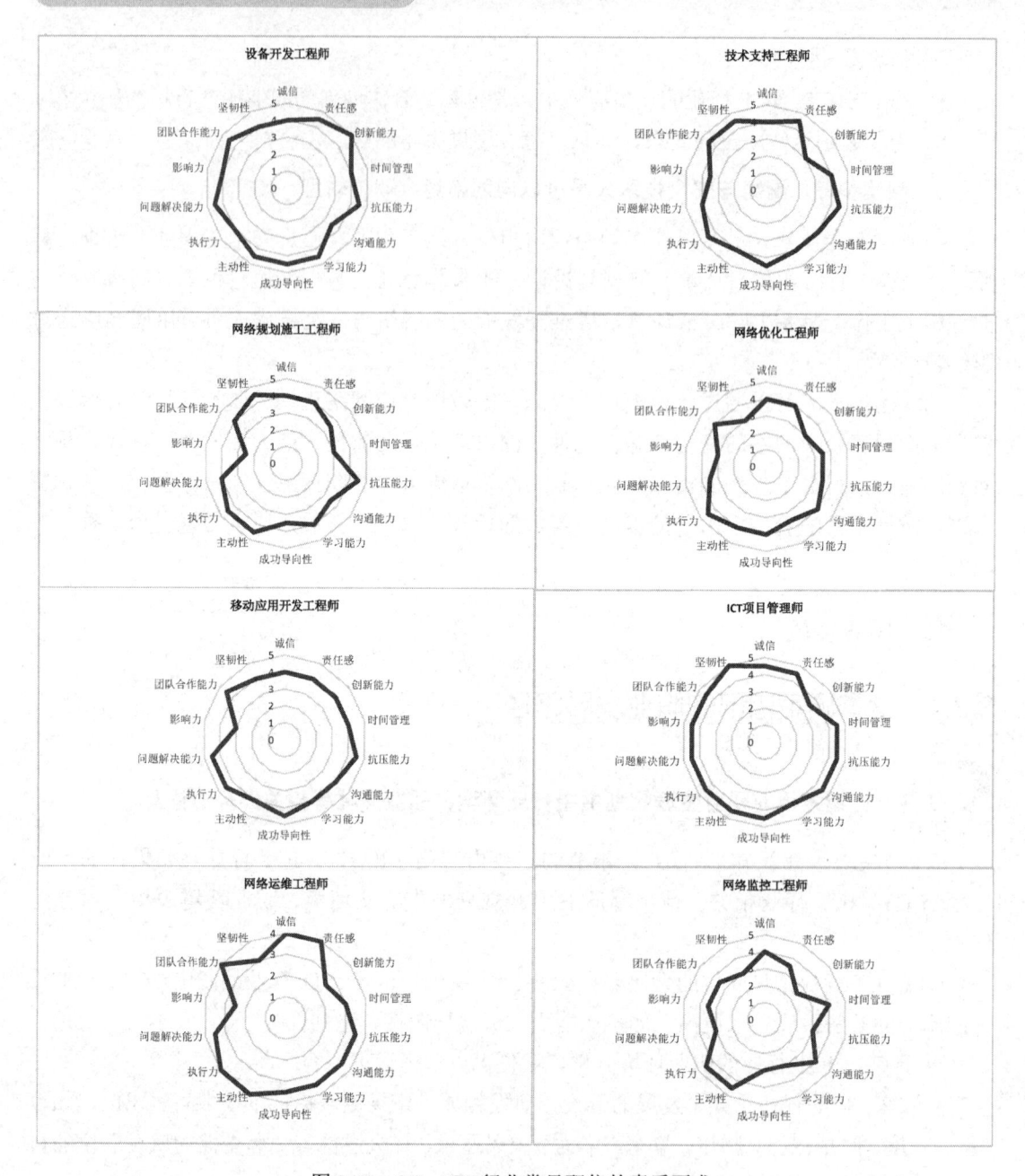

图 2-11 CT、ICT 行业常见职位的素质要求

### 任务二：初步确定自己的职业目标，并规划职业发展路径

#### 1. 初步明确职业目标

根据自己的兴趣，结合上文对 IT、CT、ICT 行业环境和职位情况的分析，初步明确自己有能力争取的职位，将其作为职业起点，并了解从事该工作的人以后通常会往哪几个方向发展，想清楚自己最渴望往哪个方向发展，找到职业目标。

## 2. 初步明确职业发展路径

在选择职业发展路径时，一方面可以参考已经实现该职业目标的职场达人，另一方面要发挥自己的主观能动性，设计职业发展路径并付诸行动，踏踏实实地努力，你会离职业目标越来越近。

## 3. 方法参考：利用逆向思维规划职业发展路径

逆向思维是一种逆转因果的思维方式，既可以从原因推知结果，也可以从结果反推原因或步骤。

利用逆向思维规划职业发展路径，你需要有一个明确的终极目标，并对该目标进行拆解、倒推，从未来倒推至现在，这和发散思维的思考路径刚好相反。接下来，你需要将这条路径转化为一套可执行的流程，这套流程中包含许多更细小的环节。

例如，你想在 10 年后实现财务自由，对于这个终极目标，在现阶段靠打工是实现不了的，通过创业当老板来实现该目标的可能性较大。因此，你 10 年后的目标应该是成为 CEO 级别的人物，前期的所有工作都是准备工作：一步步倒推，成为 CEO 之前需要成为总监，成为总监之前需要成为经理，成为经理之前需要成为主管。在这个过程中，各个级别的职位需要具备的能力和视野是不一样的，如图 2-12 所示。

| 阶段 | 描述 |
| --- | --- |
| 实现财务自由 | 即使不工作，也不必为金钱发愁，因为有其他投资；能做自己想做的事情，不用为了工资而工作 |
| 成为 CEO | 能制定公司的愿景与战略，在公司或组织内部拥有最终的执行权力；格局和视野开阔，熟知行业大势 |
| 成为总监 | 至少有 5 年的相关行业经验，学历高、人脉资源丰富，对本行业有相当深刻的认识，管理能力和人际协调能力出类拔萃 |
| 成为经理 | 至少有 3 年的相关行业经验，拥有较强的决策能力、组织能力和执行能力 |
| 成为主管 | 至少有 1 年的相关工作经验，基本技能专精，除了能做好分内的事情，还有一定的带团队能力 |
| 成为专员 | 基本技能过硬，能做好分内的事情，细心，有责任心和耐心 |
| 实习生 | 能做好上级交代的事情，细心，有耐心，多学、多看、多听 |
| 在校期间的积累及兼职 | 多读书、多实习，争取在毕业前做许多能给简历加分的事情；养成良好的习惯，提升自己的人际交往能力 |

图 2-12 利用逆向思维规划职业发展路径

## 任务小结

### 2.2.5 职业目标是可以改变的

在了解了 CT、ICT 行业环境、发展趋势和职位机会后，综合 2.1 节介绍的 IT 行业的情况,我们可以根据自己的兴趣和自我感觉能做的工作来确定职业目标。

我们对自己的了解也许不够全面、充分,因此我们现在只需要初步明确职业目标。在后续的学习中,随着自我认识的深入,我们可以调整职业目标。在这个过程中,我们可以随时记录自己的感想和灵感。

## 2.3 职业和就业准入制度

### ➡ 任务目标

### 2.3.1 行业、职业、职业资格证书应该怎么选择

#### 任务名称

任务一:是选行业重要,还是选职业重要?
任务二:你选择考取哪些职业资格证书呢?

#### 任务分析

在进一步了解 IT、CT、ICT 行业的发展前景和优势、主要企业、职位等信息的基础上,明确自己的职业目标和职业发展路径,并将其填写在职业生涯规划书中。

| | | |
|---|---|---|
| 实现准备 | 课堂讲解 | 知识点一:职业的基础知识 |
| | 课堂活动 | 活动一:做微信公众号运营人员,你觉得如何 |
| | 课堂讲解 | 知识点二:就业准入与职业资格证书的基础知识 |
| | 课堂活动 | 活动二:如何看待大学生"考证热" |
| 实现参考 | 课堂活动 | 活动三:你怎么看这份职业排行榜 |
| | 课堂讲解 | 观点参考:面对"考证热",大学生应该怎么办 |
| 任务实现 | 课堂实训 | 任务一:是选行业重要,还是选职业重要<br>任务二:你选择考取哪些职业资格证书呢 |
| 任务小结 | 课后思考 | 确定职业目标和意向职业资格证书 |

### ➡ 实现准备

### 2.3.2 职业、就业准入与职业资格证书的基础知识

#### 知识点一:职业的基础知识

1. 职业的属性

1.2.2 节介绍了职业的定义,下面介绍职业的属性。

1）经济性

从事职业活动的就业者能获得经济收入，并且相对稳定、持续。

2）技术性

从事职业活动的就业者需要具备相应的知识和技术。随着社会的发展和进步，许多职业对就业者所具备的知识和技术水平的要求会越来越高。

3）社会性

从事职业活动的就业者，其劳动不仅是为个人谋生，也是尽社会义务。人和人之间是相互依存的，一个人需要用自己的劳动成果与别人的劳动成果互相交换，通过交换，在满足自身需要的同时，也满足其他社会成员的需要，从而起到为他人服务的作用，也为国家和社会做出贡献。

4）连续性

从事职业活动的就业者，其从事的职业是稳定的、螺旋上升的，具有明显的连续性。

5）规范性

从事职业活动的就业者，其从事的每一种职业都有特定的职业规范，以及应该遵守的各种操作规则和章程。

**2. 职业的基本特征**

根据职业的发展历史及其对人类社会发展的影响，职业具有以下基本特征。

1）产业性

第一产业和第二产业都是物质生产部门，第三产业虽然不生产物质财富，却是社会物质生产和人民生活必不可少的部门。在传统的农业社会，农业人口的比重最大；在工业社会，工业领域中的职业数量和就业人数显著增加；在科学技术高度发达和经济发展迅速的信息社会，第三产业中的职业数量和就业人数显著增加。

2）同一性

相同或相似的职业，其劳动条件、工作对象、生产工具、操作内容相同或相近。由于环境的同一，人们会形成同一的行为模式、语言习惯和道德规范，进而形成行业协会、商会等组织。

3）差异性

不同职业之间存在很大的差异，劳动条件、工作对象、工作性质、工作方式及报酬等各不相同。这体现了社会的多种分工和劳动者之间的差异。随着社会的发展和进步，新的职业（如经纪人、微信公众号运营人员等）将会不断涌现，各种职业之间的差异也会不断变化。

4）职位性

职位是一定的职权和相应责任的集合体，职权和责任是组成职位的两个基本要素。在职业的分类中，每一种职业都具有职位性。从社会需求的角度来看，职业没有高低贵贱之分。不过在现实生活中，由于不同职业的素质要求不同，以及人们对不同职业的看法或舆论的评价不同，职业便有了层次之分。职业的不同层次往往是由不同职业付出的体力劳动、脑力劳动和收入水平、工作任务、社会声望、社会地位等因素决定的。

5）组群性

无论按照何种依据来划分，职业都具有组群性。例如，科学研究包含行为学、社会学、经济学、理学、工学、医学等，咨询服务职业包括科技咨询、心理咨询、职业咨询等。

6）稳定性

社会分工要求劳动者相对稳定，这样才能不断积累经验，不断丰富各个职业门类的知识。任何一种相对复杂的职业都需要具备一定的专业素质、能力素质、身体素质和道德素质的从业者。某种职业对从业者的素质要求越高，该职业的稳定性就越强。

7）时代性

随着社会的发展和进步，职业变化迅速，除了除旧更新，同一种职业的工作内容和方式也会发生变化，所以职业具有明显的时代性。不同时代有不同的热门职业，我国曾出现过的"当兵热""考公热""下海热""外企热"等反映出特定时代的人们对某种职业的热衷程度。

### 3. 职业的功能

所从事的职业对社会的贡献越大，越容易实现人生价值。因此，职业在人的一生中至关重要。

1）职业的个人功能

职业是人生的主要活动，职业作为人们参与社会生活、从事社会活动、进行人生实践的重要方式，从多个方面决定了个人的特征和境遇。

职业是个体实现自我发展和自身价值的重要途径。当一个人从事的职业符合其特点、兴趣时，其工作积极性会得到充分的发挥，从而促进个性的充分发展。

职业活动既是人实现自身价值的过程，也是为社会创造价值的过程。人们通过从事职业活动，获得相应的荣誉、社会地位和收入，既能满足物质需要，也能满足受到社会尊重的价值需要，从而对社会、工作单位产生归属感，促进个人的全面发展。

2）职业的社会功能

职业是劳动者的社会角色，劳动者通过职业活动与社会发生关系，形成社会关系。职业作为一种社会存在，不仅是人的社会身份、社会地位的体现，其本身也构成了人类社会的一部分内容。职业的种类越多，社会活动越多样化，社会生活就越丰富多彩。

职业是社会发展的动力。职业的社会运动包括个人改善职业的向上流动、与社会经济结构相联系的职业结构变动、不同职业之间的矛盾冲突及其解决等，它们构成了社会发展和进步的动力。

职业是社会整合的重要手段。职业是人的重要生活方式，安居乐业是人们的共同愿望，"衣食足而知荣辱"。政府为公众创造职业岗位，实施促进充分就业的政策，从功能角度来看，就是为了减少社会问题，达到繁荣经济和稳定社会的目的。

3）职业的经济功能

职业是个人获得经济收入的来源。人们通过职业活动获取相对稳定的报酬，以维持个人生存、家庭生活和职业发展。

职业活动创造社会财富。人们通过职业活动为社会创造物质财富与精神财富，推动社会不断进步。职业分工是社会经济制度运行的重要表现形式,随着社会的不断进步,职业分工将更加合理,社会经济制度也将越来越完善。

### 4. 职业的分类

职业的分类是指采用一定的标准和方法,根据一定的分类原则,对从业者所从事的各种专门化的社会职业进行的全面、系统的划分与归类,是一个国家形成产业结构概念和研究产业结构、产业组织、产业政策的基础。我国将职业分为以下八大类。

- 第一大类:国家机关、党群组织、企业、事业单位负责人。
- 第二大类:专业技术人员。
- 第三大类:办事人员和有关人员。
- 第四大类:商业、服务业人员。
- 第五大类:农、林、牧、渔、水利业生产人员。
- 第六大类:生产、运输设备操作人员及有关人员。
- 第七大类:军人。
- 第八大类:不便分类的其他从业人员。

### 5. 职业声望

1)职业声望的概念

职业声望是人们对职业地位的主观评价。如果没有职业地位,职业声望就无从谈起;如果没有职业声望,职业地位就无法确定和显现,人们正是通过职业声望来确定职业地位的。

2)决定职业声望的主要因素

(1)职业环境。

职业环境是指任职者所能获得的工作条件的便利与社会经济权利的总和,包括职业的自然环境与社会环境,如工作条件、空间环境、劳动强度、行业与市场环境、社会与法律环境、职业发展机会、技术与创新环境等。

(2)职业的功能。

职业的功能是指职业对提高国家的政治、经济、科学、文化水平的意义及其在社会生活中对谋求人民的共同福利所担负的责任。

(3)任职者素质。

任职者素质包括任职者的文化程度、能力、道德品质等。职业环境越好,职业的功能越强大,任职者素质越高,职业声望就越高。

(4)社会报酬。

职业的社会报酬是指职业提供给任职者的工资收入、福利待遇、晋升机会、发展前景等。一般来说,工资收入高、福利待遇好、晋升机会多、发展前景广的职业,其声望也比较高。

3)职业声望的稳定性

在不同的社会发展阶段,人们对同一种职业的评价往往不同;拥有不同经济、文化背景的群体,对同一种职业的评价不同;不同年龄、性别的群体,对同一种职业的评价也有差异。

4）职业声望的作用

职业声望的作用并不是把各种职业分成三六九等，或者用某种单一的标准衡量各种职业。研究职业声望的意义在于为社会中个体的职业流动提供指导作用。

职业声望的评价和变化对择业有很重要的影响，尤其是当代大学生，很容易"跟着职业声望指挥棒跑"，被牵着鼻子走。

由于把职业声望看得太重，有些人错过了发挥能力和才华的机会。当面对某种新职业时，放弃尝试也许并不是一个好选择。

### 活动一：做微信公众号运营人员，你觉得如何

#### 1. 活动目的

通过活动，了解新兴职业的岗位职责和任职要求，分析新兴职业对就业观念的影响。

#### 2. 活动流程

1）阅读材料

---

**微信公众号运营人员的岗位职责和任职要求**

**岗位职责：**
- 独立运营微信公众号，负责微信公众号的日常运营和维护工作；
- 负责微信公众号的内容更新、人气聚集、话题发布、用户管理等工作；
- 负责策划并制定微信线上活动方案，以及微信原创内容的策划与编辑工作；
- 负责探索微信公众号的推广模式与渠道，了解用户需求，收集用户反馈，分析用户行为及需求；
- 负责制定社会化媒体运营与品牌营销策略，在微信、豆瓣等社会化媒体中开展品牌营销工作；
- 负责企业客户微信官方账号的运营，包括日常内容的编辑、发布、维护、管理、互动等，以提高企业的品牌影响力和关注度；
- 负责利用微信平台推广企业客户的产品或服务，并与客户保持互动、沟通；
- 负责定期与粉丝互动，策划并开展相关的微信推广活动；
- 负责跟踪微信推广效果，分析数据并反馈，总结经验，通过有效的运营手段提升用户活跃度，增加粉丝数量；
- 负责实施企业、产品、内容的微信运营矩阵策略；
- 负责制定并实施用户互动策略，将用户发展为粉丝与好友，通过持续互动转化潜在用户，提升企业及产品的口碑；
- 负责创作优秀的微信原创内容，具有一定的话题敏感度；
- 负责策划与组织线上、线下活动，通过活动提高社会化媒体曝光率，增加粉丝与好友数量，增强用户黏性；
- 负责搜集有效粉丝（对创作者的内容真正感兴趣，积极参与互动并长期关注的用

户）的问题反馈和批评建议，对有效粉丝的需求和行为进行数据分析，并将整合后的数据提交给相关人员。

任职要求：
- 熟悉安卓、iOS 等智能手机操作系统，熟悉微信公众号及其运营方式；
- 具有微信群运营经验，并有成功转化案例，具有较强的语言组织能力和营销文案撰写能力；
- 思维活跃，具有较强的理解能力和团队精神，热爱本职工作，工作细心、责任心强，富有想象力和激情；
- 具有从事互联网行业和社会化营销的相关经验；
- 能够根据用户需求创作优秀的互动内容，掌握一定的内容创作技巧；
- 熟悉移动互联网使用人群的特点及行为习惯；
- 能够帮助公司组建开放的团队，构建社会化营销体系。

2）快速思考
- 产生微信公众号运营人员等新兴职业的原因是什么？
- 你还知道哪些新兴职业？
- 你对这些新兴职业有兴趣吗？它们对你的就业观念有什么影响？

### 知识点二：就业准入与职业资格证书的基础知识

#### 1. 就业准入

1）就业准入制度

就业准入是指根据《中华人民共和国劳动法》和《中华人民共和国职业教育法》的有关规定，从事技术复杂、通用性强和涉及国家财产、人民生命安全、消费者利益的职业（工种）的劳动者，必须在经过培训并取得职业资格证书后，方可就业上岗。实行就业准入的职业范围由原中华人民共和国劳动和社会保障部（现为中华人民共和国人力资源和社会保障部，简称人力资源和社会保障部）确定并向社会发布。

2）国家对实行就业准入的具体规定

职业介绍机构要在显著位置公告实行就业准入的职业范围，各地印制的求职登记表中要有登记职业资格证书的栏目，用人单位的招聘广告栏中也要有相应的职业资格要求。

对于国家规定实行就业准入的职业，职业介绍机构的工作人员应要求求职者出示职业资格证书并进行查验，凭证推荐就业；用人单位要凭证招聘用工。

从事实行就业准入职业的新生劳动力在就业前必须经过1～3年的职业培训，并取得职业资格证书；对于招收未取得相应职业资格证书人员的用人单位，劳动监察机构应依法查处，并责令其改正；对于从事个体工商经营的人员，工商部门要在其取得职业资格证书后办理开业手续。

请扫描二维码，查阅国家规定实行就业准入的职业。

微课：国家规定实行就业准入的职业

## 2. 职业资格证书

### 1）职业资格证书制度

职业资格证书制度既是劳动就业制度的一项重要内容，也是一种特殊形式的国家考试制度。它是指按照国家制定的职业技能标准或任职资格条件，通过政府认定的考核鉴定机构，对劳动者的技能水平或职业资格进行客观公正、科学规范的评价和鉴定，对合格者授予相应的职业资格证书。

### 2）实行职业资格证书制度的法律依据

《中共中央关于建立社会主义市场经济体制若干问题的决定》指出："要制订各种职业的资格标准和录用标准，实行学历文凭和职业资格两种证书制度。"《中华人民共和国劳动法》第八章第六十九条规定："国家确定职业分类，对规定的职业制定职业技能标准，实行职业资格证书制度，由经备案的考核鉴定机构负责对劳动者实施职业技能考核鉴定。"《中华人民共和国职业教育法》第一章第十一条明确规定："实施职业教育应当根据经济社会发展需要，结合职业分类、职业标准、职业发展需求，制定教育标准或者培训方案，实行学历证书及其他学业证书、培训证书、职业资格证书和职业技能等级证书制度。"这些法规确定了国家实行职业资格证书制度和开展职业技能鉴定的法律依据。

### 3）国家实行职业资格证书制度的意义

开展职业技能鉴定，实行职业资格证书制度，既是落实党中央、国务院提出的科教兴国战略的重要举措，也是我国人力资源开发的一项战略措施，对提高劳动者的素质、促进劳动力市场的建设、深化国有企业改革和促进经济发展具有重要意义。

### 4）职业资格证书的作用

职业资格证书是表明劳动者具有从事某一职业所必备的学识和技能的证明。它既是劳动者求职、任职、开业的资格凭证，也是用人单位招聘、录用劳动者的主要依据，还是境外就业、对外劳务合作人员办理技能水平公证的有效证件。

### 5）职业资格证书的国家管理部门

职业资格证书的国家管理部门是人力资源和社会保障部职业技能鉴定中心，具体由省、直辖市人力资源和社会保障部门执行。该中心颁发的职业资格证书不仅在全国范围内通用，还可以作为法律公证的有效文件，在全球90多个国家和地区获得承认。

### 6）职业资格证书的等级

我国的职业资格证书分为5个等级：初级工（国家职业资格五级）、中级工（国家职业资格四级）、高级工（国家职业资格三级）、技师（国家职业资格二级）、高级技师（国家职业资格一级）。

### 7）职业资格证书与专业技术等级证书的区别

职业资格证书是对劳动者的从业资格、执业能力的综合评价，除了对劳动者必备的专业知识、职业技能有要求，还对劳动者的法律法规知识及职业操守提出了相应的要求。专业技术等级证书仅仅是对某一专业领域知识掌握程度的评价，更强调技术层面的内容，如珠算技术等级证书、全国计算机应用水平考试证书等。

3. 职业技能鉴定

职业技能鉴定是一项基于职业技能水平的考核活动，属于标准参照性考试，由考试考核机构对劳动者从事某种职业所应掌握的技术理论知识和实际操作能力做出客观的测量和评价。职业技能鉴定是职业资格证书制度的重要组成部分。

1）申报职业技能鉴定的条件

参加不同级别鉴定的人员，其申报条件不尽相同，考生要根据鉴定公告的要求，确定申报的级别。一般来讲，不同等级的申报条件如下：参加初级鉴定的人员必须是学徒期满的在职职工或职业学校的毕业生；参加中级鉴定的人员必须是取得初级技能证书，并连续工作 5 年以上，或是经人力资源和社会保障部行政部门审定的以中级技能为培养目标的技工学校以及其他学校毕业生；参加高级鉴定的人员必须是取得中级技能证书 5 年以上、连续从事本职业（工种）生产作业不少于 10 年，或是经过正规的高级技工培训并取得了结业证书的人员；参加技师鉴定的人员必须是取得高级技能证书，具有丰富的生产实践经验和操作技能特长，能解决本工种关键操作技术和生产工艺难题，具有传授技艺能力和培养中级技能人员能力的人员；参加高级技师鉴定的人员必须是任技师 3 年以上，具有高超精湛技艺和综合操作技能，能解决本工种专业高难度生产工艺问题，在技术改造、技术革新以及排除事故隐患等方面有显著成绩，而且具有培养高级工与组织带领技师进行技术革新和技术攻关能力的人员。

2）职业技能鉴定的主要内容

职业技能鉴定的主要内容包括职业知识、操作技能和职业道德。这些内容是依据国家职业（技能）标准、职业技能鉴定规范（考试大纲）和相应教材来确定的，并通过编制试卷来进行鉴定考核。

3）职业技能鉴定的实施机构

职业技能鉴定作为考试活动的特殊表现形式，与各类考试活动的重要区别在于其评价的内容是劳动者从事具体职业活动的工作能力，通常要求在工作场所进行操作技能的考核。职业技能鉴定所（站）是经人力资源和社会保障部行政部门批准具体实施职业技能鉴定的考试和考核场所。

4）职业资格证书的办理程序

根据国家的有关规定，职业资格证书的办理程序如下：职业技能鉴定所（站）先将考核合格者名单报经当地职业技能鉴定指导中心审核，再报经同级人力资源和社会保障部行政部门批准，由职业技能鉴定指导中心按照国家规定的证书编码方案和填写格式要求统一办理证书，加盖职业技能鉴定指导中心证书专用印章（红章），经同级人力资源和社会保障部行政部门验印（钢章）后，由职业技能鉴定所（站）送交本人。

4. 准入类专业技术人员职业资格（执业资格）

执业资格是指政府对某些责任较大、社会通用性强、关系公共利益的专业技术工作实行准入控制，是专业技术人员依法独立开业或独立从事某种专业技术工作学识、技术和能力的必备标准。

2017 年，人力资源和社会保障部发布《关于公布国家职业资格目录的通知》（人社部发

〔2017〕68号），明确将专业技术人员职业资格分为"准入类"和"水平评价类"，分别为"准入类专业技术人员职业资格"和"水平评价类专业技术人员职业资格"。

准入类专业技术人员职业资格是专业技术领域中具有重要地位和较高要求的资格认定，对保障公共利益和行业规范发展具有重要意义。

请扫描二维码，查询国家职业资格目录（2021年版）。

微课：国家职业资格目录（2021年版）

### 活动二：如何看待大学生"考证热"

1. 活动目的

通过活动，理性面对"考证热"，处理好学习、实习和考证之间的关系。

2. 活动流程

1）阅读材料

近年来，"考证热"在全国各地的高校中愈演愈烈，计算机等级证书、英语四六级证书、普通话水平测试等级证书等已经难以满足大学生的需求，很多大学生报考了只有业内人士才需要的证书，如教师资格证书、秘书资格证书等。在这个庞大的考证队伍中，不少大学生把考证当成了自己的主业，忽略了本专业的学习。此外，也有很多大学生在考取和本专业对口的证书的同时，备考其他热门证书。

大学生选择考取的证书种类多达上百种，不少大学生抱着"大家都考了，我也试试"的心态，在考证过程中盲目跟风，有的"学霸"甚至考取了十多张证书。考证需要付出的成本非常高，有的高达上万元。一些大学生通过考前突击、死记硬背，甚至占用学习专业课程的时间来考取证书。这些行为不仅耽误了大学生对专业课程的学习，造成了时间、精力和社会资源的浪费，还可能适得其反，使用人单位对其能力产生怀疑。

2）快速思考

- 对于大学生考取职业资格证书的行为，你怎么看？
- 你认同"大家都考了，我也试试"这种心态吗？为什么？
- 如何协调考证与学习、实习之间的关系？

3. 参考观点：为什么建议大学生考取职业资格证书

1）目标驱动自我时间管理

在进入大学后，除了学习专业知识，如果没有其他明确目标驱动自我学习，很多大学生就会陷入迷茫的状态，特别是不太喜欢所学专业的人。

对专业课程没兴趣，"60分万岁"，课余时间无聊得不知道该干什么，开始用打游戏打发时间，这是美好青春堕落的开始。有这种苗头的大学生需要通过树立学习目标来进行自我时间管理和能力提升。

2）证书驱动探索职业兴趣

树立了考取职业资格证书的目标，接下来的问题就是应该考取什么样的证书，作为在校大学生能考取什么样的证书,以及毕业后想从事哪方面的职业。

探索这些问题的答案的过程既是探索职业兴趣的过程,也是了解行业和就业需求的过程,还是认识自我的过程。与用打游戏打发课余时间相比,不断探索职业兴趣的大学生活更加充实而有意义。

3)备考过程实现自我进化

大学生应该先树立考取职业资格证书的目标,然后毫不犹豫地执行计划并实现目标。在这个过程中,我们不但能学习专业领域之外的知识,拓宽知识面,而且能磨炼自己的意志力和执行力。

这个目标通常是在没有人监督的情况下自发实现的,有人可能中途就放弃了,只有坚持到最后的人才能在为人处世和能力提升方面实现自我进化。

4)资格证书增加求职砝码

一些应届生在求职过程中发现,很多公司比较看重求职者考取的和所学专业相关的证书。为什么?一个重要原因是,这些证书不仅代表了求职者的专业水平,还代表了求职者的自我管理能力和自我学习能力。

➡ **实现参考**

## 2.3.3 基于职业排行榜与"考证热"的"冷思考"

**活动三:你怎么看这份职业排行榜**

1. 活动目的

通过活动,了解职业地位、职业要求对职业选择的影响,思考如何选择职业。

2. 活动流程

1)阅读材料

在中国,什么职业最好?这个问题很难回答,因为职业很难分出优劣。编者基于对职业的深刻认识和跨越行业藩篱的专业素质,利用大数定律规避了诸多偏见,整理了以下职业排行榜,供读者参考。

(1)销售人员。

在某些公司,个别销售人员开的车比老板的车还好。不过,千万不能因为许多行业的销售人才缺口达到百万量级就一脚踏进来,只有顾问型销售人员才是一流人才,并非人人都能达到这个水平。

(2)IT 工程师。

人们对电子产品的依赖程度越来越高,掌握信息技术的人的身价必定随之上涨。

(3)建筑设计师。

衡量建筑设计师能力的标准不是工作量,而是创意。在国内,高级建筑设计师的年薪是30万~150万元,因为一项设计而改变一座城市的建筑设计师的年薪就更高了。

(4)高级技师。

对于某些领域，一名高级技师的价值可能超过在写字楼里从事事务性工作的白领。高级技师已经成为当今社会的稀缺资源，各种工具的智能化程度越高，越离不开能熟练操作它们的高级技师。

(5)公务员。

一位来自清华大学的应届生说："前几年，几乎所有同学都'一窝蜂'地考托福出国，现在大家都忙着备战公务员考试。"公务员的工资水平可能不如某些职业高，但是其工作稳定性及社会认可度较高，这些因素增强了该职业的吸引力。

(6)职业经理人。

从事这个职业的人有权调配手中的资源和"千军万马"，有可观的收入、受人尊重的身份和实现价值的平台。职业经理人已经形成了一股很强势的经济推动力量——许多公司的发展依赖于职业经理人，这些公司的成败在很大程度上取决于职业经理人的能力。

(7)人力资源总监。

21世纪最贵的是什么？不是人才，而是找人才的人。千里马易得，伯乐难求。人力资源总监的地位正在上升为组织管理者的重要战略合作伙伴。

(8)投资经理。

只有极少一部分人能成为投资经理，优秀的投资经理是被钱"追"着跑的。随着金融市场的发展和人们对财富管理的需求日渐增加，投资经理的发展前景会越来越广阔。

(9)咨询行业项目经理。

未来几年，咨询行业将以不低于两位数的速度高速增长，其社会需求不可估量。咨询行业人才的职业要求非常高，必须集专业能力和管理能力于一身。资深咨询顾问的年薪可达10万元以上，项目经理的年薪则是30万～50万元。

(10)律师。

随着我国法治建设进程的不断推进，律师这个职业的社会需求越来越大，其收入也高居职业排行榜前列。律师的年薪通常是10万～100万元。

2）分组讨论

- 你怎么看对职业进行排序的现象？
- 你觉得按照怎样的标准对职业进行打分、排序是比较合理的？
- 你了解关于上述职业的更多信息（如工作压力、进入门槛、职业发展路径等）吗？
- 这份职业排行榜对你选择职业有什么影响？

3）课堂分享

各小组安排1人分享小组讨论结论，其他小组成员既可以补充，也可以分享不同观点。

3. 参考观点：适合自己的才是最好的

上述职业排行榜是根据各个职业的行业前景、工作压力、进入门槛、福利待遇、供需关系、上升空间、收入情况等整理出来的。请扫描二维码，进行扩展阅读，了解更多的信息，选择适合自己的职业。

### 观点参考：面对"考证热"，大学生应该怎么办

#### 1. 现象：可考证书多达上百种

除了考取英语四六级考试、计算机等级考试等常见考试的证书，许多大学生还准备考取其他证书。近年来，可供大学生考取的证书多达上百种，主要分为以下3类。

1）通用型证书

这类证书为用人单位所看重，是大学生考证的首选和"必修课"，如计算机等级证书、英语四六级证书、普通话水平测试等级证书等。

2）能力型证书

这类证书包括 HCIA（华为认证 ICT 工程师）、HCIP（华为认证 ICT 高级工程师）、HCIE（华为认证 ICT 专家）证书，以及全国计算机技术与软件专业技术资格（水平）证书等。

3）职业资格类证书

这类证书范围广、种类多，如市场营销师、人力资源管理师、物流师等资格证书和国家司法考试证书。

#### 2. 误区：证书就是求职砝码

在西安上大三的霍某学习的是化工专业。他对会计及相关知识一无所知，为了在毕业后找一份好工作，不得不和同学硬着头皮考注册会计师证。霍某认为："无论一个人的能力怎么样，考的证书数量越多、范围越广越好。"他对记者说："证书是实力的一种表现，多一张证书，就可能比别人多一个机会。在条件相当的情况下，如果我比别人多一张证书，就多了一点被用人单位相中的希望。"

在成都上大二的张某原本对考证没有兴趣，看到身边的同学都忙于考证，害怕自己落伍，也加入了考证的行列。他说："大家都在同一条起跑线上，我不考岂不是落后了？现在竞争压力这么大，多一张证书总比少一张证书好！"除了面临毕业压力的大学生热衷于考证，一些大一新生也加入了"考证族"。大一新生贺某告诉记者，现在就业压力很大，应该早做准备早下手，免得迟了跟不上。

由此可见，激烈的就业竞争导致了"考证热"现象的出现。大学生为求职早做打算，多学一些知识和技能，本来是件好事。不过，不少学生本末倒置，忙于考证，对专业学习造成了不良影响，甚至使考试成绩亮起了"红灯"。

#### 3. 提醒：考证不可盲目跟风

只要有证，就业就有了保险？其实，证书对用人单位来说只是参考条件，而不是必选条件。大学生要认识到文凭与职业资格证书的区别：文凭是知识的证明，职业资格证书是对职业能力的要求。

大学生应理性面对"考证热"，从自己的专业及就业方向出发，有选择性地考取证书。同时，大学生在参加认证考试时要考虑自己的实际情况，以耽误学业为代价，搏一张甚至多

张所谓的"就业通行证"的做法是不可取的。

虽然证书很重要，一些用人单位也会将证书作为选拔人才的参考条件，但是证书不能证明一切，只有真正提高自己的实力，才能适应激烈的竞争。许多大学生盲目追求证书，忽视了自身综合能力的提高，没有根据自己的实际情况和专业前景提升相应的技能。切记：考证不要随大溜，要力而行，不可盲目跟风。

4. 建议：理性面对"考证热"

除了要求一些技术含量较高的岗位或特殊工种持证上岗，大部分用人单位在招聘时不会特别看重证书。因此，大学生在考证时不可盲目跟风，要根据自己的专业和想从事的职业选择考取哪些证书。

除了关注证书，用人单位在选拔人才时更注重求职者的真实能力和素质，证书只能体现求职者能力和素质的一个方面。因此，大学生要对自己有清醒的认识，在学好专业知识的基础上，理性地选择有利于职业生涯发展的证书。此外，大学生在校的各科成绩是否优秀、是否拿过奖学金、是否担任过学生会干部、是否有参加社团的经历等也非常重要。

1）明确考证目的

大学生不能片面地追求"一纸空文"，而要把证书和自己的特长，以及未来要从事的工作结合起来。

2）选择实用证书

实用证书包括以下 3 类：一是自己有兴趣的证书，二是与所学专业相近的证书，三是通用型证书和高精尖类证书。

3）筛选正规机构

在选择培训机构时，一定要确保自己能通过相关机构学到真本领，拿到通用、合法的证书。

4）正视承受能力

考一张证书动辄花费成百上千元，几张证书考下来不是个小数目。如果无用，岂不是白白增加家庭的负担？大学生应正视自己的承受能力和学习能力，不能因为考证耽误专业学习。

5. ICT 行业的实用证书

（1）网络厂商。
- 华为：HCIA/HCIP/HCIE。
- 世纪鼎利：网络优化工程师认证初级工程师、中级工程师、高级工程师。

（2）软件考试。
- 网络工程师、网络规划设计师、信息安全工程师等。
- 系统集成项目管理工程师、信息系统项目管理师等。

（3）学历证书+若干职业技能等级证书（"1+X"证书）。

### 🡢 任务实现

## 2.3.4 选择行业、职业、职业资格证书

### ✍ 任务一：是选行业重要，还是选职业重要

#### 1. 任务描述

很多人在选择工作的时候都会面临这样一个问题：行业和职业哪个更重要？正确的做法是把行业和职业结合起来。

#### 2. 做出你的选择

IT、CT、ICT可以应用于各行各业，当然，这些技术发挥的作用和应用它们的工作的强度、发展空间、福利待遇是不同的。正因如此，可供我们选择的空间很大。如果让你选，你是先选行业，还是先选职业呢？

扫一扫

微课：先选行业，再选职业

#### 3. 观点参考：先选行业，再选职业

不同行业的收入没有可比性，新兴行业（如金融、软件、计算机、能源等行业）通常收入较高；传统行业（如农业、化工、化学、生产等行业）通常收入较低，而且很辛苦。建议大学生先选行业，再选职业。请扫描二维码，阅读相关分析。

### ✍ 任务二：你选择考取哪些职业资格证书呢

#### 1. 任务目的

了解你想从事的职业的准入资格，选择自己准备考取的职业资格证书。

#### 2. 任务流程

（1）选择你打算从事的2种意向职业。

（2）了解你打算从事的2种意向职业必需的职业资格证书（以3张为限），收集这些职业资格证书的相关信息并填入表2-2中。

表2-2 职业资格证书的相关信息

单位：元

| 意向职业 | 证书名称 | 发证机关 | 重要性 | 考试费用 |
| --- | --- | --- | --- | --- |
|  |  |  |  |  |
|  |  |  |  |  |
|  |  |  |  |  |
|  |  |  |  |  |
|  |  |  |  |  |
|  |  |  |  |  |

（3）你准备考取哪些职业资格证书？

（4）你计划什么时候参加考试？如何准备考试？

## ▶ 任务小结

### 2.3.5 确定职业目标和意向职业资格证书

我们在本节学习了职业的基础知识，也对就业准入制度和职业资格证书有了一定的认识。在完成本节的任务后，我们可以确定自己的职业目标和意向职业资格证书，并将这些信息填写在职业生涯规划书中。

此外，我们还可以把自己的思考和心得记录下来，为将来调整职业生涯规划书提供充足的理由和依据。

# 第3章

# 认识自我，完成职业生涯规划书

## 学习目标

- 了解认识自我的重要性，培养独立生活能力和重视身体健康的习惯。
- 了解自己的职业兴趣、职业性格、职业能力和创新能力等特质，完成职业生涯规划书。

## 任务安排

- 初步评估自我，填写职业生涯规划书中自我评估部分的信息；
- 规划大学生活，制订身体锻炼计划，并将其填写在职业生涯规划书中；
- 通过测试发现自己的职业兴趣，填写职业生涯规划书；
- 了解 MBTI 性格测试，填写职业生涯规划书；
- 制订专业学习和技能提升计划，并将其填写在职业生涯规划书中；
- 了解创新人格测试，填写职业生涯规划书；
- 完成职业生涯规划书的制订，根据职业目标，做好提升自我的准备。

## 学习指南

- 课堂内：通过参与课堂活动、自学"实现参考"部分的内容、小组讨论分享等方式理解知识点。
- 课堂外：扫描书中的二维码进行扩展阅读或测试分析；利用课余时间上网查阅资料、进行自我测试，从而更清楚地认识自我；通过课堂实训等方式分析、填写并完成职业生涯规划书。

## 3.1 我是谁——生理和心理探索

### 🢂 任务目标

#### 3.1.1 初步评估自我

**任务名称**

任务：填写职业生涯规划书中自我评估部分的信息。

**任务分析**

要想完成本节的任务，我们需要重视自我认识，并采用适当的方法来评估自我、了解自我。

| 实现准备 | 课堂活动 | 活动一：希望说的不是你 |
| --- | --- | --- |
| | 课堂讲解 | 知识点：正确评估自己，每个人都是独一无二的 |
| 实现参考 | 课堂讲解 | 方法参考：正确地认识自我的方法和途径 |
| | 课堂活动 | 活动二：自我意识量表自测 |
| 任务实现 | 课堂活动 | 活动三：请在我的后背上留言 |
| | 课堂实训 | 任务：填写职业生涯规划书中自我评估部分的信息 |
| 任务小结 | 课后思考 | 距离全面认识自我尚有很长的路要走 |

### 🢂 实现准备

#### 3.1.2 客观看待自身，每个人都有独特之处

"我是谁"这个问题看起来很简单，真正做到对自己进行客观、全面的认识却并不容易。中国有句古话，叫"人贵有自知之明"，也就是说，一个人能认识自己是很可贵的。一个人只有认识自己，才能清楚自己的优点和缺点，确定自己前进的目标和方向，从而更好地发现自己。

**活动一：希望说的不是你**

1. 活动目的

通过活动，了解自我认识的重要性。

2. 活动流程

1）阅读材料

"我不知道自己适合做什么，只知道自己希望从事这份工作，因为这家公司条件好、有发展前途。"一位正在求职的大学生说。"我干什么都行，我对什么都感兴趣。"另一位即将

毕业的大学生说。很多人在求职时一厢情愿地希望从事某份工作，却没有仔细考虑过自己是否适合、是否真正喜欢这份工作，也不知道自己的能力能否达到岗位要求。出现这种情况的根本原因是对自己缺乏正确的认识。

2）思考以下问题
- 你现在是上述材料中的情况吗？
- 你想更正确地认识自我吗？你是通过什么办法来了解自我的？

3. 观点参考：客观地认识自我是选择职业的第一步

要想选择适合自己的职业，客观地认识自我是非常重要的第一步。认识自我就是要认识自己的生理特点和自己的理想、价值观、兴趣爱好、性格等心理特点，客观地评价自己，既不高估自己，也不低估自己。

## 知识点：正确评估自己，每个人都是独一无二的

### 1. 自我意识的内涵和价值

1）自我意识的内涵

自我意识是对自己身心活动的觉察，即自己对自己的认识，具体包括认识自己的生理状况（如身高、体重、体态等）、心理特征（如兴趣、气质、性格等），以及自己与他人的关系（如自己与周围人的关系，自己在集体中的位置与作用等）。自我意识主要包括以下3种心理成分。

（1）自我认识。

自我认识是主观自我对客观自我的认识与评价，是对自己身心特征的认识。自我评价是在这个基础上对自己做出的某种判断。正确的自我评价对个人的心理活动及其行为表现有较大的影响。如果个体对自身的评价与社会中的其他人对个体的客观评价相差悬殊，就会使个体与周围人之间的关系失去平衡，产生矛盾，长此以往，个体就会形成自满或自卑的心理特征，不利于个体心理的健康成长。

（2）自我体验。

自我体验是主体对自身的认识引发的内心情感体验，是主观自我对客观自我所持有的一种态度，如自信、自卑、自尊、自满、内疚、羞耻等。自我体验往往与自我认知、自我评价有关，也与自我对社会的规范、价值标准的认识有关。良好的自我体验有助于实现有自我控制的持续进步与发展。

（3）自我控制。

自我控制是对自身的行为、思想、言语等的控制，具体表现在以下两个方面：一是发动作用，二是制止作用。自我控制就是支配某种行为，抑制与该行为无关或有碍于该行为的行为。进行自我认知、自我体验训练的目的是进行自我控制，调节自己的行为，使自己的行为符合群体规范和社会道德要求，通过自我控制调节自己的认识活动，提高学习效率。

2）自我意识的价值

（1）健康的自我意识是形成良好个性与心理品质的基础。

自我意识作为意识的核心内容，是个性结构的重要组成部分。可以说，心理过程和个性

心理的各个组成部分都是在自我意识的统领之下,通过自我意识的监督、调节作用相互影响,从而整合为有机的统一体的。

自我意识指引着个性发展的方向,规划着塑造个性的具体行为,调节着个性发展中的矛盾冲突。个性的塑造是通过自我导向、自我监督和自我激励实现的,自我意识的水平越高,其对个性的影响、调节与统合作用就越大。

(2) 健康的自我意识是处理好人际关系的必要条件。

人往往以自我为出发点处理与他人、外部世界的关系。大量的心理学实践表明,许多不协调的人际关系是由自我意识不健全造成的。一个人如果自我评价过低,在与人交往时就会胆怯害羞、敏感多疑、自我封闭;如果自我评价过高,在人际交往中就会盛气凌人、孤芳自赏,不懂得尊重、理解别人。这两种倾向都会使个体在群体中陷入孤立的境地。

(3) 健康的自我意识是做好人生规划的前提。

首先,科学的人生规划取决于对现实自我的准确把握。大学生选择职业方向、规划人生道路必须从自身的实际情况出发,对自己的需求动机、能力倾向、气质性格、兴趣爱好有全面、客观的认识,这样才能降低选择的盲目性,在成长过程中少走弯路。其次,科学的人生规划取决于对理想自我的合理定位。理想自我是自我意识在个体的成长目标方面的一种形象表达,是个体发展自我、完善自我的动力。

(4) 健康的自我意识是适应社会、承担社会责任的必要准备。

社会自我是自我意识的重要组成部分。它是个体对自己在社会生活中担任的各种社会角色的知觉,包括对各种角色关系、角色地位、角色技能、角色体验的认知和评价。个体的社会自我意识完善与否,直接影响着个体在社会中的角色定位,决定着个体承担社会责任的动机和行为。

**2. 全面评估自我:认知自己的专属个性与特质**

认识自己,首先要肯定自己的价值。在这个世界上,没有人是卑微的,每个人都有存在的意义。不要认为自己是无用的、没有价值的,因为每个人都是独一无二的。

当你对自我评估得更清楚的时候,你就会知道自己是谁,自己能做什么。在生活中,我们可能遇到过这样一些人:他们要么怨天尤人,抱怨自己怀才不遇;要么非常自卑,不知道自己能做什么。

要想认识自己,一定要有观察与探索的过程,把自己放到一个更大的系统中,思考"我来自哪里""我要去哪里""我的目标是什么",把小我深深地嵌入社会与环境这个大系统中。这样,你就能看清环境对你的影响与塑造作用,也能明白你的选择如何指引自己走向更远的地方。

我们要客观地评价自己,以公正、不带偏见的态度看待自己的优点和不足。这要求我们既不夸大自己的能力,也不低估自己的价值,而是基于事实和实际情况来认识自己。

这种评价方式不仅有助于我们更好地了解自己的优势,从而发挥自己的长处,还能让我们清晰地认识到自己的不足,从而有针对性地进行改进和提升。它代表的是理性、成熟的心态,这种心态能够帮助我们在个人成长和职业发展的道路上更加稳健地前行。

在审视自己的时候,最好不要带有太多个人情感,不要高估自己的能力。如果身边的人对你的评价与你的期待相差甚远，那么你需要认真地思考这是为什么，并找到问题的根源。

1）接受自我

要想正确地认识自我，就要接受自我。"天生我材必有用"，每个人既拥有独特的天赋，也处于特定的客观环境中。若我们只依靠天赋，则只关注到了相对容易实现的部分，而在客观环境中实现自我成长，以至达到自我实现的境界往往更具挑战性。因此，要想塑造和提升自我，我们需要持续学习、不懈努力，这也是我们能够掌控的部分。只有接受自我，才能改变自我，进而达到自我实现的境界。

接受自我的方法如下：

- 正确地看待自己的短处；
- 不要一味地与别人的长处比较；
- 积极地进行自我调控；
- 多体验积极的情感。

2）克服自卑心理

要想正确地认识自我，就要克服自卑心理。自卑是自己看不起自己，对自己持否定态度的情感。人的弱点之一是因为一件事否定自己，被消极的情绪困扰，失去信心、疏远朋友、愧疚自责，没有了竞争意识，享受不到成功的喜悦。

自卑心理的3种表现是胆怯封闭、自傲逼人、随大溜。自卑者的典型心理：消极看问题、自怨自艾、意志消沉、多疑、高兴不起来、老是想扫兴的事和不愿意改变等。

克服自卑心理的方法如下：

- 正确地评价自己和别人，认识到"尺有所短，寸有所长"；
- 反复暗示自己"我能行""我可以"；
- 树立恰当的奋斗目标，正确地表现自己，多做一些力所能及的事；
- 增加人际交往，学会调控自己的情绪；
- 积极参加各种活动，扬长避短、体验成功；
- 正确地补偿、奖励自己。

3）学会面对挫折

要想正确地认识自我，就要学会面对挫折。自古英雄多磨难，挫折既是我们的好朋友，又是一剂良药，还是我们人生道路的基石。

挫折感是一个人从事有目的的活动时，遇到阻碍和干扰或需求得不到满足而表现出的一种消极情绪。人生难免遇到挫折，没有经历过挫折和失败的人生是不完整的人生。人就是在挫折和失败中不断地认识自我、体验自我，从而成长起来的。在人生道路上，虽然挫折和失败是不可避免的，但是我们有办法应对它们。

面对挫折的方法如下：

- 培养积极向上的人生态度；
- 不要过分计较个人得失；
- 适当地转移和分散注意力；
- 主动找知心朋友谈心，寻求支持和安慰；

- 吸取教训，重新认识自我。

我们要发现和提升自己的价值。认识自我需要慢慢发现自己的天赋是什么，自己喜欢什么，社会需要什么。

> 实现参考

### 3.1.3　了解自己的途径和自我意识自测

**方法参考：正确地认识自我的方法和途径**

人是不断变化、发展的，我们需要不断更新、完善对自己的认识，让自己变得更好。

**1. 正确地认识自我的方法**

要想正确地认识自我，就要用全面、发展的眼光看待自己。

- 全面认识自己是指既要认识自己的外在形象，又要认识自己的内在素质；既要看到自己的优点，又要看到自己的缺点。
- 每个人都是不断变化、发展的。我们要用发展的眼光看待自己，通过不断地发扬优点、改正缺点来完善自己。

**2. 正确地认识自我的途径**

1）通过自我观察或心理测试了解自己

最了解自己的人是自己。要想正确地认识自我，我们需要做一个有心人，观察、反省自己在日常生活中的点滴表现，总结自己是一个怎样的人。

心理测试是一种比较先进的测试方法，它是一种通过一系列手段，将人的某些心理特征数量化，来衡量个体心理因素水平和个体心理差异的科学测量方法。

2）通过他人了解自己

常言道："当局者迷，旁观者清。"周围的人对我们的态度与评价能够帮助我们认识自己、了解自己。我们要冷静地分析他人的态度与评价，既不能盲从，也不能忽视。

如图 3-1 所示，橱窗分析法是一种借助平面直角坐标系的不同象限来表示人的不同部分的分析方法。它以别人知道或不知道为横坐标轴，以自己知道或不知道为纵坐标轴，是了解自己的常用方法。

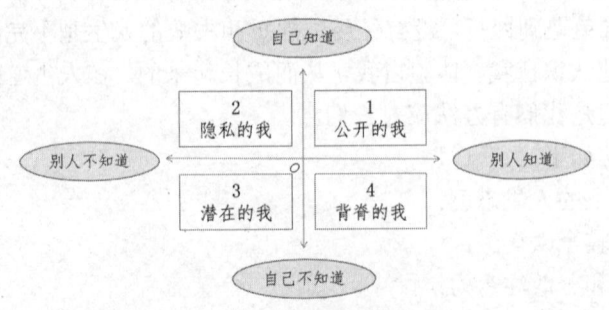

```
                    自己知道
              ┌──────────┬──────────┐
              │    2     │    1     │
              │  隐私的我 │  公开的我 │
   别人不知道 ├──────────┼──────────┤ 别人知道
              │    3     │    4     │
              │  潜在的我 │  背脊的我 │
              └──────────┴──────────┘
                    自己不知道
```

图 3-1　橱窗分析法

- 橱窗 1 是自己知道、别人知道的部分，被称为"公开的我"，属于个人展现在外的、无所隐藏的部分。
- 橱窗 2 是自己知道、别人不知道的部分，被称为"隐私的我"，属于个人内在的私有、秘密部分。
- 橱窗 3 是自己不知道、别人不知道的部分，被称为"潜在的我"，属于个人有待开发的部分。
- 橱窗 4 是自己不知道、别人知道的部分，被称为"背脊的我"，犹如一个人的背部，自己看不到，别人却看得很清楚。

由图 3-1 中的 4 个橱窗可知，我们需要加深了解的是"潜在的我"和"背脊的我"。

对于"潜在的我"，我们可以采用写"24 小时日记"的方式来了解，对一个工作日和一个非工作日的"24 小时日记"进行对比，这样可以了解一些自己平常忽视的信息。大学生和职场新人需要对此予以重视，这是了解自己的一种很好的途径。

如果我们能诚恳地、真心实意地询问别人的意见和看法，就不难了解"背脊的我"。我们可以采用和家人、朋友、同事等交流的方式，借助录音、录像设备，尽可能做到开诚布公。要想做到这一点，我们需要具备开阔的胸襟，正确对待别人的意见和看法，有则改之，无则加勉，否则别人是不会说实话的。

3）通过集体了解自己

绝大多数人都生活在集体中。分析自己在集体中能否与他人友好相处，能否很好地承担自己的责任，对了解自己有一定的帮助。集体对一个人的评价往往更全面、更客观。

如图 3-2 所示，360°评价法是一种通过不同层面的人从不同的角度评价，来全方位地、准确地了解自己的方法。采用 360°评价法，我们能收集各种人、各个方面的意见，了解自己的长处和短处，从而达到提高自己的目的。

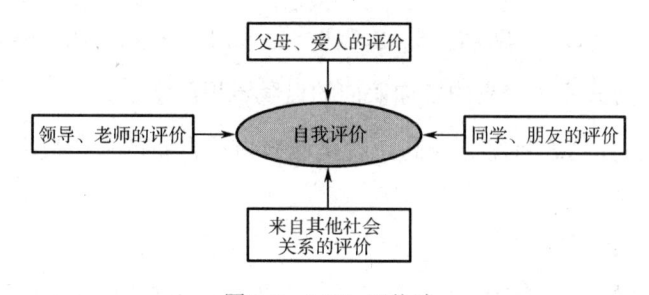

图 3-2　360°评价法

只有通过多种途径了解自己，努力保持和发挥优势，改进不足，才能不断地更新和完善自己，以崭新的面貌迎接每一天。

### 活动二：自我意识量表自测

#### 1. 活动目的

通过活动，根据自己的第一观感，在表 3-1 中符合自身情况的得分上画圈。

表 3-1 自我意识量表

单位：分

| 序号 | 描述 | 完全不符合 | 比较不符合 | 符合 | 比较符合 | 非常符合 |
| --- | --- | --- | --- | --- | --- | --- |
| 1 | 我经常试图描述自己 | 0 | 1 | 2 | 3 | 4 |
| 2 | 我关心自己做事的方式 | 0 | 1 | 2 | 3 | 4 |
| 3 | 总的来说，我比较清楚自己是什么样的人 | 0 | 1 | 2 | 3 | 4 |
| 4 | 我经常反省自己 | 0 | 1 | 2 | 3 | 4 |
| 5 | 我关心自己的表现 | 0 | 1 | 2 | 3 | 4 |
| 6 | 我能决定自己的命运 | 0 | 1 | 2 | 3 | 4 |
| 7 | 我经常检讨自己 | 0 | 1 | 2 | 3 | 4 |
| 8 | 我很在意自己是什么样的人 | 0 | 1 | 2 | 3 | 4 |
| 9 | 我很关注自己的内在感受 | 0 | 1 | 2 | 3 | 4 |
| 10 | 我常常担心我是否给别人留下了不好的印象 | 0 | 1 | 2 | 3 | 4 |
| 11 | 我常常考察自己的动机 | 0 | 1 | 2 | 3 | 4 |
| 12 | 离开家前，我常常照一会儿镜子 | 0 | 1 | 2 | 3 | 4 |
| 13 | 有时候，我有一种自己正在看自己的感觉 | 0 | 1 | 2 | 3 | 4 |
| 14 | 我关心别人怎样看待我 | 0 | 1 | 2 | 3 | 4 |
| 15 | 我对自己心情的变化很敏感 | 0 | 1 | 2 | 3 | 4 |
| 16 | 我很关注自己的外表 | 0 | 1 | 2 | 3 | 4 |
| 17 | 在解决问题的时候，我清楚自己的心理状态 | 0 | 1 | 2 | 3 | 4 |

2. **计分方式**

- 关于内在自我的题目包括 1、3、4、6、7、9、11、13、15、17 题，你的得分是_____。
- 关于公众自我的题目包括 2、5、8、10、12、14、16 题，你的得分是_____。

3. **结果解释（得分相对较高的是你偏向的自我意识类型）**

如果关于内在自我的题目得分较高，就是偏向内在自我的人，反之则是偏向公众自我的人。

1）偏向内在自我的人

这类人比较在乎自己的感受，常常夸大自己的情感反应；他们比较关注自己的特征，对自己的身份、特征的认知与理解清楚而明确；常常坚持自己的行为标准与信念，不太会受到外界环境的影响。

2）偏向公众自我的人

这类人很看重外界、别人的影响，害怕别人评价自己，担心别人对自己有不好的评价；他们很看重别人的评价，常常产生暂时性的自尊心受挫感，容易感到理想自我与现实自我之间的落差较大，比较在乎外在的行为标准。

## 任务实现

### 3.1.4 填写职业生涯规划书

**活动三：请在我的后背上留言**

1. 活动目的

通过活动，多角度地了解自我，形成客观、真实的自我认识。

2. 活动流程

每人拿出一张白纸，在白纸的最上方写下自己的姓名，用大头针把纸固定到自己的后背上，并在同学的后背上留言。在留言过程中，大家不能说话，留言内容是你对同学的认识，包括对方的优点、缺点及你对对方的建议，还可以写下你最想对对方说的一句话，不用记名。

请用真诚、客观、负责的态度对待这个活动，认真留言。

3. 讨论、交流、思考

- 你对自己的评价和别人对你的评价是否一致？哪些方面比较一致，哪些方面有很大的差异？
- 为什么你对自己的评价和别人对你的评价会不一致？别人对你的评价中有没有你认知的"盲点"（你过去没有察觉的地方）？
- 你认可这些"盲点"吗？有些"盲点"可能是同学对你的误解，有些"盲点"可能暂时无法确定是否正确。对于后者，你可以尝试在接下来的一段时间内进一步求证。

**任务：填写职业生涯规划书中自我评估部分的信息**

通过对本节内容的学习，相信你对自己有了一定的了解。请填写职业生涯规划书中自我评估部分的信息，如性格、身体情况等。

## 任务小结

### 3.1.5 距离全面认识自我尚有很长的路要走

只有了解自己，我们才能在以后的人生道路上选择自己喜欢的事情，才能顺风顺水，走得更远。只有了解自己，我们才能避免一些不该犯的错误。

通过本节的自我探索之旅，以及师生之间的互动交流，相信大家对自己有了更深的了解和认识。对于本节的课堂活动，你有什么感想和收获？请分享你的想法。

认识自我的旅程才刚刚开始，在下文中，我们将继续通过学习知识和课堂活动等方式来加深对自己的了解和认识。

## 3.2 我能独立生活吗——人格成熟度探索

### 任务目标

#### 3.2.1 规划大学生活，制订身体锻炼计划

**任务名称**

任务一：规划你的大学生活。
任务二：制订你在大学期间的身体锻炼计划。

**任务分析**

要想完成本节的任务，我们需要了解独立生活面临哪些困难，找到解决它们的方法，规划自己的大学生活；了解身体健康的重要性，制订大学期间的身体锻炼计划。

| | | |
|---|---|---|
| 实现准备 | 课堂活动 | 活动一：独立生活面临哪些困难 |
| | 课堂讲解 | 知识点一：大学生应该怎样做一个独立的人 |
| | 课堂活动 | 活动二：你关注自己的身体健康吗 |
| | 课堂讲解 | 知识点二：健康的身体是独立生活、工作的前提 |
| 实现参考 | 课堂讲解 | 参考方法：如何提升自己的独立生活能力 |
| | | 参考建议：大学生可以这样提高身体素质 |
| 任务实现 | 课堂实训 | 任务一：规划你的大学生活 |
| | | 任务二：制订你在大学期间的身体锻炼计划 |
| 任务小结 | 课后思考 | 独立生活，养成体育锻炼习惯，增强自信 |

### 实现准备

#### 3.2.2 独立生活从"心""身"开始

**活动一：独立生活面临哪些困难**

1. 活动目的

通过活动，了解大学生活的真实情况，结合自身的实际情况，树立独立生活是成长的第一步的意识，坚定独立生活的信心和信念。

2. 活动流程

1）阅读材料

大学生的平均年龄是 18～22 岁，他们在生理上基本发育成熟，但在心理上远没有发育

成熟，仍有一定的幼稚性、依赖性和冲动性。

有些大学生的生活自理能力不足，缺乏基本的生活常识。对大多数刚踏进大学校门的大一新生来讲，入学前，舒适的生活条件、父母的关爱使他们缺乏独立生活能力；入学后，没有了父母、长辈每天的悉心照料，他们需要独立生活，独自面对生活中的困难，很多事情都是第一次做。

> **案例1：第一次洗袜子的小李**
>
> "还是在家好啊！什么都不用自己做。"回到宿舍后，某校的大一新生小李看着自己换下来的衣服说。
>
> 小李是山西人，国庆节放假期间，他一直待在家里，就是想好好享受一下。在上大学后一个月的生活中，很多事情他都是第一次做，不是不会做，而是不习惯做。
>
> 小李说，他是独生子，家庭条件还不错，从小就被爷爷、奶奶和爸爸、妈妈宠着，可以说是"衣来伸手，饭来张口"，长这么大连袜子都没洗过。来上大学的时候，爸爸开着车把他送来，把一切安排好后，对他千叮咛万嘱咐才离开。
>
> "刚开始的几天还没什么，带的衣服和袜子也多。"小李说。到了该洗衣服的时候，他发愁了。一开始，他把换下来的衣服和袜子一直放在宿舍里。后来同学开玩笑说他的衣服和袜子太难闻了，他才把衣服拿到洗衣房去洗。
>
> 说起第一次洗袜子的经历，小李很不好意思："洗衣粉放多了，手都搓红了。"

进入大学后，从一日三餐到个人生活，一切都由自己做主，这使一部分同学感到手足无措。此外，饮食习惯、生活环境的改变也导致有的同学抱怨食堂的饭菜不可口和集体生活的种种不便。大学生来自全国各地，如大城市、中小城市、农村、偏远山区等。大家聚在一起，生活习惯、处事方式等难免有一定的差异。

很多同学对大学的生活环境表现出明显的不适应，如水土不服、饮食不习惯、不适应集体生活等，这是大一新生必须面对和解决的问题。例如，一些来自北方的同学不适应南方炎热、潮湿的气候，可能产生生理上的不适，进而产生各种心理困扰。

> **案例2：无助的小刘**
>
> 小刘是某校的大一新生，她是家里的独生女，老家在河北。对于刚刚开始的大学生活，18岁的小刘觉得"有很多东西不懂，很难做"。
>
> 令她印象最深的是，军训结束后她感冒了，喉咙疼得厉害。平时在家生病了都是由爸爸、妈妈陪着她去医院的，那次是她自己到学校医务室输的液。"当时和同学都不太熟悉，也不好意思让人家陪我，"小刘说，她躺在床上输液的时候十分想家，想着想着就哭了，"感觉很无助，也没人帮我。"
>
> 小刘承认，开学后她十分想家，不知道应该如何处理好和舍友之间的关系，也不想和舍友说话。

在大一新生中，一些独生子女的恋家情结比较重，处理人际关系比较困难。以宿舍生活为例，他们经常因为舍友用了自己的热水或把自己的床铺弄乱而生闷气，并抱怨舍友的一些不良习惯。

生活习惯和生活环境的一系列改变可能使一些大一新生感到不适应,因而他们常常想家、想念亲人、想念老同学,并由此产生各种烦恼,出现焦虑、低落、抑郁的情绪,严重者甚至会影响心理健康。一部分同学对父母有较强的依赖性,他们过去的生活一直由家人照顾,缺乏必备的独立生活能力。进入大学后,没有了保护他们的人,他们做事会非常拘谨,很少外出、说话,变得随大溜、人云亦云。

2)分组讨论

- 你也遇到过上述材料所描述的大学生活中的困难吗?
- 你还遇到过哪些独立生活的困难?
- 你觉得应该怎么面对这些困难?

3)课堂分享

各小组安排 1 人分享小组讨论结论,其他小组成员既可以补充,也可以分享不同观点。

### 知识点一:大学生应该怎样做一个独立的人

独立意味着什么?大学生应该怎样做一个独立的人呢?独立生活会经历什么呢?

能够独立地生活是一个人成熟的标志。追求独立、学会独立是从未成年人过渡到成年人的必经之路。大学生活给了大学生一个锻炼独立生活能力的机会。独立既包括对生活行为的自主安排,也包括对学业的自主规划及对心理状态的自我调整。

要想独立生活,首先要实现心理独立。有些大学生很想摆脱父母的束缚,但在心理、生活和经济上都实现真正的独立自主并不容易。这些大学生经历过丰富多彩的校园生活,过着看似很充实的日子,内心却越来越矛盾。20 岁左右的大学生既没有少年初长成的喜悦,也没有来自事业、爱情、生活的压力,我们中的大多数人很平凡,能做的事很少,尽管如此,我们依然想独立。

于是,我们兼职、参加活动,学着步入社会,幻想着可以独立,起码可以实现经济独立。不用向父母要钱,想买什么东西也不用计算父母给的生活费还剩下多少,那种生活确实令人向往。然而,我们一方面拒绝不了很多东西(如父母给的资源和便利),另一方面又觉得享受了这些资源和便利后就只能受父母的干涉、管制,陷入"既想要又不想要"的矛盾状态。

除了拒绝不了父母给的资源和便利,还有更重要的一点,那就是大多数大学生早就习惯了与父母的相处模式,父母知道孩子的喜好和习惯,孩子也知道父母的底线和行事风格,十几年的朝夕相处令父母没有办法不管孩子。所谓的"独立",看起来似乎有些幼稚。

事实上,独立是大学生必须做到的。虽然看起来有些困难,但是我们必须渡过这一关。不过,与其在短期内实现经济独立,不如通过好好学习来提升自己。我们可以专注于心理上的独立,如遇到麻烦后,先思考如何自己解决,而不是赶紧打电话问父母。

不要急于实现经济独立,我们现在应该专注于心理上的独立,以及提升独立生活能力、自我管理能力、学习能力、职业素养等。

当我们不再惧怕孤单,不再让父母担心,有了自己的主见,努力地生活,更重要的是当我们实现了心理独立,改正了什么都想依赖父母的毛病时,我们就能真正地独立生活了。

独立本身并不难,难的是我们要做好准备。

## 活动二:你关注自己的身体健康吗

### 1. 活动目的

通过活动,了解大学生的生活方式并找出其中不正确的地方,意识到保持身体健康的重要性,为养成良好的生活习惯做准备。

### 2. 活动流程

1)阅读材料

某学校的调查显示,该学校 1/3 的大学生一日三餐不固定,66%的大学生每天的睡眠时间不超过 6 小时,只有 10%的大学生坚持做运动、锻炼身体。基于以上生活方式,70%的大学生觉得自己处于亚健康状态。

不健康的生活方式造成很多大学生的身体健康情况欠佳,如有人稍不注意就感冒,经常反复、长期感冒;有人神经衰弱,长期睡不好觉,白天头昏脑涨,无法专心上课;有人偏食,不注意饮食卫生,造成消化不良;有人患咽炎、鼻炎、肝炎、肾炎、妇科病等疾病后久治不愈,长期依赖药物,人体内环境越来越差,严重危害健康,还没有出学校就成了"病夫",将来怎么为社会服务?

大学生身体不健康的原因很多,下面介绍一些常见原因。

(1)熬夜玩手机、玩游戏。

熬夜是当代大学生普遍存在的问题,有些人熬夜可能是因为舍友不睡觉,导致自己也睡不着;更多的人是因为玩手机、玩游戏,导致精神亢奋。

(2)不吃早饭,饮食不健康。

早课是很多大学生最头疼的事,因为有早课意味着要早起,有的老师还会检查早课的迟到情况。如果起晚了,有些人就顾不上吃早饭了。在没有早课的时候,有的大学生一觉睡到中午,不仅直接跳过早饭这个环节,午饭、晚饭的饮食也不健康。

饮食不健康的表现如下:

- 偏食肉或蔬菜,身体很"受伤";
- 零食当正餐,上课昏昏然;
- 饮料当水喝,喝得淌鼻血。

(3)不运动,暴饮暴食。

"能躺着绝对不坐着,能坐着绝对不站着,能站着绝对不走着,能走着绝对不跑着"是一些大学生的常态。懒惰、不爱动弹、不运动容易造成肥胖,进而导致亚健康状态。

随着生活水平的提高和生活方式的改变,有肥胖困扰的大学生越来越多。专家认为,肥胖的主要原因是进食过量、营养过剩和缺乏运动。一些大学生在有了肥胖困扰后花费大量的金钱和时间来减肥,这是非常不合算的。

目前,很多减肥手段的作用是十分有限的。与其肥胖以后再减肥,不如在体重超标之前未雨绸缪,如控制和调整饮食、避免暴饮暴食、加强体育锻炼等。

（4）心理负担重。

就业、实习、竞争等压力让一些大学生对未来感到迷茫、无措。心理负担重会导致忧虑、焦急、睡不好，影响身体健康。

（5）不定期体检，生病了才治疗。

"凡事预则立，不预则废。"预防医学是守护健康的第一道防线。等到疾病缠身时才治疗，不仅已经对身体造成了危害，付出的代价也可能是巨大的。

其实，疾病在发生之前通常是有信号的，我们常说的亚健康状态就是某些疾病的信号。一旦发现自己处于亚健康状态，我们就要多注意了。此外，还有许多疾病光靠自我感觉是很难及早发现的，只有定期去医院进行健康检查，才能及早发现、治疗。

一部分大学生平时总以为自己很健康，到医院一检查才发现自己有很多毛病。一些肝炎、肺结核、高血压、心脏病、糖尿病和许多癌症都能通过常规检查及早发现。由此可见，定期去医院体检是非常重要的。

2）分组讨论，整理小组讨论结论

- 上述材料介绍了大学生身体不健康的原因，你"中招"了吗？
- 你认为大学生身体不健康的原因还有哪些？
- 你怎么看待锻炼身体这件事？你有身体锻炼计划并持之以恒地执行了吗？

3）课堂分享

各小组安排1人分享小组讨论结论，其他小组成员既可以补充，也可以分享不同观点。

### 知识点二：健康的身体是独立生活、工作的前提

曾有人用一组数字"10 000 000 000"比喻人的一生，其中的"1"代表健康，"1"后面的"0"分别代表事业、金钱、地位、权力、房子、车子、家庭、爱情、孩子等。

用这么大的数字比喻某个人的一生，是不是说明这个人非常成功呢？这个人拥有很多财富，假如没有了一两个"0"，对这个人有没有影响？有，但不会太大，因为"0"不是至关重要的。假如没有了"1"，"1"后面的"0"再多，对这个人还有意义吗？没有，因为失去了健康就失去了一切！

权力是暂时的，财富是后人的，只有健康是自己的。一个人只有身体健康，才有机会得到幸福。只有拥有健康的身体，我们才可以更好地学习和工作。

#### 1. 健康是人生幸福的源泉

健康是生命之基，是人生幸福的源泉。虽然健康不能代替一切，但是没有了健康就没有了一切。要想创造辉煌的人生，享受生活的乐趣，必须珍惜健康的身体，学会健康地生活。

人生是否幸福或许有很多衡量标准，健康与否应该被排在第一位。失去了健康，没有了强健的体魄与饱满的精神，生命就会黯然失色、兴味索然。

#### 2. 健康是个人幸福的前提

身心健康的人更容易保持乐观，而乐观是培养积极的生活态度不可缺少的条件。一个追求幸福的人应该把保持身体健康看作爱惜生命的崇高责任。不爱惜生命的人怎么能体会到幸

福的滋味呢？只有拥有旺盛的生命力，我们才可以抵抗各种疾病，渡过各种难关，迎接一个又一个新的挑战。

健康的身体是人生最宝贵的财富，没有健康，一切都无从谈起。只有拥有健康，我们才可以创造一切、拥有一切。

#### 3. 健康是事业成功的保障

健康是事业的本钱。身体健康与心理健康是相辅相成、互相影响的，两者制约着人际关系和谐与否，尤其是信心和勇气这两种心理状态，直接关系到事业的成败。身体不健康的人通常是思想消极、悲观，缺乏信心和勇气的人，难以培养创造性思维。人生不是一帆风顺的，只有拥有健康的身体，我们才能战胜各种挑战和挫折，成就一番事业。

本固枝荣，根深叶茂。要想成就一番事业，必须有健康的身体做支撑。只有拥有健康，我们才能有足够的精力开创成功的事业。

#### 4. 健康是家庭幸福的基础

现代生活节奏快、压力大，很多人忽视了家人的健康。我们应该将健康作为家庭幸福的重点。无论生活条件是贫困、普通还是富裕，健康都是家庭幸福的基础。

健康既是一种自由，也是一种财富，还是一种幸福。几乎所有幸福、美满的家庭都拥有一种相同的财富——健康。

没有健康，人生的追求、事业、财富、爱情等都失去了依附。健康的身体是成就一切宏图伟业的基石，只有不断地为健康"储蓄"，人生的财富才会倍增。否则，一切终将化为泡影。

健康既是每个人生命中的第一笔财富，也是幸福人生的第一步。人如果失去了健康，那么所拥有的一切不过是浮云而已。

### ▶ 实现参考

## 3.2.3 提升独立生活能力需要强健的体魄

**参考方法：如何提升自己的独立生活能力**

#### 1. 迅速调整自己，为独立生活做好心理准备

从一定意义上说，上大学意味着独自走向社会、面对生活。在这个新的起点上，要想为自己的人生理想夯实基础，大一新生必须尽快调整自己的心态，摆脱对他人的依赖，培养自信、自律和自强的精神，勇于面对社会和生活。我们不能再把自己当成小孩子了，应该经常提醒自己积极地面对生活。

#### 2. 迅速熟悉校园环境，适应大学生的角色

对大学生来说，校园是大学生活中最重要的场所，对校园环境的熟悉和了解程度，决定了大学生能否在大学中自如地生活、学习。

刚刚踏进大学校门，幽雅静谧的校园、宽敞明亮的教室、博学多识的师长、浩如烟海的图书，无不令大一新生感到新奇。在激动、兴奋之余，有人一放好行李，马上就到校园的各处熟悉情况。这样，他们可以更快地适应新环境，在办理各种手续、解决各种问题时，也会比别人更顺利、更节省时间。

对新环境适应得比较快的学生往往很快就能成为班级中的重要人物，并担任一些职务，承担一些管理工作。得益于此，他们与老师、同学接触得多，掌握的信息多，锻炼自己的机会也多，能力提升得很快，自信心也就逐渐增强了。

### 3. 尽快学会打理日常生活，从照顾自己学起

上大学后，许多大学生第一次体验独立生活。在高中阶段，他们只要跟着家长和老师的节奏就可以了，上了大学以后，所有的日常琐事都要靠自己。有人缺乏时间管理观念，顾此失彼；有人缺乏自理能力，把自己的东西摆放得毫无章法，经常找不到东西，甚至以为有人偷拿了自己的东西；还有人把自己的东西放在公共区域，一旦有人误用了，他们就会委屈地想："为什么不征得我的同意？也太不见外了！"

上大学后，我们要学会准时起床、运动，学会自己整理床铺、收拾房间，学会自己洗衣服、缝补衣服……总之，我们要学会自己照顾自己。在这个过程中，如果我们能多和同学交流就更好了，因为同学之间互相影响、互相学习，能够在一定程度上促进彼此生活自理能力的提升。

卫生习惯也是个问题。尤其是男生，在家时有家长督促睡前洗漱，帮着洗衣服、刷鞋；住进宿舍后没人管了，有人成了"有味道的人"，令舍友非常不满。此外，还有人虽然能保持个人卫生，但是从来不参与宿舍卫生的维护，给别人留下了自私自利的印象。

### 4. 不攀比，提升自己的价值，自信往往比家庭背景更能助力个人成长

高考前，绝大多数学生通过考试来确定自己在同龄人中的位置；进入大学后，有的学生明确地意识到了家庭背景对人的影响是客观而深远的。有的大一新生怕被别人瞧不起，央求父母购置最新款的手机、笔记本电脑，把自己打扮成"阔少"。他们花钱没有任何规划，无论某个东西是否适合自己，只要别人买了，自己就要买。

有的大一新生体谅父母，为了减轻父母的经济负担，他们拒绝参加一切集体活动，不和同学一起吃饭、逛街、娱乐，仿佛这些活动与他们无关，他们就这样成了校园里的"苦行僧"。时间久了，有些人甚至会对家境优越的同学产生强烈的排斥感。

还有的大一新生喜欢结交家境优越的同学，觉得他们是比较有潜力的人脉，积累这些人脉有助于提升自己的价值。在蹭吃、蹭喝、蹭玩的过程中，他们放弃了自己的判断和自尊。

其实，生活对每个人都是平等的。事业成功的父母在给孩子创造更大的平台的同时，无形中缩小了孩子的上升空间，有的孩子很难超越父母，还会陷入自卑和焦虑之中。普通家庭的孩子虽然无势可借，但是从小树立的奋斗信念会激励他们一路向前，在成就人生的同时获得自我实现的快感。如果你在与同学交往时经常关注对方的家庭背景，就说明你的独立意识还不够强，对自己没有充分的自信。要想提升自己的价值，最好的方法是做好自

己，顺势而为。

### 5. 逐渐学会人际交往，所有的选择都是有利有弊的

进入大学后，最令人自卑的是发现自己什么都不如别人。在高中阶段，我们经常用"到了大学就好了"来安慰自己。进入大学后我们才发现，新的烦恼似乎更多了：繁重的学业、陌生的舍友，遇到困难不知道向谁求助，对于不了解的事情不知道向谁询问……过去抱怨高中老师管得太细，现在才意识到那有多宝贵。

一些不善于人际交往的大学生看着别的同学参加各种活动，心生羡慕，却无法融入。一些同学除了学习没有别的事可做，他们在进入大学后发现，除了默默提高成绩，他们不知道怎么交朋友。其实，交朋友的方法很简单，如培养与同学共同的兴趣爱好、增长社会见识、交流品牌常识等。

每个人进入新环境后都会有不适感。有的同学一开始表现得很积极，看似很快地融入了集体，但如果采用的方法不当，就容易产生负面影响，如给人留下张扬、爱炫耀、轻浮的印象，这对于自我形象的确立不是一件好事；有的同学看似慢热、木讷，如果有定力，能够仔细观察其他人的行为特点，取人之长补己之短，就会给人留下沉稳、可靠的印象。所有的选择都是有利有弊的，既没有必要妄自菲薄，也无须东施效颦。

什么样的人既能获得友情，又能享受独立生活呢？

- 画好友情的"同心圆"，以自己为"圆心"，以各种爱好为"半径"，结交不同的朋友，形成不同的人脉圈。这样，无论和谁沟通，你都能找到切入点。
- 避免在一段友情中投入过多。如果你希望和某个人成为长久的朋友，就要学会保持距离，给对方独处的空间。
- 不能把朋友当作精神上的支柱。把自己的心全部交给朋友，对自己而言是丧失了独立的判断，对朋友而言很可能是一种负担，这对双方都是弊大于利的。稳定的友情应该建立在人格独立、悦纳自己、尊重对方的基础上。

大学就是一个小型的社会，我们可以把大学生活看成步入社会处理人际关系前的一次锻炼机会。我们应该多站在他人的立场上想问题，学会接受他人、关心他人、宽容他人，更重要的是处理好与舍友的关系，否则不仅会影响心情，还可能影响学习。只有把心态调整好，并与同学、舍友、老师多交流，我们才能尽快适应独立生活，这样有利于我们的成长和发展。

### 6. 学会理财

孩子上大学后，家长一般每月或每几个月给一次生活费，大学生需要独立计划如何消费。刚上大学时，由于没有多少理财的经验，有的同学一开始大手大脚，经常逛街、旅游、聚餐，没过多久就把生活费花得差不多了，以后的日子只好节衣缩食或再次向父母索要生活费。在大学里，不少同学因为不会理财，日子过得"前松后紧"，甚至到了期末要向同学借钱。

大一新生要学会理财，分析生活中的哪些开支是必需的，哪些开支是不必要的，哪些开支是可有可无的。我们要把钱花在刀刃上，避免不必要的开支，尽量削减可有可无

的开支。

此外,我们还要根据父母的经济能力和自己勤工俭学的能力来进行日常消费。有了对这些基本情况的分析,我们要制订切实可行的月消费计划,并尽量按照计划执行,可以把剩余的钱存入银行,以备不时之需。

### 7. 养成良好的生活习惯

1)按时作息,养成早睡早起的习惯

晚睡的同学大多会晚起,这样造成的直接后果是饮食不规律。很多人早晨起床较晚,来不及吃早饭,有人索性跳过早饭环节,有人则在课间随便吃些零食,时间一长,身体难免受到影响。

2)坚持体育锻炼

"文武之道,一张一弛",在学习之余参加一些体育锻炼活动,不仅可以缓解生活压力,还可以放松心情,有助于提高学习效率。跑步、做广播体操、踢足球等活动有助于增强体质,提高身体对疾病的抵抗力。

3)远离不良的生活习惯

由于缺少监督,有的同学一进入大学就开始放松对自己的要求,沾染上吸烟、酗酒等不良的生活习惯。大学不是求学道路的终点,而是一个新的起点,这些不良的生活习惯会成为大学生求学道路上的障碍。

### 8. 远离危险,尤其是毒品

大学生活是丰富多彩的,虽然校园之中相对安全,但是我们所处的是一个全新的环境,可能面临很多选择、诱惑、危险,尤其是毒品。

1)清醒地认识毒品的危害

"知己知彼,百战不殆",面对危险的毒品,我们首先要做的就是了解毒品、认识毒品,学习毒品预防知识。

毒品不只是大家以往认知中的鸦片、海洛因,新型毒品具有千奇百怪的形态,往往披着极具欺骗性的伪装。

除了认识毒品,我们还要做好心理预防,坚决拒绝毒品,克服好奇心、盲目追求刺激的心理、不合理的从众心理和逃避现实的心理。

在大学生活中,我们可能遇到各种突发事件。当受到外界的伤害或无法排解精神痛苦时,我们可以向家长、老师、朋友或心理咨询机构寻求帮助,千万不要自暴自弃,"借毒消愁",那样只会把自己推向万丈深渊。

2)清醒地识别吸毒者

大学相当于一个小型的社会,里面有形形色色的人。我们遇到的可能不全是好人,也不都是坏人。在大学里,我们可能通过各种途径认识各种人。作为年满18周岁的成年人,我们一定要学会保护自己,在任何时候都要保持清醒,不要头脑发热,被人骗了而不自知。

现在,我们最基本的任务就是保持警惕,识别并远离吸毒者。

3）清醒地面对全新的"朋友圈"

新型毒品防不胜防，"朋友圈"已成为引诱大学生吸毒的"黑洞"。毒贩往往先通过赠送的方式吸引大学生"尝毒"，在他们上瘾后再赚取高额毒资。

在"只吸一口不会上瘾""吸毒可以减肥""吸毒可以忘掉烦恼"等说辞的诱骗下，一些大学生被身边的朋友拉下水，一步步陷入毒品的沼泽，难以自拔。

在大学里，慎重交友很重要。如果身边的朋友有吸毒等不良嗜好，很容易相互影响，千万不要为了融入"朋友圈"而做不该做的事。

### 9. 学会求助，给自己建一个"加油站"

进入大学后，外界环境和我们的内心环境都会发生很大的变化。如果我们没有做好充分的准备，一旦某个环节出现问题，就会产生多米诺骨牌效应，引发心理冲突、情绪失控、人际矛盾等一系列问题。

某心理机构对大一新生心理问题的成因进行的大样本统计分析显示，"与父母心理连接的切断"是大一新生心理问题的根源。失去了亲情的保护，他们可能把爱情或友情当作救命稻草，甚至把自己的弱点完全暴露出来。因为内心不够坚定和强大，他们很难处理好各种情感问题，反而容易引发新的矛盾和冲突。

上大学后，如果遇到矛盾和冲突，我们要学会求助，但不要把太多隐私讲给周围的人。人与人之间的交往类似于博弈，如果一方暴露得太多，就难以保持心理上的平等，容易产生心理依赖。此时，心理咨询是比较明智的选择，在解决了危机之后，别忘了给自己建一个"加油站"——学校的心理教育和疏导中心可以帮助大学生弥补与父母之间的代沟，是理想而有效的心理支持系统。

## 参考建议：大学生可以这样提高身体素质

《中共中央、国务院关于深化教育改革全面推进素质教育的决定》指出："健康体魄是青少年为祖国和人民服务的基本前提，是中华民族旺盛生命力的体现。学校教育要树立健康第一的指导思想，切实加强体育工作，使学生掌握基本的运动技能，养成坚持锻炼身体的良好习惯。"如何树立健康第一的指导思想，如何全面提高大学生的身体素质、增强大学生的体质等问题，值得我们深思并提出相应的建议。

### 1. 按时作息，形成规律

大学生要保证适合个人的睡眠时间。为什么是"适合个人"呢？因为每个人所需的睡眠时间是不同的，有人睡 10 小时都不够，有人只要睡三四小时就能欢蹦乱跳。

按时作息要求大学生准点起床、准点睡觉，这对身体健康很重要。当然，偶尔差十几分钟、二十分钟也不是什么大事，习惯晚睡的同学只要不打扰舍友就可以了。偶尔熬夜不一定是坏事，前提是既不影响别人，自己第二天也起得来，不影响自己的学习和身体。

### 2. 规律饮食，结构合理

一日三餐，既别多吃，也别落下，要养成习惯，在固定时间吃饭；起床后一小时内吃早饭；营养要均衡，保证蛋白质及维生素的摄入量；少点外卖。

（1）食物多样化，以谷类为主，粗细搭配。

（2）多吃蔬菜、水果和薯类。

（3）每天吃奶类、大豆及其制品。

（4）常吃适量的蛋类、水产品和瘦肉。

（5）每天喝足量的水，合理选择饮料。

（6）一日三餐的分配要合理，吃零食要适量。

### 3．合理安排学习、娱乐、能力提升

大学生要以学习为第一要务，多去图书馆阅读专业课程的相关书籍和相关专业的书籍。

在没课的时候，我们可以和舍友或异性打打球、跑跑步。如果有精力、有缘分，那么在大学期间谈恋爱是件美好而浪漫的事情，因为这时候的爱情大多很单纯。

此外，我们还要提升社会实践能力和自主学习能力，对于兼职或实习，最好申请大企业中与所学专业相关的岗位。

### 4．适量运动，提高身体素质

（1）激发对运动的兴趣，使运动成为日常生活的基本内容。

（2）培养终身运动的意识。

体育锻炼一定要持之以恒，不能想练就练，不想练就不练，这样无益于身体健康。为了坚持体育锻炼，我们可以每天选择不一样的锻炼方法，并选择自己喜欢的运动方式，这样不但比每天都选择同一种锻炼方法更容易坚持，而且多种锻炼方法结合更有利于锻炼全身。

### 5．保持好心情，宽容别人

要想拥有健康，每天保持好心情是非常重要的。在日常的学习或生活中，难免有一些不如意或不开心的事情。面对这些事情，我们要把目光放得长远一些，不要总为小事生气，凡事往好的方面想。此外，经常微笑也可以让心情变得好起来。

要想保持好心情，我们不能总是和别人比较，那样的生活会很痛苦。如果我们总是用自己的短处与别人的长处比较，就会觉得自己有很多不足。其实，人最大的对手往往是自己。我们可以和自己比较，每天问自己"和昨天的我相比，今天的我进步了多少"，即使只有一点点进步，也是值得鼓励和表扬的。

要想保持好心情，我们还要学会豁达、宽容地对待别人。我们不必对小事斤斤计较，在遇到问题时，不能因一时冲动而做错事，要静下心来仔细想想。每个人都有自己的看法和态度，不是所有人都会按照我们的想法去办事。在很多情况下，我们要站在别人的角度，替别人考虑考虑，想想他们的优点，这样就能很快地把问题想通了。

无论学习有多忙，我们都要在一天中抽出点时间来做自己喜欢做的事情（如听歌、运动等），给自己留出独处的空间，放松一下心情，这样能让我们更勇敢地面对生活中的困难与挫折。

## 🠖 任务实现

### 3.2.4 规划并执行独立生活、身体锻炼计划

#### ◯ 任务一：规划你的大学生活

只有规划好自己的大学生活，每天才会有目标、有动力，把大学生活过得更有意义、更精彩。

请结合自己的实际情况，规划你的大学生活，既可以输出单独的文档，也可以填写在职业生涯规划书中。

#### ◯ 任务二：制订你在大学期间的身体锻炼计划

大学期间是锻炼身体的黄金时间，因为课程安排很有规律，适合养成锻炼身体的习惯。我们需要制订身体锻炼计划。在大学期间，如果没有计划，有些人很容易被懒散的氛围腐蚀，逃课或没日没夜地打游戏、看电影、看小说。

**1. 请制订你的身体锻炼计划**

请结合自己的实际情况，制订你的身体锻炼计划，既可以输出单独的文档，也可以填写在职业生涯规划书中。

**2. 建议大学生坚持的运动方式**

1）跑步

每天在固定时间约朋友去操场跑步，既能增进感情，又能锻炼身体。跑步要循序渐进，先跑 800m，再跑 1500m，然后跑 3000m，量力而行。

2）打羽毛球和爬山

打羽毛球既是一项运动，也是一项技能。周末打打羽毛球、爬爬山可以强身健体。不仅如此，在参加工作后，如果公司有羽毛球活动，也可以展示一下自己的球技。

3）游泳

有个大学生因为长期在床上看手机，脊椎出了问题，休学一个学期后来上课，整个人变得更挺拔了。原来，医生建议她游泳，因为这项运动既对脊椎有好处，也是一项生存本领。

## 🠖 任务小结

### 3.2.5 独立生活，养成体育锻炼习惯，增强自信

如果能按照自己的规划度过独立的大学生活，就证明我们真的长大了，也越来越成熟了。

我们应该把体育锻炼当成一种生活习惯，一直坚持下去，它代表健康、积极、坚持不懈

的生活态度,对身体和心理的健康都有极大的好处。在制订好计划后,我们要行动起来,坚持运动。只要坚持一段时间,养成习惯,我们就会越来越自信,爱上运动,身材也会在无形中慢慢变好。有一天,我们会突然发现,镜子里的自己怎么那么好看!

## 3.3 我喜欢做什么——职业兴趣探索

### 任务目标

#### 3.3.1 发现职业兴趣,填写职业生涯规划书

**任务名称**

任务一:进行霍兰德职业兴趣测试,发现自己的职业兴趣。
任务二:填写职业生涯规划书中的相关信息。

**任务分析**

了解兴趣的作用,学习霍兰德职业兴趣六边形模型的相关知识,通过霍兰德职业兴趣测试,发现自己的职业兴趣,填写职业生涯规划书中的相关信息。

| | | |
|---|---|---|
| 实现准备 | 课堂活动 | 活动一:兴趣的作用有多大 |
| | | 活动二:你最想去哪个岛屿度假 |
| | 课堂讲解 | 知识点一:学习霍兰德职业兴趣六边形模型 |
| | 课堂活动 | 活动三:迷路后你会怎么做 |
| 实现参考 | 课堂讲解 | 知识点二:了解霍兰德职业兴趣测试 |
| | 课堂活动 | 参考解读:霍兰德职业兴趣测试案例 |
| 任务实现 | 课堂实训 | 任务一:进行霍兰德职业兴趣测试,发现自己的职业兴趣 |
| | | 任务二:填写职业生涯规划书中的相关信息 |
| 任务小结 | 课后思考 | 发现职业兴趣,保持工作稳定 |

### 实现准备

#### 3.3.2 理解霍兰德职业兴趣六边形模型

**活动一:兴趣的作用有多大**

1. 活动目的

通过活动,了解兴趣与工作态度、工作成果之间的关系,探索自己的职业兴趣。

## 2. 活动流程

1）阅读材料

人力资源和社会保障部信息中心发布的《大学生就业力调研报告》显示，2024 年，我国高校毕业生人数达到 1179 万人。由于缺乏职业规划，应届生慢就业的比重从 2023 年的 18.9% 增长到 2024 年的 19.1%。对于没被用人单位录用的原因，36.2% 的毕业生认为自己"太迷茫"，27.4% 的毕业生认为自己"掌握技能少"，22.9% 的毕业生认为自己"缺乏实习经历"。

如果一个人从事有兴趣的工作，就能发挥全部才能的 80% 以上，并且在工作过程中有创造性、主动性，不容易疲劳，工作效率高。

如果一个人从事没有兴趣的工作，就会在心理上把工作当成一种负担，只能发挥全部才能的 20%～30%，并且在工作时表现被动，工作效率低。

2）快速思考

- 你知道兴趣与工作态度、工作成果之间的关系这么大吗？
- 你了解自己的职业兴趣吗？

## 3. 参考观点：兴趣是我们内心动力和快乐的来源

如果不了解自己的兴趣就盲目就业，很容易造成这样的结果：做自己不喜欢的事情或讨好自己不喜欢的人。

兴趣是无论我们能力高低，也无论外界评价如何，我们依然乐此不疲的事情。可以说，兴趣是我们内心动力和快乐的来源。

## 活动二：你最想去哪个岛屿度假

### 1. 活动目的

通过活动，挖掘自己未知的、潜在的兴趣。

### 2. 活动流程

1）活动规则和活动介绍

恭喜你！你获得了一次免费度假的机会，可以去下列 6 个岛屿中的 1 个，唯一的要求是你必须在这个岛屿上待至少 6 个月。请不要考虑其他因素，仅凭自己的兴趣选出你最想去的 3 个岛屿。

- 1 号岛屿：自然、原始的岛屿（代码：R）。

岛屿上保留了热带的原始植物和河流，自然生态保护得很好，还有较大规模的动物园、植物园、水族馆。居民以手工见长，自己种植瓜果蔬菜、修缮房屋、打造器物、制作工具。

- 2 号岛屿：智慧、宁静的岛屿（代码：I）。

岛屿上有许多天文馆、科技博览馆及图书馆。居民喜好观察、学习，崇尚和追求真理，常有机会和来自各地的科学家交流心得。

- 3 号岛屿：美丽、浪漫的岛屿（代码：A）。

岛屿上有许多美术馆、音乐厅，弥漫着浓厚的艺术文化气息。居民保留了传统的舞蹈、音乐与绘画，许多文艺界人士喜欢来这里寻找灵感。
- 4号岛屿：友善、亲切的岛屿（代码：S）。

岛屿上充满人文气息，居民个性温和、友善、乐于助人，重视互助合作和教育，关怀他人。
- 5号岛屿：显赫、富庶的岛屿（代码：E）。

岛屿上经济高度发展，处处是高级饭店、俱乐部、高尔夫球场。居民善于经营企业和贸易，能说会道。来往者多是企业家、职业经理人、政治家、律师等。
- 6号岛屿：现代、井然的岛屿（代码：C）。

岛屿上的建筑十分现代化，呈现出先进的都市形态，以完善的户政管理、地政管理、金融管理见长。居民个性冷静、保守，处事有条不紊，善于组织规划。

2）参加活动
- 首先，在6个岛屿中选出你最想去的岛屿；然后，在剩下的5个岛屿中选出你最想去的岛屿；最后，在剩下的4个岛屿中选出你最想去的岛屿。依次写下你最想去的3个岛屿：①_____，②_____，③_____。
- 根据自己的第一选择分组就座，选择相同岛屿的同学交流自己为什么选择这个岛屿，看看大家有什么共同的兴趣爱好，归纳出关键词，并给这个岛屿命名，描画自己心目中的岛屿蓝图。
- 各小组安排1人（"岛主"）用两分钟的时间介绍所选岛屿的名字和小组成员的共同点。

### 知识点一：学习霍兰德职业兴趣六边形模型

#### 1. 职业兴趣

兴趣是人认识某种事物或从事某种活动的心理倾向，它是以认识和探索外界事物的需要为基础的，是推动人认识事物、探索真理的重要动机。

职业兴趣是个体对不同类型的工作、活动的心理偏好程度，代表心理能量的具体指向。职业兴趣是职业生涯选择的重要依据，它有助于提高工作效率、充分发挥才能，是保证职业稳定、职场成功的重要因素。

职业兴趣测试能够反映受测者对各类职业的喜好程度及其职业兴趣的分布情况，帮助受测者澄清自己的职业兴趣，认识自己的职业兴趣分布是否过于集中或分散，并从侧面提供受测者个性方面的信息。该测试主要用于考察受测者对特定工作、职业的兴趣和偏好。

#### 2. 霍兰德职业兴趣六边形模型

1）霍兰德职业兴趣六边形模型概述

霍兰德职业兴趣六边形模型是由美国著名职业指导专家约翰·亨利·霍兰德提出的，在20世纪50年代末至60年代间经过了100多次大规模的实验研究，逐渐形成了人格类型与职业类型的学说和测试。该测试能够帮助受测者发现并确定自己的职业兴趣和能力专长，从而科学地求职、择业。霍兰德以其一系列关于人格与职业的关系的假设为基础，提出了以下6种基本职业类型。

- 实用型（Realistic）：对应 1 号岛屿。
- 研究型（Investigative）：对应 2 号岛屿。
- 艺术型（Artistic）：对应 3 号岛屿。
- 社会型（Social）：对应 4 号岛屿。
- 企业型（Enterprising）：对应 5 号岛屿。
- 事务型（Conventional）：对应 6 号岛屿。

6 种基本职业类型的特点、典型职业、注重或关注的因素和职业环境要求如表 3-2 所示。

表 3-2　6 种基本职业类型的特点、典型职业、注重或关注的因素和职业环境要求

| 职业类型 | 特点 | 典型职业 | 注重或关注的因素 | 职业环境要求 |
| --- | --- | --- | --- | --- |
| 实用型 | ➢ 喜欢具体的任务；<br>➢ 使用工具的能力和动手能力强；<br>➢ 喜欢体力劳动、户外活动；<br>➢ 喜欢与事物打交道 | 园艺师、木匠、汽车修理工、工程师、军官、外科医生、足球教练员 | 具体、实际的事物，诚实，有常识 | 利用手工或机械技能对工具、机器、动物等进行操作，与事物打交道的能力比与人打交道的能力更重要 |
| 研究型 | ➢ 喜欢探索和理解事物；<br>➢ 平静、深邃、内敛；<br>➢ 有智慧；<br>➢ 独立 | 实验室工作人员、生物学家、化学家、心理学家、工程师、大学教授 | 知识、学习、成就、独立 | 分析、研究问题的能力，运用复杂和抽象的思维创造性地解决问题的能力，谨慎、缜密，能够运用智慧独立完成工作，一定的写作能力 |
| 艺术型 | ➢ 喜欢自我表达与展示；<br>➢ 富有想象力、创造力；<br>➢ 追求美、自由、变化；<br>➢ 喜欢多样性 | 作家、编辑、音乐家、摄影师、厨师、漫画家、导演、室内装潢设计师 | 有创意的想法、自我表达、自由、美 | 创造力，对情感的表现能力，以非传统的方式表现自己，自由、开放 |
| 社会型 | ➢ 对人感兴趣；<br>➢ 具备较高的人际交往技能，对关系体验比较敏感；<br>➢ 乐于服务他人和帮助他人解决问题 | 老师、社会工作者、心理咨询师、护士 | 服务社会与他人，公正、理解、平等、理想 | 人际交往能力，教导、医治、帮助他人等方面的技能，对他人表现出精神上的关爱，愿意承担社会责任 |
| 企业型 | ➢ 喜欢向人推销自己的产品或观点；<br>➢ 寻求领导力与社会影响；<br>➢ 有抱负，责任感强，勇于承担压力；<br>➢ 说服能力强 | 律师、营销商、市场部经理、电视制片人、保险代理 | 经济和社会地位方面的成功，忠诚、冒险精神、责任 | 说服他人或支配他人的能力，敢于承担风险，目标导向 |
| 事务型 | ➢ 喜欢有条理、程序化的工作；<br>➢ 忠诚，乐于执行与服务；<br>➢ 做事有组织、有计划；<br>➢ 细致、准确 | 编辑、会计师、银行家、簿记员、办事员、税务员、操作员 | 准确、有条理、节俭、盈利 | 文书写作技巧，组织能力，遵从指示的能力，能够按时完成工作并达到严格的标准，有组织、有计划 |

我们可以把一些专业大致对应到如图 3-3 所示的霍兰德职业兴趣六边形模型中，当然，

和这些专业相关的岗位可以继续细分，最重要的是选择自己感兴趣的岗位。

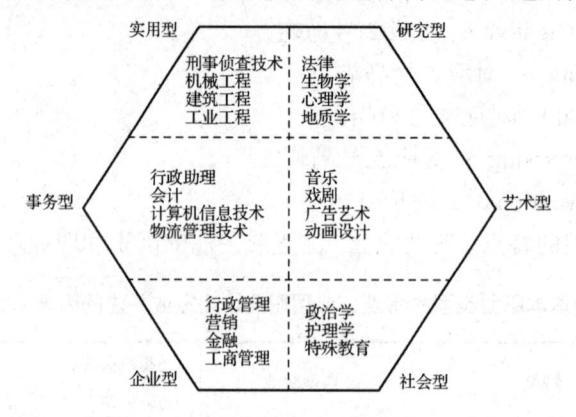

```
                    实用型            研究型
              刑事侦查技术    法律
              机械工程       生物学
              建筑工程       心理学
              工业工程       地质学
                ─────────┼─────────
              行政助理      音乐
    事务型    会计         戏剧         艺术型
              计算机信息技术 广告艺术
              物流管理技术   动画设计
                ─────────┼─────────
              行政管理      政治学
              营销         护理学
              金融         特殊教育
              工商管理
                    企业型            社会型
```

图 3-3 霍兰德职业兴趣六边形模型

2) 霍兰德职业兴趣六边形模型的关键及内在关系

霍兰德职业兴趣六边形模型的关键如下：

- 个体之间在人格方面存在着本质差异；
- 个体具有不同的人格类型；
- 当职业环境与人格类型协调一致时，人们的工作满意度更高、离职可能性更低。

霍兰德提出的 6 种类型之间并非并列的、具有明晰边界的关系，它们之间的内在关系如下：

- 相邻关系，如 RI、IR、IA、AI、AS、SA、SE、ES、EC、CE、CR 及 RC。属于相邻关系的两种类型的个体之间共同点较多，如实用型、研究型的人都不太擅长人际交往，这两种职业环境中与他人接触的机会也都比较少。
- 相隔关系，如 RA、RE、IS、IC、AE、AR、SC、SI、ER、EA、CI 及 CS。属于相隔关系的两种类型的个体之间共同点较少。
- 相对关系，即在霍兰德职业兴趣六边形模型中处于对角位置的两种类型之间的关系，如 RS、IE、AC、SR、EI 及 CA。属于相对关系的两种类型的个体之间共同点很少，因此，一个人同时对属于相对关系的两种职业环境都很感兴趣的情况比较少见。

### 活动三：迷路后你会怎么做

**1. 活动目的**

通过活动，加深对霍兰德职业兴趣六边形模型的理解。

**2. 活动流程**

1) 做出你的选择

某一天，你开着车行驶在一个陌生的城市中。到达一个十字路口后，你发现朋友之前告诉你的标志性建筑物不见了，你迷路了。这时候你会怎么做？

- 买地图、找路标，自己查找目的地。

- 问路,向他人寻求帮助。
- 自己开着车一圈一圈地找,直到找到目的地为止。
- 打电话埋怨朋友怎么不说清楚。
- 类似的事情从来不会发生在我身上,在去一个陌生的城市之前,我一定会做足功课。
- 既然迷路了,随便逛逛也不错,大不了不去目的地了,直接回家。

2)根据你的选择,做出判断

根据你的选择,判断自己属于霍兰德职业兴趣六边形模型中的哪种类型。

### 实现参考

## 3.3.3　了解霍兰德职业兴趣测试及其结果解读

**知识点二:了解霍兰德职业兴趣测试**

### 1. 心理测试

在日常生活中,有人热情活泼,有人安静少言;有人急躁冒失,有人沉稳踏实;有人反应敏捷,有人反应迟钝。

在心理学中,一个人身上所特有的、相对稳定的行为方式被称为心理特质或心理特征,如人的性格、气质、兴趣、价值观等。人的心理特质是看不见、摸不着的,只能通过外在的行为反应倒推内在的心理特质。心理测试需要完成的就是倒推的工作。不同于身高、体重等外在特征可以用卷尺、秤来测量,由于心理特质具有隐蔽性,因此心理测试工作并非易事。

这是不是意味着人的心理特质无法被测量?当然不是。桑代克说:"凡客观存在的事物都有其数量。"麦柯尔也说:"凡有数量的东西都可以测量。"作为一种客观存在,心理特质不同于人的感觉、知觉、记忆、思维等心理过程,它相对稳定。我们虽然无法直接对它进行测量,但是可以通过对个体施加刺激和观察个体的行为反应特点来推测其心理特质。也就是说,我们可以让受测者做一套测试题,根据受测者的答案来分析其心理特质。

心理测试一般分为最高行为测试和典型行为测试,能力测试、成就测试属于最高行为测试,一般的性格测试、气质测试、兴趣测试、价值观测试等属于典型行为测试。对于前者,受测者需要运用所学的知识、技能给出最佳答案。对于后者,受测者只要根据自己的真实情况如实作答即可,因为人的性格、气质等心理特质没有好坏之分,所以测试题的选项并无对错。

### 2. 霍兰德职业兴趣测试

什么是霍兰德职业兴趣测试?要想了解一项测试,我们可以从理论来源、题目设置和结果解释 3 个方面对该测试进行整体上的认知。理论来源就是 3.3.2 节中介绍的霍兰德职业兴趣六边形模型,本节主要介绍霍兰德职业兴趣测试的题目设置和结果解释。

1)题目设置

我国对霍兰德职业兴趣测试的引进始于 1996 年,国内学者对 1985 年版的测试进行了修订和本土化调整。现在国内流行和通用的霍兰德职业兴趣测试（常规版）的题目大致可以分为以下 4 个部分。

- 你感兴趣的活动：每种类型各 10 道题，共 60 道题；
- 你擅长或能胜任的活动：每种类型各 10 道题，共 60 道题；
- 你喜欢的职业：每种类型各 10 道题，共 60 道题；
- 你的能力类型自评：每种类型各 2 道题，共 12 道题。

把各部分的题量加起来就是测试的总题量，共 192 道题。看似题量很大，其实前 180 道题都是回答"是"或"否"的判断题，只有最后一部分的能力类型自评是 7 级评分（你需要给自己的能力打分，分数为 1~7 级），所以完成测试用不了太长时间，基本上只需要 10~15 分钟。

2）结果解释

测试结果是你在 6 种类型中得分最高的 3 种类型的代码依次排列而成的代码组合，即霍兰德代码。在得到你的霍兰德代码后，就可以根据代码检索表寻找相对应的职业了。

**参考解读：霍兰德职业兴趣测试案例**

图 3-4 所示为霍兰德职业兴趣测试结果雷达图，六边形的 6 个顶点分别代表 6 种类型，每种类型的得分一目了然，按照得分从高到低的顺序，可以得到受测者的霍兰德代码。

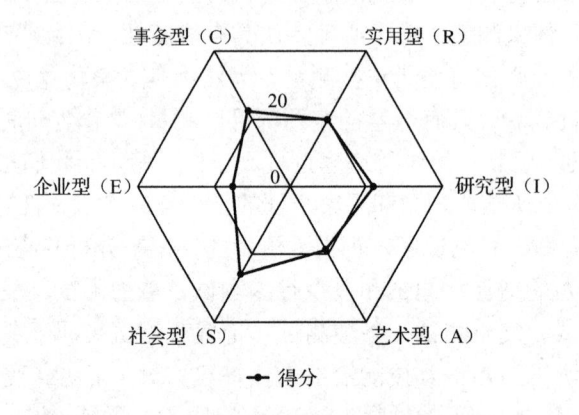

图 3-4 霍兰德职业兴趣测试结果雷达图

如图 3-4 所示，受测者的霍兰德代码是 SIC，即受测者得分最高的 3 种类型是社会型、研究型和事务型。

在得到属于自己的霍兰德代码后，受测者可能有以下 3 个问题。

**1. 霍兰德代码意味着什么**

以图 3-4 为例，霍兰德代码意味着受测者有兴趣的主要类型是社会型，次要类型是研究型和事务型。在选择职业时，受测者应该首先选择社会型职业（如老师、社会工作者、心理咨询师等），其次选择研究型和事务型职业。

2. 如果和霍兰德代码相对应的职业都不是自己喜欢的职业怎么办

根据 3.3.2 节中介绍的霍兰德职业兴趣六边形模型的内在关系,每两种类型之间可能有 3 种关系,即相邻关系、相隔关系和相对关系。有相邻关系的代码之间相关性最强,有相隔关系的代码之间有一定的相关性,有相对关系的代码之间相关性最弱。这里所说的"相关性"是指职业活动的相似性。把相关性强的代码组合在一起,受测者会更容易做出职业选择。

除了霍兰德代码,受测者还可以对主代码及其相邻代码进行组合。例如,受测者的主代码是 S,由霍兰德职业兴趣六边形模型可知,其相邻代码是 E 和 A,即受测者还可以有 SEC、SCE 和 SAI、SIA 的代码组合。这样就扩大了受测者的选择范围,为受测者提供了更多的职业选择。

3. 必须根据测试结果选择自己的职业方向吗

首先,受测者要明白,职业决策不是单凭兴趣这一个因素就能下定论的,人格、气质、能力和知识、技能储备也起着非常重要的作用。此外,除了要考虑心理方面的因素,受测者也要考虑社会因素,如市场需求、培训机会、上升空间、职业价值观等,甚至还要考虑生理因素,如性别、力量、感官功能等。只有结合自身的实际情况,综合考虑多方面的因素,才是明智的做法。

其次,不要被测试结果束缚住。每个人都是独一无二的,兴趣相同的人可能有不同的倾向、爱好。测试结果只是在统计学范围内对同一种类型的人做出的预测,在大方向上给受测者提供一些有可行性的建议。

最后,最终的选择权在自己手上。没有任何一项测试可以准确地指出哪种职业对受测者来说是完美的。受测者可以把测试结果作为职业决策的参考,这样才能最大限度地发挥测试的作用。

➡️ **任务实现**

## 3.3.4 进行霍兰德职业兴趣测试,填写职业生涯规划书

**任务一:进行霍兰德职业兴趣测试,发现自己的职业兴趣**

免费的霍兰德职业兴趣测试有很多版本,但质量参差不齐,收费的测试通常更规范一些。请在网上查找适合自己的版本,并进行测试。

**任务二:填写职业生涯规划书中的相关信息**

请根据霍兰德职业兴趣测试结果,结合自己的实际情况,填写职业生涯规划书中职业兴趣部分的信息。

➡️ **任务小结**

## 3.3.5 发现职业兴趣,保持工作稳定

良好而稳定的兴趣能使人在从事各种实践活动时具有高度的自觉性和积极性。当一个人

根据稳定的兴趣选择某种职业时，兴趣就会转变成高度的积极性，促使其在工作中做出成绩。

值得一提的是，需要是影响职业选择的重要且不易觉察的内在因素，动机是在需要的支配下受到外在刺激的影响而形成的综合性动力因素，它们都能影响职业选择。兴趣是在需要的基础上受到动机的影响，从而对职业选择产生一定影响的、变化的、较为外在的因素。

在职场中，我们不能盲目地工作，一定要制订职业生涯规划，这样才会有发展的方向和动力，对自己从事的职业越来越感兴趣，从而一步一步地实现自己的职业生涯规划。

确定了工作目标后，我们要保持工作稳定，这样才能对职业兴趣越来越笃定、坚定。职场中不乏经常换工作的人，这样的人很难培养职业兴趣。只有保持工作稳定，我们才能把自己的心思和精力放在工作上。

## 3.4 我适合做什么——职业性格探索

### 任务目标

#### 3.4.1 了解 MBTI 性格测试，填写职业生涯规划书

**任务名称**

任务一：了解自己的职业性格。
任务二：填写职业生涯规划书中职业性格部分的信息。

**任务分析**

在学习 MBTI 的相关知识、了解性格与职业的关系后，完成 MBTI 性格测试并填写职业生涯规划书。

| 实现准备 1 | 课堂活动 | 活动一：签名活动 |
| --- | --- | --- |
| | 课堂讲解 | 知识点一：MBTI 的主要特征 |
| | 课堂活动 | 活动二：了解自己的性格 |
| 实现准备 2 | 课堂活动 | 活动三："一度让父亲失望的卡夫卡"案例分析 |
| | 课堂讲解 | 知识点二：性格与职业的关系研究成果 |
| | | 知识点三：其他人才测试方法简介 |
| | 课后阅读 | 扩展阅读：MBTI 性格特征与名人 |
| 实现参考 | 课堂讲解 | 了解 MBTI 性格测试及其结果样例 |
| 任务实现 | 课堂实训 | 任务一：了解自己的职业性格 |
| | | 任务二：填写职业生涯规划书中职业性格部分的信息 |
| 任务小结 | 课后思考 | 正确看待 MBTI 性格测试 |

→ **实现准备 1**

## 3.4.2 了解 MBTI 的主要特征

◯ **活动一：签名活动**

### 1. 活动目的

通过活动，认识到连自己的两只手都是有差异的，做不同的事情需要使用不同的工具和方式。

### 2. 活动流程

1）参加活动

首先，拿出一张白纸，在白纸上签下自己的名字；然后，用另一只手再次签下自己的名字。

2）快速思考
- 两次签名有什么不同？请用几个词来形容一下。
- 哪个签名更好看？你得到了什么启发？

◯ **知识点一：MBTI 的主要特征**

### 1. 性格理论基础

卡尔·荣格创立了荣格人格分析心理学理论，提出了"情结"的概念，把人格分为内倾和外倾两种，并主张把人格分为意识、个人无意识和集体无意识三层。

后来，经过凯瑟琳·库克·布里格斯和她的女儿伊莎贝尔·布里格斯·迈尔斯的发展，形成了应用广泛的 MBTI（迈尔斯-布里格斯人格类型量表）。

MBTI 从 4 个维度考察个人的偏好，如表 3-3 所示。

表 3-3　MBTI 从 4 个维度考察个人的偏好

| 注意力方向（精力来源） | 外向（E） | 内向（I） |
|---|---|---|
| 认知方式（如何处理信息） | 感觉（S） | 直觉（N） |
| 判断方式（如何做决定） | 理性（T） | 感性（F） |
| 生活方式（如何面对外部世界） | 主观（J） | 客观（P） |

1）区分外向与内向

两人见面后互相询问对方 3 个问题，根据与对方的交流，可以判断出对方属于外向型还是内向型。

| | 外向 | 内向 |
|---|---|---|
| | 善于表达 | 通常有所保留 |
| | 自由地表达情绪和想法 | 不轻易表达情绪和想法 |
| | 听、说、想同时进行 | 先听，后想，再说 |

续表

| 外向 | 内向 |
|---|---|
| 朋友圈经常变化 | 朋友圈固定 |
| 主动参与 | 静静地反思 |
| 关注大家 | 关注个人 |
| 忘我 | 自我 |
| 广度 | 深度 |

2）区分感觉与直觉

让一个人对"海洋"下定义，根据不同的答案，可以判断出这个人属于感觉型还是直觉型。

| 感觉 | 直觉 |
|---|---|
| 明确、可测量 | 创新、难评估 |
| 细节、细致 | 风格、方向 |
| 现实、现在 | 革新、将来 |
| 看到、听到、闻到、尝到、摸到 | 第六感觉 |
| 连续的 | 任意的 |
| 重复 | 变化 |
| 享受现在 | 预测将来 |
| 基于事实、经验 | 基于想象、灵感 |

3）区分理性与感性

请阅读以下案例。

### 案例1：选择"年度篮球先生"

想象一下：你是一个高中篮球队的队长，你需要选择一名队员，对他授予"年度篮球先生"的荣誉。现在有两个候选人A和B，你倾向于谁呢？

A是一个"明星球员"，虽然他是一个低年级学生，但是他为球队赢得了许多分数，并帮助球队获得了年度金奖。即使A是天生的运动健将，他也不骄傲自满，而是尽力打好每一场比赛，所以球队中的大多数人都同意A获得这个荣誉。

B虽然不是最佳球员，但是他同样有资格获得这个荣誉。他付出了超出常人的努力来练习球技，总是努力打好每一场比赛。在每一场比赛里，他都热情高涨，并且能很好地鼓励其他队员共同努力。B是一个高年级学生，因为家境的问题，他需要在高中毕业后找一份工作，不能进入大学学习。他的篮球生涯即将结束，这次可能是他唯一一次获得这个荣誉的机会。

不同的选择是基于不同的性格特征做出的，由此可以看出理性与感性的区别。

| 理性 | 感性 |
|---|---|
| 客观、公正 | 主观、仁慈 |
| 批评，不感情用事 | 赏识，喜欢被表扬 |

续表

| 理性 | 感性 |
|---|---|
| 清晰 | 协调 |
| 基于分析 | 基于体验 |
| 关注事情和联系 | 关注人和关系 |
| 理智、冷静 | 善良、善解人意 |
| 头脑 | 心灵 |
| 原则、规范 | 价值、人情 |
| 法不容恕 | 情有可原 |

4）区分主观与客观

假设后天要期末考试，一个好朋友忽然约你明天晚上去吃饭，你去不去？不同的选择体现了不同的性格特征，由此可以看出倾向于主观与倾向于客观的区别。

| 主观 | 客观 |
|---|---|
| 按部就班 | 随遇而安 |
| 随时控制 | 不断体验 |
| 明确规则和结构 | 确定基本方向 |
| 有计划、有条理 | 灵活、即兴 |
| 快速做出判断、决定 | 难以独立做出判断，需要听取他人的建议 |
| 确定 | 好奇 |
| 最终期限 | 新的发现 |
| 避免燃眉之急的压力 | 从最后关头的压力中得到动力 |

在每个维度中二选一（E/I、S/N、T/F、J/P），得出的4个字母的组合就是MBTI性格类型。

### 2. 各种MBTI性格类型的主要特征

1）感觉型

（1）ISTJ。

安静、严肃，喜欢在掌握全面、可靠的信息后做出判断；实际、有责任感；做决定有逻辑性，一步步地朝着目标前进，不容易分心；喜欢把工作、家庭和生活都安排得井井有条；重视传统和忠诚。

（2）ISFJ。

安静、友好，有责任感和良知；坚定地致力于履行自己的义务；敏感、勤勉、忠诚、体贴，留心并记得自己重视的人的细节，关心他们的感受；努力营造有序而温馨的工作和家庭环境。

（3）INFJ。

寻求思想、关系、物质等之间的意义和联系；能够深刻地理解他人的动机和情感，对人有很强的洞察力；有责任心，坚持自己的价值观；对怎样更好地服务大众有清晰的远景规划；对实现目标的过程有清晰的计划，而且果断、坚定。

（4）INTJ。

在实现自己的目标时有创新的想法和非凡的动力；能快速洞察外界事物之间的规律，并形成长期的远景规划；一旦决定做一件事，就会开始规划，直到完成为止；多疑、独立，对自己和他人的能力、表现的要求都非常高。

（5）ISTP。

灵活、忍耐力强，安静的观察者，一旦发生问题，就会马上行动，找到实用的解决方法；分析事物的原理，能从大量信息中快速找到症结所在；对原因和结果感兴趣，用有逻辑的方式处理问题，重视效率。

（6）ISFP。

安静、友好、敏感、和善；享受当下；喜欢有自己的空间，喜欢按照自己的时间表工作；对自己的价值观和自己觉得重要的人非常忠诚，有责任心；不喜欢争论和冲突；不会把自己的观念和价值观强加于人。

（7）INFP。

理想主义，对自己的价值观和自己觉得重要的人非常忠诚；希望外部的生活和自己内心的价值观是统一的；好奇心强，对各种可能性感兴趣，能够推动团队或个人尝试新的方法和途径；愿意理解他人，并帮助他人发挥潜能；适应力强、灵活，善于接受新事物（除非有悖于自己的价值观）。

（8）INTP。

对于自己感兴趣的任何事物，都想找到合理的解释；喜欢理论性的、抽象的事物，热衷于思考，而非社交活动；安静、内向、灵活、适应力强；对自己感兴趣的领域有超凡的能力来集中自己的精力并解决问题；多疑，有时候有点挑剔，喜欢分析。

2）直觉型

（1）ESTP。

灵活、忍耐力强，实际、注重结果；觉得理论和抽象的解释非常无趣；喜欢积极地采取行动来解决问题；注重当下，自然、不做作，享受和他人在一起的时间；喜欢物质享受和时尚；学习新事物的有效方法是亲身感受和练习。

（2）ESFP。

外向、友好、接受力强；热爱生活，对人热情，喜欢物质享受；喜欢和他人一起把事情做成功；在工作中讲究常识和实用性，并能使工作变得有趣；灵活、自然、不做作，能快速适应新事物；学习新事物的有效方法是和他人一起尝试。

（3）ENFP。

热情洋溢、富有想象力；认为人生有很多可能性；能很快地把要做的事情和相关信息联系起来，并很自信地根据自己的判断解决问题；总是需要得到他人的认可，也总是准备着给予他人认可和帮助；灵活、自然、不做作，有很强的即兴发挥能力，语言流畅。

（4）ENTP。

反应快、睿智，有激励他人的能力，警觉性强，直言不讳；在解决新的、有挑战性的问题时机智而有策略；善于找出理论上的可能性，并用战略的眼光分析它们；善于理解他人；

不喜欢例行公事，很少用相同的方法做相同的事情，倾向于一个接一个地发展新的爱好。

（5）ESTJ。

实际、现实主义、果断，一旦下决心就会马上行动；善于将人组织起来把事情完成，并尽可能用最有效的方法得到结果；注重日常细节；有一套非常清晰的逻辑标准，自己遵循并要求他人也能系统性地遵循这套逻辑标准；在实施计划时强而有力。

（6）ESFJ。

热心肠、有责任心，善于与人合作；希望周边的环境温馨而和谐，并愿意为此果断地采取行动；喜欢和他人一起精确、及时地完成任务；无论是对大事还是小事，都会保持忠诚；能体察到他人在日常生活中的所需，并竭尽全力帮助他人；希望自己和自己的所作所为能得到他人的认可与赏识。

（7）ENFJ。

热情、为他人着想、易感应、有责任心；非常注重他人的感情、需求和动机；善于发现他人的潜能，并希望帮助他人发挥潜能；能成为个人或群体成长和进步的催化剂；忠诚，对赞扬和批评都会积极地回应；友善、喜欢社交；在团体中能很好地帮助他人，有鼓舞他人的领导能力。

（8）ENTJ。

坦诚、果断，有天生的领导能力；能很快地看到公司、组织的程序和政策中不合理或效能低的地方，采取有效、全面的措施来解决问题；善于制订长期计划和设定目标；通常见多识广，博览群书，喜欢拓宽自己的知识面，并将所学所得分享给他人；在陈述自己的想法时强而有力。

## 活动二：了解自己的性格

### 1. 活动目的

通过活动，了解自己的性格，加深对 MBTI 的理解。

### 2. 活动流程

（1）阅读下面的描述，选择在大多数情况下与你最接近的描述（设想你处于没别人观察的、最自然的状态）。

- 下面是关于注意力方向的描述，其中哪一组描述与你更接近？是 E 还是 I？

| E | I |
| --- | --- |
| 喜欢行动和多样性 | 喜欢安静和思考 |
| 喜欢通过讨论来思考问题 | 喜欢在讨论之前先进行独立思考 |
| 迅速采取行动，有时不进行过多的思考 | 在没有弄明白之前，不会很快地去做一件事情 |
| 喜欢观察别人是怎么做事的，喜欢看到工作的结果 | 喜欢理解工作的道理，喜欢一个人或和很少的几个人做事 |
| 很注意别人是怎样看自己的 | 为自己设定标准 |

- 下面是关于处理信息的方式的描述，其中哪一组描述与你更接近？是 S 还是 N？

| S | N |
|---|---|
| 根据过去的经验来处理信息 | 通过分析事实蕴含的意义和它们之间的逻辑关系来处理信息 |
| 愿意用眼睛、耳朵和其他感官来察觉、感受事物 | 喜欢通过想象来发现新的做事方法和新的可能性 |
| 讨厌出现新问题,除非存在标准的解决方法 | 喜欢解决新问题,讨厌重复做同一件事 |
| 喜欢用已经学会的技能做事,不愿意学习新技能 | 与练习旧技能相比,更愿意运用新技能 |
| 对细节很有耐心,但当出现复杂情况时会失去耐心 | 对细节没有耐心,但不在乎是否出现复杂情况 |

- 下面是关于做决定的方式的描述,其中哪一组描述与你更接近?是 T 还是 F?

| T | F |
|---|---|
| 喜欢根据逻辑来决策 | 喜欢根据个人感受和价值观来决策 |
| 愿意被公正和公平地对待 | 喜欢被表扬和讨好别人,即使在不太重要的事情上也是如此 |
| 可能在不知不觉中伤害别人的感情 | 了解和懂得别人的感受 |
| 更关注道理或事情,而非人际关系 | 能够预料别人的感受 |
| 不太在乎是否和谐 | 不愿意看到争论和冲突,珍视和谐 |

- 下面是关于生活方式的描述,其中哪一组描述与你更接近?是 J 还是 P?

| J | P |
|---|---|
| 喜欢预先制订计划,提前把事情落实和决定下来 | 喜欢保持灵活性,避免制订固定的计划 |
| 总想让事情按照它应该是的样子进行下去 | 能够轻松应对计划外和意料外的事情 |
| 喜欢先完成一项工作,再开始另一项工作 | 喜欢同时进行多项工作 |
| 做决定的速度可能过快 | 做决定的速度可能过慢 |
| 按照不轻易改变的标准和日程表生活 | 根据出现的问题不断改变计划 |

(2)在上面的 4 组描述中,哪些描述(E/I、S/N、T/F、J/P 每组二选一)与你更接近?你的 MBTI 性格类型是什么?

关于 MBTI,我们需要了解以下注意事项。

- MBTI 并不适合所有个体。
- 我们应该将 MBTI 的测试结果与自己在生活中的经历、体验结合起来考虑。
- 随着自我了解的加深,测试结果可能发生变化。
- 我们需要思考自己的性格特征在生活中的优势和劣势,弥补自己的短处,发挥自己的长处。

➡ **实现准备 2**

### 3.4.3 性格与职业的关系

**活动三:"一度让父亲失望的卡夫卡"案例分析**

1. 活动目的

通过活动,了解性格与职业的关系,并树立每种性格的人都能成才的信念。

## 2. 活动流程

1）阅读案例

---

**案例 2：一度让父亲失望的卡夫卡**

19 世纪末，一个男孩降生于布拉格一个贫穷的犹太人家庭。男孩一天天地长大，人们发现他虽然是男儿身，却没有半点男子气概。他性格内向、敏感，他的内心深处有根深蒂固的防范和躲避心理。

男孩的父亲竭力想把他培养成一个男子汉，希望他具有刚毅、勇敢的性格。在父亲严厉的培养下，男孩的性格不但没有变得刚毅、勇敢，反而更加懦弱、自卑，以至生活中的每一个细节、每一件小事对他来说都是"灾难"。他常常独自躲在角落里，小心翼翼地猜度着会有怎样的伤害落到他的身上。

父亲对儿子彻底失望了。让他当兵、冲锋陷阵？不可能，部队还没有开始选拔，他也许已经当逃兵了。让他从政？凭他的智慧、勇气和决断力，要想在各种复杂势力的矛盾冲突中找出妥当的解决方法，简直是幻想。让他做律师？以他懦弱、内向的性格，怎么面对法庭上紧张、激烈的辩论？这种性格也许是男孩一生的悲剧，即使他想改变也改变不了。

然而，这个男孩后来成为一位举世闻名的文坛巨匠，他就是作家卡夫卡。

为什么会这样？因为卡夫卡找到了适合自身性格的职业。性格内向的人往往有丰富的内心世界，能敏锐地感受到一般人感受不到的东西。他们也许是外部世界的懦夫，却是精神世界的"国王"。在自己的艺术王国和精神家园里，懦弱、悲观、消极等性格弱点反而使卡夫卡对世界、生活、人生、命运有了更尖锐、敏感、深刻的认识。他以自己在生活中感受到的压抑、苦闷为题材，开创了文学史上一个全新的艺术流派，给我们留下了《变形记》《城堡》《审判》等不朽的文学巨著。如果卡夫卡听从父亲的安排做了律师，法律界可能就多了一个失败的律师，更可惜的是，世上也就没有了这些不朽的文学巨著。

---

2）快速思考

- 你了解卡夫卡吗？你认可他的成功吗？
- 作为一位文坛巨匠，卡夫卡的成功与其性格有关吗？请列出其性格的主要关键词。
- 上述案例对你有什么启发？

### 知识点二：性格与职业的关系研究成果

性格与职业的最佳匹配可以使我们成为更高效的工作者，我们可以做自己喜欢做的工作。MBTI 性格类型与职业的匹配关系如表 3-4 所示。

表 3-4　MBTI 性格类型与职业的匹配关系

| ISTJ 稽查员 | ISFJ 保护者 | INFJ 咨询师 | INFP 治疗师、导师 |
| --- | --- | --- | --- |
| ESTJ 督导 | ESFJ 销售员 | ENFJ 老师 | ENFP 倡导者 |
| ISTP 操作者 | ISFP 艺术家 | INTJ 科学家 | INTP 设计师 |
| ESTP 创造者 | ESFP 表演者 | ENTJ 统帅 | ENTP 企业家、发明家 |

1. ISTJ：内向+感觉+理性+主观

1）适合的领域

工商业、金融银行业、技术、医护等领域。

2）适合的职业

审计员、后勤经理、首席信息官、预算分析员、工程师、计算机程序设计员、证券经纪人、地质学学者、医学研究者、会计师、编辑等职业。

2. ESTJ：外向+感觉+理性+主观

1）适合的领域

公共交通管理、邮政、财税、工商管理、金融银行业、制造业等领域。

2）适合的职业

银行职员、项目经理、数据库经理、首席信息官、后勤与供应经理、业务运作顾问、证券经纪人、计算机分析人员、保险代理、承包商、工厂主管等职业。

3. ISFJ：内向+感觉+感性+主观

1）适合的领域

领域特征不明显，比较相关的有医护、消费类商业、服务业等领域。

2）适合的职业

人事管理人员、计算机操作员、客户服务代表、信贷顾问、零售业主、房地产代理或经纪人、艺术家、室内装潢设计师、商品规划师、语言病理学学者等职业。

4. ESFJ：外向+感觉+感性+主观

1）适合的领域

教育、卫生保健、社会服务、销售、服务业、行政管理等领域。

2）适合的职业

公关客户经理、银行职员、销售代表、人力资源顾问、零售业主、餐饮业者、房地产经纪人、营销经理、电话营销人员、接待员、信贷顾问、簿记员等职业。

5. ISFP：内向+感觉+感性+客观

1）适合的领域

手工艺、艺术、医护、商业、服务业等领域。

2）适合的职业

VIP销售代表、行政人员、商品规划师、测量师、海洋生物学学者、厨师、室内景观设计师、旅游业务代表、病理医师等职业。

6. ESFP：外向+感觉+感性+客观

1）适合的领域

消费类商业、服务业、广告业、娱乐业、旅游业、社区服务等领域。

2）适合的职业

公关人员、劳工关系调解人、零售经理、商品规划师、团队培训人员、旅游项目经营者、表演者、特别事件协调人、社会工作者、旅游业务代表、融资经理、保险代理、经纪人等职业。

### 7. ISTP：内向+感觉+理性+客观

1）适合的领域

技术、金融业、贸易、商业、户外运动、艺术等领域。

2）适合的职业

证券分析员、银行职员、管理顾问、电子工程信息专业人士、技术培训人员、信息服务开发人员、软件开发人员、海洋生物学学者、经济学学者等职业。

### 8. ESTP：外向+感觉+理性+客观

1）适合的领域

贸易、商业、服务业、金融证券业、娱乐业、体育、艺术等领域。

2）适合的职业

企业家、业务运作顾问、理财专家、证券经纪人、银行职员、预算分析员、技术培训人员、旅游代理商、商品促销人员、手工艺人、记者等职业。

### 9. INFJ：内向+直觉+感性+主观

1）适合的领域

咨询、教育、科研等领域。

2）适合的职业

人力资源经理、事业发展顾问、营销人员、职业分析人员、企业培训人员、编辑、艺术指导、口译人员、社会工作者等职业。

### 10. ENFJ：外向+直觉+感性+主观

1）适合的领域

培训、咨询、教育、新闻传播、公共关系、文化艺术等领域。

2）适合的职业

人力资源开发人员、培训人员、销售经理、计算机程序设计员、生态旅游业专家、广告客户经理、沟通协调员、作家、记者、公关经理等职业。

### 11. INTJ：内向+直觉+理性+主观

1）适合的领域

科研、科技应用、技术咨询、管理咨询、金融业、投资、创新创业等领域。

2）适合的职业

管理顾问、经济学学者、国际银行职员、金融规划师、运营分析师、信息系统开发人员、综合网络管理人员等职业。

12. ENTJ：外向+直觉+理性+主观

1）适合的领域

工商业、金融业、投资、培训等领域。

2）适合的职业

人事经理、营销经理、国际销售经理、技术培训人员、特许经营业主、计算机程序设计员、环保工程师等职业。

13. INFP：内向+直觉+感性+客观

1）适合的领域

创新创业、艺术、教育、研究、咨询等领域。

2）适合的职业

人力资源开发人员、社会工作者、团队建设顾问、编辑、艺术指导、记者、口译人员、娱乐界人士、建筑师、研究工作者、心理学专家等职业。

14. ENFP：外向+直觉+感性+客观

1）适合的领域

没有明显的领域特征。

2）适合的职业

人力资源经理、变革管理咨询师、营销经理、广告客户经理、战略规划师、宣传人员、环保律师、研究助理、广告撰稿人员等职业。

15. INTP：内向+直觉+理性+客观

1）适合的领域

计算机技术、理论研究、学术、创新创业等领域。

2）适合的职业

计算机软件设计师、系统分析人员、研究开发人员、战略规划师、金融规划师、信息服务开发人员、变革管理咨询师等职业。

16. ENTP：外向+直觉+理性+客观

1）适合的领域

投资、项目策划、投资银行业、自主创业、市场营销、创新创业、公共关系等领域。

2）适合的职业

人力资源开发人员、投资经纪人、工业设计主管、后勤顾问、金融规划师、投资银行职员、营销策划人员等职业。

### 知识点三：其他人才测试方法简介

#### 1. 职业锚测试

职业锚的概念最早由美国的施恩教授在《职业动力论》一书中提出。职业锚就是最佳职业定位，是一个人在长期的职业生涯实践中通过对内外部条件、因素的比较，自觉、主动地选择最有利于自身发展和做出最大贡献的职业定位。

职业锚主要用于在职员工，他们已经对自己的职业有所了解。工作的前 5 年往往是职业转变期，他们需要在一次次的职业转变中找到真正属于自己的职业锚。想转行、跳槽的员工可以先通过职业锚测试得出对自身职业定位的真实认识，找到职业锚，做"人生之舟的船长"。

2．DISC 行为模式测试

DISC［Dominance（支配性）、Influence（影响性）、Steadiness（稳定性）、Compliance（服从性）］行为模式测试（性格测试）由美国心理学家马斯顿博士（测谎仪的发明者）创立，包括以下 3 种行为模式。

1）内在行为模式

内在行为模式是你天生的、固有的行为模式，代表你最自然、真实的内在动机和需求，通常是不自知的。之所以这种行为模式经常在你承受压力时显现，是因为你没有选择空间或时间思考如何调整你的行为。

2）外在行为模式

外在行为模式是你基于对环境的判断与认知，认为自己在特定环境下理应呈现的理想行为模式，通常不为他人所知。这种行为模式通常代表你试图在工作中呈现的行为模式，是你的"环境面具"。

3）认知行为模式

在现实世界里，每个人对自己都有一种特定的认知，继而产生一种特定的行为模式，这种行为模式是个体来自过去的习得性反应（经验）与环境期待的结合。认知行为模式相对稳定，因此通常为自己和他人所熟知。

DISC 行为模式测试的核心思想是行为模式不同，与之匹配的职业也不同。DISC 行为模式测试被广泛应用于员工招聘。使用该测试的用人单位更注重员工的行为模式，因为这属于员工的基本素质之一。此外，DISC 行为模式测试也可以使个体变得更成熟，具备更强的主观能动性，基于环境的要求调整自己的行为，而不是由着自己的性格做事。

**扩展阅读：MBTI 性格特征与名人**

请扫描二维码，进行扩展阅读，了解 MBTI 性格特征与名人的相关内容。

微课：MBTI 性格特征与名人

**实现参考**

## 3.4.4 了解 MBTI 性格测试及其结果样例

MBTI 是当今世界上应用最广泛的性格测试工具之一，被翻译成近 30 种语言。MBTI 是一种迫选型、自我报告式的性格测试工具，用以衡量和描述人们在获取信息、做出决策、对待生活等方面的心理活动规律和性格类型。

1. MBTI 性格测试的核心规则

MBTI 性格测试的核心规则可以浓缩成以下 3 句话：倾向不是能力，自己的判断才是最适合自己的判断，性格类型无对错。

1）倾向不是能力

MBTI 问卷通过偏好来确定倾向，而不是能力的强弱。在这个意义上，MBTI 问卷不同于基于性状的测试工具，如 16PF（16 种人格因素问卷，美国伊利诺伊州立大学人格及能力测验研究所卡特尔教授编制的用于人格检测的一种问卷，其中的选项偏好通常是对立的两极）。

2）自己的判断才是最适合自己的判断

MBTI 问卷提供了一份关于受测者的性格类型的报告，这份报告可以被看作受测者的整体性格概貌。受测者通常需要先理解 MBTI 中 4 个维度的两分法（每个维度包含两种对立倾向），形成对自身性格类型的初步假设，然后对自己的假设与报告中给出的性格类型进行对比。通过对比，受测者可以确定哪种性格类型最符合自己的实际情况，从而找到自己的"最佳拟合"性格类型。

3）性格类型无对错

没有哪种偏好或性格类型是比另一种更好或更糟的，偏好不同的人具有不同的天赋。

2. MBTI 性格测试的施测流程

第一步：调整心态。MBTI 测试的是性格类型，不同的性格类型没有优劣之分。请放松心情，最大限度地摆脱外部环境的各种压力，尽量展现真实的自己。

第二步：测试的目的是了解真实的自己，而不是别人期待的你。在回答问卷时，不能考虑怎样回答更好，而应考虑怎样回答更接近真实的自己。

第三步：回答问卷。尽量在不假思索的状态下答题，无须思考每道题是测试什么的。当遇到一些让你很纠结、难以回答的问题时，尽可能选择你在放松状态下最可能出现的倾向。

第四步：将测试结果对应的性格类型描述中的不同部分与自我感觉进行比较，如通俗描述、气质类型、优势及潜在弱点等是否吻合。

第五步：若希望得出尽可能精确的性格类型，则可以再次测试。

3. MBTI 性格测试的行为规范

受测者需要在轻松自如、零压力的状态下完成 MBTI 问卷。

受测者必须正确实施每一个步骤，以便准确理解 MBTI 的测试结果。MBTI 问卷的得分代表受测者对自身性格类型的了解程度，而非其具有某种性格特征的完全程度或表现强度。MBTI 问卷的性格类型描述仅供受测者确定自己的性格类型之用，其有效性取决于受测者能否在测试中规范、有序地实施每一个步骤。

MBTI 性格测试旨在帮助受测者了解自己的本来面目，即受测者与生俱来的性格。后天的种种环境压力和客观条件可能改变甚至彻底逆转个人的行为表现，对自己的性格最有发言权的当然是受测者自己。MBTI 性格测试就像一位经验丰富的"开道者"（而不是诊断病因的医生），提着灯笼照亮你面前的路，却从不在意你去向何方。无论你的目的地是哪里，这位"开道者"都会提着灯笼照亮你的前方。如果没有这位"开道者"，你就会陷于黑暗之中，无所适从。

MBTI 问卷的底层逻辑是不断引导受测者暴露自己，进而认清自己的本来面目。MBTI 问卷的得分只是一种辅助性的参考，当测试结果与自评结果不相符时，受测者不用迷信 MBTI 问卷的得分，甚至说服自己接受测试结果。最了解自己的性格的人当然是自己，无论是在理论上还是实践中都是如此，这正是 MBTI 性格测试的理念。

总之，MBTI 性格测试可以帮助我们认清自己，但不会剥夺我们认知的自由，把结论强加于人。MBTI 性格测试可以测试出我们的性格类型，进而在职业定位和发展、团队建设、领导力培养、人际关系改善、员工素质提升、组织内部沟通、跨文化企业管理等领域为我们提供帮助。

#### 4. MBTI 性格测试的结果样例

图 3-5 所示为 MBTI 性格测试的结果样例。

性格类型：ISFJ 总倾向：40.5

E（外向） 50.00% I（内向）
S（感觉） 20.00% N（直觉）
T（理性） 13.04% F（感性）
J（主观） 68.00% P（客观）

图 3-5　MBTI 性格测试的结果样例

要想提高 MBTI 性格测试的准确性，我们必须恪守施测流程和测试行为规范。只有这样，MBTI 性格测试才能帮助我们认识自我、发现自我，进而迈出职业发展和职业生涯规划中非常重要的一步。

### ➡ 任务实现

## 3.4.5　进行 MBTI 性格测试，填写职业生涯规划书

### 任务一：了解自己的职业性格

网上有很多版本的 MBTI 性格测试，请选择适合自己的版本进行测试。

请查看测试结果，对照性格类型描述中的解释和适合的职业类型匹配结果分析一下自己，和其他同学组成小组，说一下自己属于哪种性格类型，有何性格特征，测试结果是否符合自己的认知，对自己适合的工作方向和工作内容有什么新的发现。

### 任务二：填写职业生涯规划书中职业性格部分的信息

请根据 MBTI 性格测试的结果，结合自己的实际情况，填写职业生涯规划书中职业性格部分的信息。

### ➡ 任务小结

## 3.4.6 正确看待 MBTI 性格测试

为了更好地理解性格类型，以及性格与职业的关系，我们需要注意以下 4 点。

- 性格类型没有对错，在工作或人际关系中，没有更好或更坏的性格类型。每种性格类型和每个人都有独特的优点。
- 哪一种性格类型与你最接近，由你自己做出最终的判断。你最有可能属于的性格类型是根据你在 MBTI 问卷中的选择得出的，只有你知道自己真正的性格类型。
- 你可以根据性格类型来理解自己，但不能把它作为你做或不做任何事情的借口，不要让性格类型左右你考虑、选择任何职业、活动或人际关系。
- 消除对某些性格类型的偏见，避免借测试结果对别人做出负面的性格类型定性判断。

# 3.5 我能做什么——职业能力探索

### ➡ 任务目标

## 3.5.1 制订专业学习和技能提升计划

### ➡ 任务名称

任务：制订有针对性的专业学习和技能提升计划。

### ➡ 任务分析

了解自身能力与目标要求的差距，结合学校的专业课程安排，完成本节的任务。

| 实现准备 | 课堂活动 | 活动：想想你离达到目标岗位的任职要求还有多远 |
| --- | --- | --- |
| | 课堂讲解 | 知识点：专业技能是成功的基石 |
| 实现参考 | 课堂讲解 | 案例参考：在大学期间制订技能提升计划 |
| | | 参考建议：培养专业能力以外的其他能力 |
| 任务实现 | 课堂实训 | 任务：制订有针对性的专业学习和技能提升计划 |
| 任务小结 | 课后思考 | 执行计划需要找方法"对付"自己 |

→ **实现准备**

## 3.5.2 提升专业技能是硬道理

**活动：想想你离达到目标岗位的任职要求还有多远**

1. 活动目的

通过活动，了解部分岗位的任职要求，想想你离达到目标岗位的任职要求还有多远，激发学习的动力。

2. 活动流程

1）阅读下面 7 个岗位的任职要求

---

**岗位 1：网络实习工程师**

（1）在校大学生，专科以上学历。
（2）获得 HCIE 证书或 CCIE（思科认证互联网专家）证书者优先（路由交换方向）。
（3）喜欢并善于与人沟通，性格外向、活泼。
（4）逻辑性强，做事有条理。
（5）思路清晰，有一定的 PPT 制作功底。
（6）有较强的责任心、学习能力、沟通能力与团队合作能力。

**岗位 2：软件测试工程师**

（1）应届毕业生，计算机网络技术、通信工程等相关专业大专或本科学历。
（2）掌握相关的网络基础知识，获得 CCNA（思科认证网络工程师）（含）以上水平专业证书者优先。
（3）对网络通信有浓厚的兴趣，在校期间有网络通信设备相关实习或实践经历者优先。
（4）学习能力较强，善于思考，肯钻研，能接受重复性测试工作。
（5）能接受周一至周五每天 8 小时的工作时间，本岗位需要先实习，实习期合格后转正。

**岗位 3：实施运维工程师**

（1）计算机相关专业大专及以上学历。
（2）熟悉主流的交换机、路由器、防火墙等网络设备的配置与调试。
（3）熟悉 Linux 操作系统的安装、操作和维护，熟悉 MySQL 数据库。
（4）有软件系统运维的相关工作经历。
（5）熟悉网络设备和网络安全设备，有制定网络安全解决方案的能力。
（6）了解网络设备及相关交换机、路由器的配置。
（7）性格积极，沟通能力及抗压能力强，能应对突发事件和适应连续加班工作。

#### 岗位4：5G无线通信督导

（1）大专及以上学历。
（2）能熟练使用办公软件及相关业务软件。
（3）服从公司的安排及调度，能适应出差和不定时工作制。
（4）工作积极、主动，责任心强，严谨、认真，有较强的自学能力和抗压能力。

#### 岗位5：5G通信网络优化人员

（1）大专及以上学历（对于能力优秀者，可以放宽学历要求）。
（2）通信类、计算机类、电子信息类专业等理工科专业者优先。
（3）熟悉计算机操作，擅长使用办公软件。
（4）熟知测试流程，有完整的优化思路，知道常见网络问题的解决方法；能熟练使用Excel表格，有较强的沟通能力。
（5）学习能力强、工作热情高、有责任感，能在高级工程师的指导下完成工作。

#### 岗位6：Java开发实习生

（1）熟悉Java编程语言和思想，有扎实的编程基础。
（2）熟悉Spring、Spring MVC、MyBatis、JPA等开发框架。
（3）熟悉MySQL、MongoDB数据库应用开发，了解数据库优化的相关工作。
（4）有较强的表达能力、沟通能力和责任心，善于学习。
（5）熟悉Spring Boot框架者优先，有微服务及大数据开发经验者优先。

#### 岗位7：UI设计师

（1）能把握整体的UI风格，独立完成产品各端的界面设计工作。
（2）精通Sketch、Photoshop、Illustrator，熟悉AE等图形设计软件。
（3）有较高的审美意识和艺术修养，能对行业变化和设计趋势做出合理的判断，有一定的观察力及分析能力，擅长把握用户需求，设计符合用户使用习惯的界面。
（4）跟踪前端开发对UI设计的还原度，保持严谨的工作态度，重视细节，追求"像素级精神"。
（5）有较强的沟通能力、执行力、学习能力和创新能力，有自己的想法，善于解决问题，对设计工作有激情和责任感。

2）快速思考

- 了解上述岗位的任职要求以后，你觉得自己需要学习什么？
- 除了学习知识和技能，你还需要提升哪些能力、培养哪些态度呢？

3. 参考观点

从上述岗位的任职要求中可以看出，要想从事ICT工作，我们既要在大学期间学会操作办公软件、ICT的基础知识和Java编程等专业技能，也要增强责任心，保持严谨、认真的工作态度，能够承受一定的工作压力，还要提升自己的学习能力。

### 知识点：专业技能是成功的基石

在大学期间，我们一定要学好基础知识（如数学、英语和计算机、互联网的使用，以及本专业要求的基础课程）。很多看似高深的应用技术在几年后就会被新的技术或工具取代，学好基础知识，我们将受用终身。如果没有打好基础，我们就很难真正理解高深的应用技术。

数学是理工科专业大学生的基础课程，绝大多数理工科专业的知识体系都建立在数学的基石之上。同时，数学也是人类几千年积累的智慧结晶，学习数学知识可以培养和训练人的思维能力。

学习英语的根本目的是掌握一种重要的学习和沟通工具。在未来的几十年里，世界上大部分的新闻内容、先进的思想和高深的技术，以及大多数知识分子之间的交流都将以英语为载体。

信息时代已经到来，大学生在信息科学与信息技术方面的素养已经成为他们步入社会的必备基础之一。几乎所有ICT专业的大学生都要懂得计算机原理和编程知识，起码要熟练地使用计算机、互联网、办公软件和搜索引擎，并能熟练地在网上浏览信息和查找专业知识。

每个专业都有特定的基础课程。以计算机专业为例，对计算机基础课程的学习尤为重要，因为计算机编程语言和系统平台的发展日新月异，只要学好基础课程（如数据结构、算法、编译原理、计算机原理、数据库原理等），就能以不变应万变。

虽然我们鼓励大家追寻自己的兴趣，但是有些事情即使不感兴趣也必须做。对ICT专业的大学生来说，打好基础，学好数学、英语和计算机就是必须做的事情。

### 实现参考

## 3.5.3 制订技能提升计划，并培养其他的相关能力

### 案例参考：在大学期间制订技能提升计划

1. 大一：探索阶段

1）阶段目标

适应大学生活，树立职业生涯规划意识。

2）实施策略

- 了解就业形势，树立新的奋斗目标：如果之前的努力是为了考上大学，现在的任务就是为以后的就业和职业发展做准备。
- 完成从中学生到大学生的角色转变，尽快适应大学生活：虚心请教学长、学姐，积极参加集体活动，建立新的人际关系圈；熟读学生手册，关注辅修专业和第二学位的申请条件，确保学习成绩符合条件。

- 开始对自我和职业的探索，树立职业生涯规划意识：通过职业测评等工具全面、客观地探索自我和职业，思考哪些职业与自己所学的课程、专业相关性较强，通过互联网、报纸、杂志和电视访谈等渠道进一步了解这些职业。

### 2. 大二：定向阶段

1）阶段目标

确定主攻方向，提高综合素质。

2）实施策略

- 虚心请教师长和校友，根据自己的发展意愿确定专业或主攻方向。
- 建立合理的知识结构，注重专业能力的培养，考取英语四六级证书、计算机等级证书等工具性证书。
- 积极参加学生会或社团工作，培养自己的组织协调能力和团队合作精神，提高综合素质。
- 尝试兼职、实习等，积累一定的职业经验。

### 3. 大三：提升阶段

1）阶段目标

提升职业技能，积累职业经验，按时毕业。

2）实施策略

- 在学习专业知识的同时，考取与职业目标相关的职业资格证书。
- 增强兼职、实习的针对性，积累对应聘有利的职业经验。
- 扩大校内外交际圈，加强与校友、职场人士的交往，提前参加校园招聘会，与用人单位的招聘人员沟通。
- 学习求职技巧，学会制作简历、求职信，了解面试技巧和职场礼仪。
- 留意学校的就业中心通知和其他重要的招聘渠道，不要遗漏关键的招聘信息。
- 登录用人单位的网站或通过电话咨询等方式，了解用人单位的相关信息，为面试做准备。

**参考建议**：培养专业能力以外的其他能力

在大学期间，除了学习专业知识、提升专业技能，我们还可以参加学校和班级的社团活动，学习驾驶，参加ICT领域的考试并取得相关证书。这样做，一方面可以培养我们的责任感，为同学服务，充实大学生活；另一方面，这些经历和证书也是我们能力的体现，可以在求职时加分。

### 1. 积极参加社团活动

大学生社团是由大学生依据兴趣爱好自愿组成，按照章程自主开展活动的学生组织。随着社会的发展、科技的进步和教育改革的不断深入，大学生社团在发展过程中出现了网络社团增多、跨校活动增多、与社会的联系增多等新情况和新趋势。大学生社团既为大学生提供了一个良好的展示自我的平台，也在校园文化建设中发挥着积极作用。大学生社团以大学生为主体，有利于充分发挥大学生的主观能动性，为社会培养大量的综合性人才。仅靠"第一课堂"已很难满足大学生对知识和技能的需求，越来越多的大学生积极加入社团，通过参加精彩纷呈的社团活动，学习不同专业的知识和技能，提升自身的能力和水平。

社团作为培养大学生实践能力的有效载体，不仅可以起到推动大学生人格健全发展、鼓励大学生自我探索、促进大学生自主学习的作用，其多元化特征还能使广大大学生自我展示、获得尊重和自我实现的需求得到满足。对于大学生来说，社团活动既是课堂学习的重要补充，也能使他们的知识结构更合理。

总之，社团作为大学校园文化的重要载体，可以为大学生完善自我、提高自身综合素质提供平台，帮助大学生顺利完成从校园生活到社会生活的过渡。建议大学生在不影响学习的情况下，积极参加学校的社团活动。

**2. 考取自己需要的证书**

首先，我们要明确自己的考证目的，想清楚为什么要考证、考证有什么作用等问题，不能漫无目的地考证，那样只会浪费时间与金钱。

其次，我们应该注意一些和考证有关的问题，如怎样正确处理专业学习与考证的关系。考证不应影响专业学习。一些同学为了考证而考证，甚至牺牲学习专业课程的时间，报名参加培训，这是一种舍本逐末的行为。

用人单位重视证书，更重视实际能力。我们要对自己负责，考取有含金量的证书，不然就会"捡了芝麻，丢了西瓜"，既浪费金钱，又浪费宝贵的大学时光。

在上文中，我们已经确定了考取职业资格证书的计划，现在可以再次确认一下。

## ➡ 任务实现

### 3.5.4 制订有针对性的专业学习和技能提升计划

结合本专业的特点和学校的专业课程安排，以及自己的实际情况，制订有针对性的专业学习和技能提升计划，并填写职业生涯规划书。在这个过程中，我们需要注意以下两点。

- 分析自己的情况，找出自己的长处和短处；
- 对之前规划的职业目标和学习目标进行分解，得出每年的具体目标，明确自己每年的努力方向和重点。

另外，在制订学习计划时，我们还要了解大学学习的特点，并掌握适合自己的学习方法。

**1. 了解大学学习的特点**

1）老师讲得少、讲得快

除了某些课程，大部分大学专业课程一个学期最多安排 48 课时。老师要想用有限的课时把一门专业课程讲完、讲透，本来就是不现实的。

大学老师的主要作用是重点引导，而不是全盘灌输。这和高中阶段一门课程反复讲、反复练的模式是完全不同的。

2）不完全依赖教材

有些大学老师（特别是一些优秀的老师）在授课时喜欢旁征博引，一堂课的信息量不局限于教材。如果完全依赖教材，往往很难跟上节奏，这也是很多大学生不适应的一点。

3）信息量大，习题量少

在大学里，越重要的课程，信息量越大，但是老师布置的习题量往往并不大，这对于掌握课程知识点而言是有难度的。

4）不同课程之间有体系上的联系

高中的课程学的是不同领域的知识点，如数学课程就像数学体系的"大杂烩"，什么数学知识都涉及一点，但是不涉及这些数学知识之间的联系。

大学的不同课程之间是有设计、有衔接、有互补关系的，单独学习一门课程可能看不出有什么用途，几个学期下来，把这些课程联系起来，就可以解决一些比较复杂的实际问题了。在学习单一课程的过程中很难体会到这一点，我们需要思考、沉淀。

5）缺少学习氛围，很难坚持自学

在高中阶段，学生往往需要达到严格的自律要求，如必须上自习课，否则可能影响学习进度和成绩。在大学阶段，学习方式更加自由，大学生需要学会自我管理，不能依赖他人的监督。一些人可能觉得缺少专心学习的氛围，很难坚持自学。

6）需要考虑各种杂事对学习计划的影响

在大学里，除了学习，我们还要自己照顾自己的衣食住行，发展各种兴趣爱好，参加社团或班级活动，有些同学还要勤工俭学，去企业实习，准备考研、考证等。

这和只有学习任务的高中阶段完全不同，如果不考虑这些事情对学习计划的影响，我们的学习计划就可能沦为空想。

7）需要考虑学习环境的影响

大学不像高中有固定的教室和座位，在大学里，自习地点的弹性很大，特别是在某些考试期间，教学楼、自习室可能都不能用。

**2. 有针对性地制订大学学习计划**

- 围绕职业目标全面考虑学习计划。在基本明确了职业目标后，我们制订学习计划要围绕这个目标来全面考虑。
- 围绕每周的排课表统筹安排学习、社团活动、兴趣爱好、体育锻炼等各种事情，不能只关注学习目标。
- 在固定的时间做固定的事情，绝不随意改变，充分利用碎片化时间；
- 学习计划可以有一定的弹性，每天对照计划进行检查和调整，这一点很重要。

只要我们坚持按照每周的排课表安排学习，就可以形成有规律的学习节奏。另外，每周的排课表是根据学校安排的教学时间设计的，可以使我们的时间管理和学校的教学管理实现最大限度的匹配，减少两者之间的冲突，从而使我们的时间利用效率最大化。

## 任务小结

### 3.5.5 执行计划需要找方法"对付"自己

如果你习惯给自己找借口、对自己食言、为自己的行为开脱,导致学习计划无法完成,不妨用下面的方法"对付"自己。

(1)拖延法:如果你的计划是看书,此刻却想看一场球赛,别急着冲到电视机前,拖 10 分钟再去。当你急于做一件事情时,先别急,等几分钟再做。这几分钟可以让你冷静地思考,给大脑"降温"。

(2)自我奖励法:在完成一个计划后,不妨给自己一个小小的奖励,如做完两小时的题,奖励自己打 20 分钟篮球;完成今天的计划,给自己买一个可口的冰激凌。只有从自己的行为中获得满足感、成就感,我们才能自觉、主动地做出某些行为。

(3)想象法:本来要看书,突然有其他事情"诱惑"自己,怎么办?在做决定之前,不妨先想象一下,如果你今天完成了看书的计划,你会有多高兴和满足?你会为自己战胜诱惑的行为而自豪。相反,如果你放弃了计划,虽然能获得一时的开心,但是开心过后,你不会后悔和内疚吗?完成计划与放弃计划,哪个决定会让你获得更多、更持久的快乐?你真的想做让自己失望的人吗?

## 3.6 我能出奇制胜吗——创新能力探索

## 任务目标

### 3.6.1 了解创新人格测试,填写职业生涯规划书

**任务名称**

任务一:进行创新人格测试。
任务二:填写职业生涯规划书。

**任务分析**

| 实现准备 | 课堂活动 | 活动一:与亚马逊相对比,淘宝是创新吗 |
| --- | --- | --- |
| | 课堂讲解 | 知识点:创新能力和创新人格特质 |
| 实现参考 | 课堂讲解 | 参考建议:培养创新能力的方法 |
| | 课外活动 | 活动二:制作"宇宙飞船" |
| 任务实现 | 课堂实训 | 任务一:进行创新人格测试 |
| | | 任务二:填写职业生涯规划书 |

续表

| 任务小结 | 课后思考 | 人的知识越丰富，创新的机会就越多 |

## 实现准备

### 3.6.2 了解创新能力和创新人格特质

**活动一：与亚马逊相比，淘宝是创新吗**

1. 活动目的

通过活动，了解和创新有关的概念。

2. 活动流程

作为创立电子商务商业模式的公司，亚马逊无疑可以被称为创新。与亚马逊相比，淘宝可以被称为创新吗？如果两者都是创新，那么这两种创新应该怎么区分呢？

**知识点：创新能力和创新人格特质**

1. 创新能力的定义

创新通常是指引入新东西、新概念，制造新变化。作为一个专业术语，创新具有两个基本特点：一是世界范围内的第一次，二是显著性变化。

创新能力也称创造力，是指创新者进行创新活动的能力，也就是产生新想法、新事物或新理论的能力。创新能力是一种改造世界的能力。要想改造世界，我们首先要认识世界，因此创新能力包括智力，智力是创新能力的必要条件。

可以说，"创新能力=智力+创造性"，而"创造性=创新精神+创新思维+创新方法"。

- 创新精神：人的创新意识和创新性格，前者包括创新愿望和正确的创新动机，后者包括自信、敢想敢干、敢于实践、百折不挠、不怕失败等特质。
- 创新思维：包括联想思维、发散思维、逆向思维、侧向思维和动态思维等。
- 创新方法：包括善于发现问题、分析问题和解决问题的方法。

2. 创新人格概述

创新能力人人都有，它是人的一种潜力，需要经过挖掘才能释放，我们要了解并提升自己的创新能力。创新能力是无穷无尽的，其来源如下：

- 未知有助于创新；
- 建立在经验基础上的创新；
- 动机催生的创新；
- 完善性的创新；
- 错误、机会和偶然因素引发的创新。

1）创新人格的概念

创新人格也称创造性人格，是指主体在后天的学习活动中逐步养成，在创新活动中表现出来和发展起来,对促进人的成才与创造成果的产生起导向和决定作用的优良的理想、信念、意志、情感、情绪、道德等非智力素质的总和。

2）创新人格的作用

阅读案例,了解创新人格的内在动力作用。

---

**案例1：发明与研制非放射性铈钨电极的故事**

20世纪70年代中期,上海灯泡厂在生产钍钨电极。该厂的技术员王菊珍深知钍钨电极中的钍元素具有放射性,会损害该厂工人和使用焊枪（其中含有钍钨电极）的电焊工人的健康,轻者白细胞大量减少,重者致癌。出于爱心,王菊珍决心研制非放射性电极,也就是用非放射性元素代替钍钨电极中的放射性元素钍。

经过十多年的艰辛努力和多次失败,王菊珍终于发明并成功研制出非放射性铈钨电极。后来,该技术广泛应用于焊接、切割、喷漆、熔炼、激光技术等方面,为我国的经济和国防建设立下了新功。该技术获得美国专利和国家发明奖一等奖,专利转化的相关产品远销近10个国家,获利税近千万元。

---

阅读案例,了解创新人格激励人长期坚持并最终获得成功的作用。

---

**案例2：编写《本草纲目》的故事**

李时珍从35岁起编写《本草纲目》,花了近30年的时间,走访了河南、江西、江苏、安徽等很多地方,收集药物标本和民间验方。

李时珍历尽千辛万苦,参考了800多部书籍,在《本草纲目》中记载了1892种药物和11 096个医方,内附1160幅药物形态图。在61岁时,他终于完成了这部共52卷、190万字的"东方医学巨典"。

---

**3. 创新人格特质**

1）善于与他人交流、合作

---

**案例3：哥本哈根精神**

杰出的物理学家尼尔斯·玻尔在他领导的哥本哈根理论物理研究所中注重招收和扶持来自世界各国的学术传统不同的年轻科学家,并大力倡导和培养交流互补、友爱合作的精神,促使该研究所创造了世界科学史上一个惊人的奇观：在1920—1930年这10年间,来自17个国家的60多位学者云集该研究所,其中10多位学者曾获得诺贝尔奖。基于此,科学界把交流互补、友爱合作的精神称为哥本哈根精神。

---

2）善于批判地继承

---

**案例4：亚里士多德**

伟大的古希腊哲学家亚里士多德批判地继承了老师柏拉图的理论,他综合了当时的哲学、自然科学、人文科学方面的观点和材料,进行了理论创新,写出了哲学、逻辑学、物理学、动物学、心理学、伦理学、政治学、美学等学科的专著,或者对这些学科提出了新的见解,成为古希腊哲学、自然科学、人文科学的集大成者,以及影响西方学术界 2000 多年的大思想家。

3)勇于质疑和提出问题的探索精神

### 案例 5:爱因斯坦和徐荣祥

爱因斯坦之所以能创立相对论,并被称为极具创造性的伟大科学家,重要原因之一是他具有勇于质疑和提出问题的探索精神。另外,爱因斯坦还特别论述过提出问题的重要性,他说:"提出一个问题往往比解决一个问题更重要。因为解决问题也许仅是一个数学上或实验上的技能而已,而提出新的问题、新的可能性,从新的角度去看旧问题,却需要有创造性的想象力,而且标志着科学的真正进步。"

中国的青年发明家徐荣祥之所以能发明湿润烧伤膏和湿润疗法,关键原因之一是他在读医科大学时受到了爱因斯坦上述观点的影响,开始培养勇于质疑和提出问题的探索精神。他敢于质疑传统的烧伤疗法,并提出了一系列问题。

4)敢冒风险的大无畏精神

### 案例 6:诺贝尔

著名的瑞典化学家和发明家诺贝尔是大无畏精神的典型代表。1864 年,诺贝尔父亲的实验室发生大爆炸,诺贝尔的弟弟和 4 名助手被炸死,房屋被毁,他父亲因晚年丧子悲痛欲绝而得了半身不遂症,附近的居民和警察局不准他家在原地恢复炸药生产。这些危难并没有吓倒诺贝尔,他把自己的生死置之度外,在远离市区的马拉伦湖上租了一只平底船,冒着生命危险继续进行各种炸药的试验研究。诺贝尔陆续发明了雷管、黄色炸药、胶质炸药、无烟炸药,获得了一系列发明专利,这给他带来了巨大的财富。诺贝尔在逝世前留下遗嘱,用他的巨额资产设立了诺贝尔奖。诺贝尔为技术发明敢冒风险的大无畏精神和他设立的诺贝尔奖激励着一代又一代的科学家、发明家为攀登科学高峰而奋斗不息。

5)能承受失败、委屈和压力,百折不挠、持之以恒的精神

### 案例 7:桑格夫人

美国的计划生育开拓者桑格夫人为了改变多生育妇女痛苦、多病和贫穷的惨状,创办了美国第一家进行节育手术的诊所和第一个宣传计划生育的刊物。由于桑格夫人的言行触犯了美国当时的法律,她的诊所曾先后 3 次被警察捣毁,她也曾先后 3 次被捕入狱。桑格夫人坚信自己的主张和行为有利于上百万个妇女和家庭,每次被释放出狱后,她便再次创办进行节育手术的诊所和宣传计划生育的刊物。桑格夫人为坚持正确的主张,不怕坐牢和杀头,能承受失败、委屈和压力,百折不挠、持之以恒的精神获得了广大人民的理解和支

持,终于迫使国会修改了有关法律,她提出的节育手术和计划生育的主张传遍了美国和全世界。

1921年,美国控制生育联合会成立,桑格夫人成为第一任主席;1953年,国际计划生育联合会成立,她成为第一任主席。

→ 实现参考

## 3.6.3 怎样培养创新能力

**参考建议:培养创新能力的方法**

1. **培养创新能力要有创新意识和科学思维**

1)增强创新意识

- 在竞争中培养创新意识,不畏常规,敢于超越。
- 敢于标新立异:第一,要有创新精神;第二,要有敏锐地发现问题的能力;第三,要有敢于提出问题的勇气。
- 善于大胆设想:一是要敢想,二是要会想。
- 创新的源泉如下:第一,要对自己从事的事业有兴趣;第二,要适合自己从事的事业。

2)培养科学思维

- 联想思维。
- 发散思维。
- 逆向思维。
- 侧向思维。
- 动态思维。

2. **培养创新能力要有坚定的信心和坚强的意志**

- 坚定信心,不断进取。
- 坚定意志,顽强奋斗。
- 当创新活动误入歧途,需要调整方向时,坚定的信心和坚强的意志能够促使我们在原来的道路上"紧急刹车"并寻找新的方向。

3. **培养创新能力要从现在开始行动**

树立终身学习的理念,不断学习、总结,不断研究外部环境的变化,不断对自己提出新挑战,紧跟时代的发展,建立健全、合理的知识体系。

- 以开放的心态接受新事物。
- 培养自我反思的意识。
- 培养各种能力,做到知识与能力并重。

- 关注生活、热爱生活。
- 正视创新的核心：创新思维。
- 人生是不断成长、变化的过程，要不断突破自我，进行自我更新。

### 活动二：制作"宇宙飞船"

**1. 活动目的**

通过活动，了解统一的目标和价值观对团队决策的重要性，培养创新精神。

**2. 活动流程**

1）所需材料

每组 2 个生鸡蛋、4~6 张 A4 纸、6~10 张纸巾、2~4 根筷子、一些透明胶带、4 根不超过 30cm 的绳子、3~4 根橡皮筋。

2）活动内容

- 先将学生分成 5 人的小组，再将上述材料发给各小组。
- 各小组用上述材料制作一个适合运输生鸡蛋的"宇宙飞船"，并接受两次测试：第一次测试是让装着生鸡蛋的"宇宙飞船"从 1m 高的高度以自由落体的形式垂直降落，第二次测试是让装着生鸡蛋的"宇宙飞船"从 5m 高的高度自由坠落。每次测试都要力争不摔坏生鸡蛋。
- 两次测试的时间间隔为 15 分钟。

3）思考与讨论

- 你们是怎样形成方案的？为什么会选择这个方案？
- 在形成方案的过程中，你们是怎样达成共识的？
- 谁最先提出这个方案？是什么让你们同意了这个方案？
- 活动过程中有没有需要改善的地方？

4）活动总结

团队决策需要所有人共同参与，每个人的反应都可能对团队决策造成影响。在团队决策的过程中，以下 4 种人的行为尤其需要注意。

- 最先出主意的人：这种人往往有创新能力，但可能不愿意把自己的意见表达出来，即使表达出来，也可能由于他们不够"权威"而不被采纳。
- 专家或顾问型的人：这种人会仔细分析方案，从正面和反面考虑方案的可行性。
- 决策者：决策者的性格决定了他们会选择稳妥的方案还是创新的方案。
- 团队成员：他们要么不关心团队决策，要么局限于某个细节。不过，一旦确定方案，他们就是实施方案的中坚力量。

团队决策的重点是让以上 4 种人坦然地说出他们的想法。团队决策的过程是一个沟通的过程，成员之间要保持相互聆听、讨论和给予反馈的良好的沟通状态。

> **任务实现**

## 3.6.4 进行创新人格测试，填写职业生涯规划书

### 任务一：进行创新人格测试

**1. 尤金·劳德塞创新人格测试简介**

美国心理学家尤金·劳德塞根据多年来对善于思考、具有创新能力的科学家、工程师、企业经理的个性和品质的研究，设计了下面这套测试。受测者只要用 10 分钟左右的时间，就可以测试出自己是否具有创新人格。

**2. 课堂测试：尤金·劳德塞创新人格测试**

1）测试题

除了最后一道题，在每道题后面的括号里用一个字母表示你的态度：A 表示同意，B 表示不确定或不知道，C 表示不同意。回答必须准确、诚实，不要猜测题意。

---

**尤金·劳德塞创新人格测试**

（1）我不做盲目的事，也就是说，我总是有的放矢，用正确的步骤解决每一个具体问题。（　）

（2）我认为，只提出问题而不想获得答案，无疑是浪费时间。（　）

（3）无论是什么事情，我都比别人更难产生兴趣。（　）

（4）我认为合乎逻辑的、循序渐进的方法是解决问题的最好方法。（　）

（5）有时，我在小组里发表的意见似乎使一些人感到厌烦。（　）

（6）我花费大量时间来考虑别人是怎样看待我的。（　）

（7）做自认为正确的事情比力求博得别人的赞同重要得多。（　）

（8）我不尊重做事没有把握的人。（　）

（9）我需要的刺激和兴趣比别人多。（　）

（10）我知道如何在考验面前保持镇静。（　）

（11）我能用很长一段时间解决难题。（　）

（12）有时，我对事情过于热心。（　）

（13）在无事可做时，我常常想出好主意。（　）

（14）在解决问题时，我常常凭直觉来判断"正确"或"错误"。（　）

（15）在解决问题时，我分析问题的速度较快，综合所收集的资料速度较慢。（　）

（16）有时，我打破常规去做我原来并未想到要做的事。（　）

（17）我有收集东西的癖好。（　）

（18）幻想促使我提出许多重要计划。（　）

（19）我喜欢客观而又理性的人。（　）

（20）如果让我在本职工作之外的两种职业中选择一种，我宁愿当一个实际工作者，

而不是探索者。（  ）

（21）我能与自己的同事或同行很好地相处。（  ）
（22）我有较高的审美水平。（  ）
（23）在我的一生中，我一直在追求名利和地位。（  ）
（24）我喜欢坚信自己的结论的人。（  ）
（25）灵感与获得成功无关。（  ）
（26）在和别人争论时，使我感到高兴的是，原来与我观点不一致的人变成了我的朋友。为此，即使改变我原来的观点，我也在所不惜。（  ）
（27）我对提出新的建议有更大的兴趣，而不是设法说服别人接受这些建议。（  ）
（28）我愿意独自一人整天深思熟虑。（  ）
（29）我往往避免做效率低下的工作。（  ）
（30）在评价资料时，我觉得资料的来源比其内容更重要。（  ）
（31）我喜欢不确定和不可预言的事。（  ）
（32）我喜欢一门心思苦干的人。（  ）
（33）自尊比得到他人的敬慕更重要。（  ）
（34）我觉得力求完美的人是不明智的。（  ）
（35）我宁愿和大家一起努力工作，也不愿意单独工作。（  ）
（36）我喜欢对别人产生影响的工作。（  ）
（37）在生活中，我经常碰到不能用"正确"或"错误"来判断的问题。（  ）
（38）对我来说，各得其所、各在其位是很重要的。（  ）
（39）使用古怪和不常用的词语的作家纯粹是为了炫耀自己。（  ）
（40）许多人之所以感到苦恼，是因为他们对待事情太认真了。（  ）
（41）即使遇到不幸、挫折和反对意见，我也能对我的工作保持一贯的精神状态和热情。（  ）
（42）想入非非的人是不切实际的。（  ）
（43）我对我不知道的事比对我知道的事印象更深刻。（  ）
（44）我对"这可能是什么"比对"这是什么"更感兴趣。（  ）
（45）我经常为自己在无意中说话伤人而闷闷不乐。（  ）
（46）即使没有报酬，我也愿意为想出新颖的办法而花费大量时间。（  ）
（47）我认为，"出主意没什么了不起"这种说法是中肯的。（  ）
（48）我不喜欢提出显得自己无知的问题。（  ）
（49）即使遇到挫折，我也要坚决完成任务。（  ）
（50）从下列描述人的性格的形容词中选出 10 个你认为最能说明你的性格的形容词：精神饱满的、说服力强的、实事求是的、虚心的、观察力敏锐的、谨慎的、束手束脚的、足智多谋的、自高自大的、有主见的、有献身精神的、有独创性的、性急的、高效的、乐于助人的、坚强的、老练的、有克制力的、热情的、赶时髦的、自信的、不屈不挠的、有远见的、机灵的、好奇的、有组织力的、铁石心肠的、思路清晰的、脾气温顺的、可预测的、拘泥于形式的、不拘礼节的、理解力强的、有朝气的、严于律己的、精干的、追求实惠的、感觉灵敏的、无畏的、严格的、一丝不苟的、谦逊的、复杂的、漫不经心的、柔顺的、创新的、泰然自若的、渴求知识的、喜欢实干的、好交际的、善良的、孤僻的、不容易满足的、容易动感情的。

2）评分标准

单位：分

| 序号 | A | B | C | 序号 | A | B | C | 序号 | A | B | C |
|---|---|---|---|---|---|---|---|---|---|---|---|
| 1 | 0 | 1 | 2 | 18 | 3 | 0 | -1 | 35 | 0 | 1 | 2 |
| 2 | 0 | 1 | 2 | 19 | 0 | 1 | 2 | 36 | 1 | 2 | 3 |
| 3 | 4 | 1 | 0 | 20 | 0 | 1 | 2 | 37 | 2 | 1 | 0 |
| 4 | -2 | 0 | 3 | 21 | 0 | 1 | 2 | 38 | 0 | 1 | 2 |
| 5 | 2 | 1 | 0 | 22 | 3 | 0 | -1 | 39 | -1 | 0 | 2 |
| 6 | -1 | 0 | 3 | 23 | 0 | 1 | 2 | 40 | 2 | 1 | 0 |
| 7 | 3 | 0 | -1 | 24 | -1 | 0 | 2 | 41 | 3 | 1 | 0 |
| 8 | 0 | 1 | 2 | 25 | 0 | 1 | 3 | 42 | -1 | 0 | 2 |
| 9 | 3 | 0 | -1 | 26 | -1 | 0 | 2 | 43 | 2 | 1 | 0 |
| 10 | 1 | 0 | 3 | 27 | 2 | 1 | 0 | 44 | 0 | 1 | 2 |
| 11 | 4 | 1 | 0 | 28 | 2 | 0 | -1 | 45 | -1 | 0 | 2 |
| 12 | 3 | 0 | -1 | 29 | 0 | 1 | 2 | 46 | 3 | 2 | 0 |
| 13 | 2 | 1 | 0 | 30 | -2 | 0 | 3 | 47 | 0 | 1 | 2 |
| 14 | 4 | 0 | -2 | 31 | 0 | 1 | 2 | 48 | 0 | 1 | 3 |
| 15 | -1 | 0 | 2 | 32 | 0 | 1 | 2 | 49 | 3 | 1 | 0 |
| 16 | 2 | 1 | 0 | 33 | 3 | 0 | -1 | 50 | — | | |
| 17 | 0 | 1 | 2 | 34 | -1 | 0 | 2 | | | | |

最后一道题的评分标准如下：

- 选择下列形容词得 2 分：精神饱满的、观察力敏锐的、不屈不挠的、柔顺的、足智多谋的、有主见的、有献身精神的、有独创性的、感觉灵敏的、无畏的、创新的、好奇的、有朝气的、热情的、严于律己的。
- 选择下列形容词得 1 分：自信的、有远见的、不拘礼节的、不容易满足的、一丝不苟的、虚心的、机灵的、坚强的。
- 选择其余形容词得 0 分。

3）测试结果评价

先将所有测试题的得分加起来，再扫描二维码，看看自己属于哪种创新人格。

扫一扫

微课：创新人格测试结果评价

## 任务二：填写职业生涯规划书

在完成创新人格测试后，结合自己的实际情况，填写职业生涯规划书。

> 任务小结

### 3.6.5 人的知识越丰富，创新的机会就越多

创新的本质是进取，是不做复制者。单纯的模仿不是创新，令人生厌的重复只会造成原创力的降低。创新不容易，但并不神秘，任何人都可以创新。当然，知识越丰富的人，创新的机会就越多。

人的创新能力不是天生就有的，而是后天培养出来的。要想培养自己的创新能力，我们要敢于"做梦"，奇异、丰富的梦想往往孕育着奇妙的创新，如莱特兄弟发明飞机就是源自童年时的"异想天开"。当然，现实和梦想之间往往有遥远的距离，我们需要为实现梦想付出努力、花费心血，把实现梦想当作生活的目标，每天为了这个目标而努力学习、勤奋工作，一点点缩短现实和梦想之间的距离，最终把梦想变成现实。只有超越前人的成就，不被权威的观点束缚，不因眼前的困难而退缩，我们才能提升自己的创新能力。

希望同学们不断地在学习中创新、在生活中创新、在工作中创新，努力把自己培养成具有创新能力的人，为中华民族伟大复兴贡献自己的力量！

## 3.7 完成职业生涯规划书

> 任务目标

### 3.7.1 完成职业生涯规划书的制订

**任务名称**

任务：完成职业生涯规划书并严格执行。

**任务分析**

通过对上文的学习，结合自己的思考和心得，完成职业生涯规划书。

| | | |
|---|---|---|
| 实现准备 | 课堂活动 | 活动：制订我的旅游计划 |
| | 课堂讲解 | 知识点一：认知行业、认识自我是职业生涯规划的基础 |
| | | 知识点二：职业生涯规划的技巧 |
| 实现参考 | 课堂活动 | 案例参考：网络工程师怎么进行职业生涯规划 |
| 任务实现 | 课堂实训 | 任务：完成职业生涯规划书并严格执行 |
| 任务小结 | 课后思考 | ICT 人必须持续提高自己的职业综合素质 |

### 实现准备

## 3.7.2 学习如何进行职业生涯规划

**活动：制订我的旅游计划**

1. 活动目的

通过活动，了解规划一件事的流程，加深对职业生涯规划的认识。

2. 活动流程

1）制订旅游计划

制订假期到峨眉山旅游 3 天的计划，包括景点、路线、时间安排、交通工具、住宿等内容，以及安全措施、费用估算等。

2）快速思考

- 制订旅游计划分为几步？
- 如何落实旅游计划？
- 为了顺利完成这次旅游，需要做哪些准备？
- 制订旅游计划的过程与职业生涯规划有什么相似之处？

**知识点一：认知行业、认识自我是职业生涯规划的基础**

正确地认识自我不是一件容易的事。"当局者迷"，我们有时并不善于认识自我，不能全面、准确地了解自己的优点、缺点、兴趣爱好、性格、气质、能力等。通过对本章内容的学习和课堂活动，你能更好地了解自己了吗？我们来回顾一下相关内容。

首先，我们要学会独立生活，拥有强健的体魄，在此基础上了解自己喜欢做什么，也就是自己喜欢什么职业。我们可能不知道自己喜欢什么职业，可以借助一些工具（如霍兰德职业兴趣六边形模型）来了解自己的兴趣，分析自己适合实用型、研究型、艺术型、社会型、企业型、事务型中的哪种类型，了解自己在人格方面与他人的异同。

其次，喜欢做什么不一定适合做什么，因为适合做什么与性格息息相关。性格在很大程度上决定了我们在哪个领域有优势，如果能在有优势的领域发展，我们就会更得心应手，成长得更快，心情也更加愉悦。我们可以借助一些工具（如 MBTI 性格测试）来了解自己的性格是内向型还是外向型，是凭感觉还是凭直觉做判断，是以理性为主还是以感性为主，是倾向于主观还是倾向于客观。根据测试结果，我们可以更深入地了解自己的优势和劣势，从而在职业决策中更加理性。

然后，适合做什么不一定能做好什么。我们要了解自己需要掌握的职业技能，并提升自己在擅长领域的专业能力。为此，我们要了解自己的专业对应的岗位类型、工作内容和任职要求等。在此基础上，除了学习专业技能，我们还可以了解相关岗位对应的职业资格证书，并通过考试取得这些证书。这样，在毕业后找工作时，我们就能心里有底了。

最后，我们需要了解自己的创新能力。创新能力既与创新意识和科学思维相关，也与信心和意志有关，还与行动力关系密切。

通过对上文的学习，我们对行业环境和自己的方方面面都有了比较深刻的理解，也初步完成了职业生涯规划书。接下来，只要学习一些职业生涯规划的技巧，我们就可以完成职业生涯规划书了。

## 知识点二：职业生涯规划的技巧

人们在进行职业生涯规划和调整规划的过程中逐渐积累了一些感悟和技巧，它们可以作为我们进行职业生涯规划的参考。

- 在职业生涯中，重要的不是你现在所处的位置，而是你迈出下一步的方向。
- 职业生涯开发与管理：只要开始，永远不晚；只要进步，总有空间。
- 职业生涯中的每一次实质性飞跃都是以学习新知识、树立新观念为前提条件的。
- 在职业生涯早期，最锻炼自己的工作是最好的工作；在职业生涯中期，最挣钱的工作是最好的工作；在职业生涯后期，最能实现人生价值的工作是最好的工作。
- 在职业生涯中，当你的工作热情、努力程度不因工资待遇不高、上级评价不公而下降时，你就开始为自己打工了。
- 千万不要把你的主要精力放在帮上级改正缺点上，花费同样的时间和精力，你能从上级身上学到的优点一定多于你能帮上级改正的缺点。
- 确定职业锚之日，就是你的职业转变为你的事业之时。
- 职业生涯中没有徒劳的努力，每一种环境、每一项工作都是一种锻炼，每一个困难、每一次失败都是一次机会。
- 在职业生涯中，只要不放弃目标，每一次挫折和失败都是有价值的。
- 在职业生涯早期，你做的可能是自己不喜欢、不想从事一生的工作。你要分清：喜不喜欢这份工作是一回事，应不应该做好这份工作、有没有能力做好这份工作是另一回事。职业生涯的发展是从做好本职工作开始的。如果你没有能力做好一份工作，就没有资格说不喜欢。
- 成功的人和不成功的人就差一点点：成功的人可以无数次改变方法，但绝不轻易放弃目标；不成功的人总是改变目标，就是不改变方法。
- 在职业生涯中，没有目标不行，目标太多不行，目标老是变化也不行。实现目标的正确方法包括选择目标、明确目标、分解目标、组合目标，再加上实现目标的时间坐标。
- 目标分解是在现实的处境与美好愿望的实现之间搭建可拾级而上的阶梯，目标组合是找出不同目标之间互为因果、相互促进的内在联系。
- 企业不仅是挣钱谋生的场所，还是学习、进步和实现人生价值的舞台。
- 正确的角色定位需要理智，及时的角色转换需要智慧。

→ 实现参考

## 3.7.3 ICT 职业生涯规划案例

**案例参考：网络工程师怎么进行职业生涯规划**

1. **职业发展阶段**

在 IT 行业，一个人的成长大致可以分为以下 3 个阶段。

第一阶段：22～25 岁，深入研究技术，熟练掌握一种工具，体会大学里学习的理论在实际工作中的运用，熟悉工作环境、工作方法和与人合作的方法。

第二阶段：25～28 岁，参与项目开发，并成为项目小组的技术带头人或系统分析人员，学会从系统的角度理解软件和技术，并与用户交流、沟通，学习其他行业的知识，如运输行业、金融行业的工作方式。

第三阶段：28～30 岁，职业发展通常会有变化，一般会成为以下 5 种人。

- 高级工程师，在公司中担任总工程师；
- 售前支持工程师，与用户谈判、讨论，成为撰写项目方案书的高手；
- 项目经理，逐步学会管理团队；
- 技术型销售人员；
- 公司的首席技术官，走上职业经理人之路。

2. **网络工程师的职业优势**

- 极具增值潜力，掌握企业的核心网络架构、安全技术，具有不可替代的竞争优势；
- 根据信息部门的统计，到 2029 年，我国从事网络建设、网络应用和网络服务的新型网络人才需求很大，尤其是网络工程师的需求将达到 60 万～100 万人，高薪、高福利将成为必然趋势；
- 可零基础入行，只要经过 4～10 个月的强化训练和职业化引导，就能成为企业急需的技能型网络人才；
- 就业面广，一专多能，实践经验适用于很多领域；
- 职业价值随着自身经验的丰富和项目运作能力的成熟而提高；
- 职业发展前景广阔，距离项目经理仅一步之遥。

3. **网络工程师解读**

网络工程师是通过学习和训练，掌握网络技术的理论知识和操作技能的网络技术人员。网络工程师能够从事计算机信息系统的设计、建设、运行和维护工作。

具体来说，我们可以了解企业信息化的岗位体系。例如，企业信息化通常需要以下 4 种人。

- 企业信息化主管：负责信息化建设中的目标与方案决策、方向研究；
- 工程技术人员：负责信息系统的设计、建设，包括相关设备、系统、数据库、应用系统的建设；
- 运行维护人员：负责信息系统的运行、维护、管理及基本的开发；
- 操作应用人员：负责应用信息系统完成本职工作。

一般来说，企业的 IT 岗位可以根据职能分为以下 4 类。
- 管理岗位：首席信息官、信息总监、IT 经理、项目经理等；
- 工程技术岗位：网络规划设计师、网络工程师、系统工程师、软件工程师、数据库工程师等；
- 运行维护岗位：数据库管理员、系统管理员、网络管理员、服务器管理员等；
- 计算机操作岗位：办公文员、计算机辅助设计员、网页制作员、多媒体制作员等。

在规模较小的企业中，一个岗位可能涵盖多个岗位的职能，如系统管理员既要管理系统，又要管理网络。大企业的岗位分得比较细，有网络设计师、系统集成工程师、网络安全工程师、综合布线工程师和系统测试工程师等。

#### 4. 网络工程师的职业生涯规划步骤

网络工程师的职业生涯规划主要分为以下 4 个步骤。

第一步，成为小企业的网络管理员（系统管理员）；

第二步，学习更全面的知识，成为普通的网络工程师，工资可以达到 4000 元以上；

第三步，进入大中型企业，负责网络管理工作，工资一般在 4000 元以上，部门经理的工资可以达到 5000 元以上；

第四步，学习更全面的知识，成为专业的网络工程师，如网络存储工程师、网络安全工程师的工资可以达到 9000 元以上，大中型企业或专业网络公司的 IT 经理的工资就更高了，基本在 1 万元以上。

### ➡ 任务实现

### 3.7.4　完成职业生涯规划书并严格执行

请按照自己的意愿，参考对上文的所学所思，将自己的职业生涯规划书形成文档。
- 在班会上大声朗读职业生涯规划书。
- 将学习计划和职业生涯规划书打印 3 份，交给父母和班主任各一份，自己保留一份。

根据学习计划和职业生涯规划书，严格要求自己，从现在做起，拿出实际行动，为成就自己的事业不懈努力！

### ➡ 任务小结

### 3.7.5　ICT 人必须持续提高自己的职业综合素质

#### 1. ICT 人的特别品质

ICT 在现代社会中占据着不可或缺的地位，对经济、科技、教育等的发展具有强大的推动作用。ICT 行业具有以下特性：从业者普遍年轻，思维活跃；行业技术更新快，对从业者知识更新的要求高；大部分岗位属于技术服务，需要直面客户；有些工作环境比较艰苦、恶劣，从业者需要具备吃苦耐劳的精神和很强的坚韧性。

1）抗压能力特别强

ICT 人要始终如一地执行任务，具备在压力下保持坚定、专注、自信和不断推动实现长期目标的能力。

ICT 人需要经过无数次高强度工作的磨炼，如系统割接升级、维护基站、抢修光缆等，严寒酷暑风雨无阻。无论在哪，ICT 人都要尽快到达现场处理各种问题；无论面对怎样的工作，ICT 人都不能被难倒。

2）服务意识特别强

ICT 人说话、做事要有分寸，不该说的话不说，该做的事情必须做到，不该做的事情不做。

行业性质决定了 ICT 人要有特别强的服务意识，因为 ICT 是保障千家万户正常通话和上网的技术。出现任何问题，ICT 人都要第一时间解决，手机要 24 小时开机，随叫随到。如果手机打不通，就可能面临客户的投诉。

3）特别有定力和责任心

有时候，准备材料需要几个小时，甲方、乙方、丙方、丁方等各方还要改几个小时。如果没有强大的定力，ICT 人就很难完成工作。

ICT 人要在艰苦或不利的条件下克服困难，努力实现目标；面对他人的刁难，保持冷静和稳定的状态，承受压力，培养工匠精神，不浮躁，一步步走向成功。

4）心思特别细，特别能创新

在剪不断理还乱的纷乱中，ICT 人要全面考虑问题，练就出像计算机一样的头脑。

随着高科技应用于各领域，越来越多流程驱动的工作正在或即将被机器人取代。只有拥有持续创新能力、不断推陈出新的人，才能受到企业的青睐。ICT 人的成长需要以实践能力为基础，以创新素质为核心。

5）特别能吃苦

为实现社会主义的共同理想，ICT 人发扬了特别能吃苦、特别能战斗的精神。大部分 ICT 人的工作和生活很单调，常年在机房和住所之间"两点一线"，社交圈子里主要是同事和客户。更辛苦的是，大部分日常通信工作的工作量都很大，而且很烦琐，遇上"5·17"等重大通信活动日，甚至会连续多日无休。

6）特别有大局意识

很多 ICT 工作需要长期出差，ICT 人必须走南闯北，不停地奔波和忙碌于不同地方的不同项目。披星戴月地奔波，很多 ICT 人在不知不觉中把他乡当作了故乡。为了工作需要，ICT 人走南闯北，特别是春节期间，加班的 ICT 人非常多。

在万物互联的世界中，单打独斗是行不通的。在团队中，ICT 人要从不同的角度增强洞察力，向经验丰富的同事学习，从彼此的错误中吸取教训。对于需要融合多方向技术能力、不断创新的 ICT 人而言，团队合作能力尤其重要。

7）特别能学习

随着社会的进步，ICT 人才需求发生新的改变：从单一技术人才向复合型人才转变，从技术能力向应用能力转变，从技能精通向复合创新转变，从静态学习向动态成长转变。因此，ICT 人需要不断更新自己的知识结构，增强自己的竞争力。

此外，运营商对项目组人员的要求也越来越高，参与项目需要通过各种笔试和面试，而且一年不止一次。

2. 未来的 ICT 人，请持续提高自己的职业综合素质

ICT 人的职业素养模型如图 3-6 所示。在正确评估自己之后，我们对自己有了更深的理解。没有人一生下来就注定优秀，不断提升自己是很重要的。

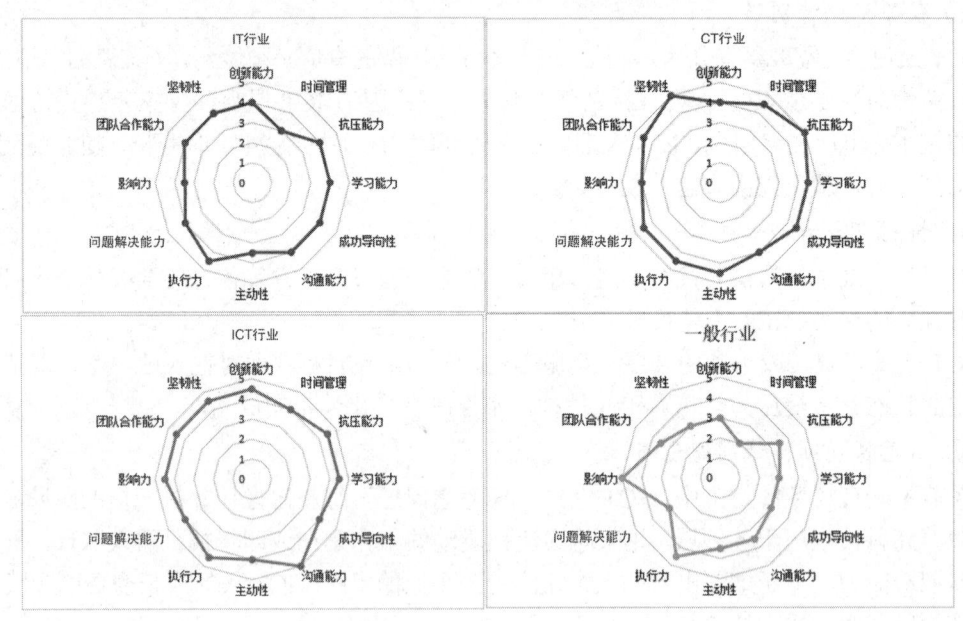

图 3-6　ICT 人的职业素养模型

1）提升自我

自我管理能力包含的内容非常多，如人生规划、职业生涯规划、时间管理、身体素质管理、心理素质管理、情绪管理、压力管理、个人品牌管理、礼仪形象管理、修养提升、学习能力、表达能力、逆商修炼与财富创造等。

我们将在下文中学习如何提升自我管理能力。我们已经在第 3 章学习了提升学习能力的内容，除此之外，自我管理能力主要聚焦时间管理、情绪管理和压力管理。

提升学习能力可以使我们的知识和观念持续更新、与时俱进。学习能力不强既有学习动力不足的原因，也有学习方法不正确的问题，还与不能坚持学习有关。ICT 行业的知识更新和技术升级很快，这要求我们及时、主动更新工作技能。

主动性是我们积极承担责任或做事的内在动力，是我们需要首先提升且可以立刻提升的能力。当我们开始主动做事时，成功导向性会促使我们全力以赴，直到成功完成任务。执行力可以促使我们不拖沓，立即行动并保质保量地完成任务。

同时，我们要丰富自己的职场礼仪知识，提升自己的职场形象，从内到外把自己培养成"职业人"，逐步完成从学生向"职业人"的转变。

ICT 行业要求 ICT 人深入理解客户需求，对个人的职业素养要求较高。我们要勇于承担工作压力，增强自信心。只有不断提升自我，才能逐渐达到 ICT 行业的要求。

2）磨炼自我

ICT 行业业务复杂、技术难度大，ICT 人需要相互合作，在实践中培养和提升团队合作的基本能力——沟通能力。此外，异性交往艺术也是我们需要学习的知识，希望你能收获幸福的爱情和婚姻。

问题解决能力属于职业核心能力的一部分，是每个 ICT 人都需要提升的能力。提升问题解决能力有助于我们找到解决问题的突破口。

团队合作能力有助于我们在团队中找到合适的定位，发挥自己的作用，为团队实现终极目标贡献力量。如何在团队中脱颖而出呢？影响力的提高必不可少。

3）挑战自我

跳出舒适圈、挑战自我是很难做到的，要想获得成功，我们必须迈出这一步。

因为工作周期长，所以 ICT 行业对 ICT 人工作忠诚度的要求较高，我们要坚定地坚持下去。当遇到困难和阻力时，我们要发挥自己的坚韧性，坚守到最终成功的时刻！

如果你才华横溢，而且遇到了机会，请你大方地展示自己的才华，让自己变得瞩目。

4）挖掘自己的潜质，大胆尝试

古语说："千里马常有，而伯乐不常有。"不能总是等着别人发现我们的闪光点，我们必须挖掘自己的潜质，培养、提高自己的职业综合素质，练成"降龙十八掌"（见表 3-5）。我们一定要把机会掌握在自己手里，把握自己的人生。

表 3-5 "降龙十八掌"

| 招数 | 职业综合素质 | 是否练成 | 招数 | 职业综合素质 | 是否练成 |
| --- | --- | --- | --- | --- | --- |
| 1 | 独立生活能力 | ☐ | 10 | 执行力 | ☐ |
| 2 | 坚持体育锻炼 | ☐ | 11 | 职场礼仪 | ☐ |
| 3 | 创新能力 | ☐ | 12 | 职场形象 | ☐ |
| 4 | 时间管理 | ☐ | 13 | 沟通能力 | ☐ |
| 5 | 压力管理 | ☐ | 14 | 问题解决能力 | ☐ |
| 6 | 情绪管理 | ☐ | 15 | 影响力 | ☐ |
| 7 | 学习能力 | ☐ | 16 | 团队合作能力 | ☐ |
| 8 | 主动性 | ☐ | 17 | 跳出舒适圈 | ☐ |
| 9 | 成功导向性 | ☐ | 18 | 坚韧性 | ☐ |

# 第 4 章

# 提升自我，构筑基础能力

## 学习目标

- 提升自我管理能力、学习能力、主动性、成功导向性、执行力等，构筑自己的基础能力。
- 从内到外地提升自我，学习关于职场礼仪与职场形象的内容。

## 任务安排

- 制订 21 天计划，收集调节情绪和缓解压力的方法。
- 测试你的学习能力。
- 安排自己做一件事。
- 在 3 天内卖出尽可能多的职业装。
- 比一比哪个团队的纸飞机飞得最远。
- 进行职场交际情景演练。

## 学习指南

- 课堂内：通过"课堂活动"、案例分析来加深对新知识的理解，通过学习"实现参考""课堂实训"部分的内容掌握解决问题、完成任务的方法。

> 课堂外：扫描书中的二维码，进行扩展阅读，结合"课堂活动""情景演练"等多种方式完成本章的任务。

## 4.1 自我管理能力

### ➡ 任务目标

#### 4.1.1 制订 21 天计划，进行时间管理、情绪管理、压力管理

**任务名称**

任务一：制订 21 天计划。
任务二：收集调节情绪和缓解压力的方法。

**任务分析**

了解自我管理能力的内容，学习时间管理、情绪管理、压力管理的相关知识和技巧、方法，完成本节的任务。

|  |  |  |
|---|---|---|
| 实现准备 | 课堂讲解 | 知识点一：为何要进行自我管理 |
|  | 课堂活动 | 活动一：分析近四成人没有休闲时间的原因 |
|  | 课堂讲解 | 知识点二：时间管理有哪些原则 |
|  | 课堂活动 | 活动二：思考时间都到哪儿去了 |
|  | 课堂讲解 | 知识点三：常见的情绪状态 |
|  | 课堂活动 | 活动三：抑郁自测 |
|  | 课堂讲解 | 知识点四：为何要进行压力管理 |
|  | 课堂活动 | 活动四：了解压力的来源 |
|  | 课堂讲解 | 知识点五：自律、慎独是提升自我管理能力的必经之路 |
| 实现参考 | 课堂讲解 | 方法参考一：时间管理的技巧 |
|  |  | 方法参考二：如何进行情绪管理 |
|  |  | 方法参考三：排解压力、缓解压力的方法 |
|  |  | 方法参考四：如何做到自律 |
| 任务实现 | 课堂实训 | 任务一：制订 21 天计划 |
|  |  | 任务二：收集调节情绪和缓解压力的方法 |
| 任务小结 | 课后思考 | 自我管理是提升自我的基础 |

> **实现准备**

## 4.1.2 自我管理、时间管理、情绪管理、压力管理的必要性

**知识点一：为何要进行自我管理**

1. 活动一：分析近四成人没有休闲时间的原因

1）活动目的

通过活动，分析近四成人没有休闲时间的原因，反思自己的自我管理能力是否有待提升。

2）活动流程

（1）阅读材料。

陈小姐每天早晨 8 点就到公司，比公司要求的时间早 1 小时。她自认为是个勤快人，吃完早饭，洗洗手，擦擦桌子，整理一下书架，泡杯茶，翻翻报纸，接几个电话，转眼就 11 点了，她才想起来有个重要的报表没完成。

小王刚进入职场不久，还没褪去一身稚气。身为网络达人的他，一坐到电脑前，先登录微信、QQ、钉钉，随后挨个看完弹出来的几个新闻首页，再刷微博、查邮件、看网购信息、浏览股票行情……忙活一天，小王几乎没做什么实事，领导指派的活儿都是抽空干的。等到发薪水的时候，小王发现自己的业绩少得可怜，这才傻了眼。

蒋先生刚刚升任项目经理，一下子各种繁杂的事务摆在眼前，偏偏这时候老家有个亲戚病了，非让他帮忙找知名的医生看病。蒋先生怕被骂"忘本"，不好推脱，每天陪着亲戚去医院。这样一来，好多人听说他在医院有门路，纷纷找他帮忙看病，蒋先生怕得罪人，都没拒绝。到了年中，项目一点进展都没有，领导的脸色越来越难看。蒋先生这才发现，自己这半年的忙碌都是无用功。

调查结果显示，52.2%的人表示"太忙了，几乎没时间休息"，56.6%的人会习惯性地问朋友"最近你在忙什么"，38.4%的人表示"每天几乎没有休闲时间"，32.1%的人表示"不知道都忙了什么，就是觉得没时间"。

（2）快速思考。

请分析上述材料中的陈小姐、小王、蒋先生没时间做实事的原因。

- 他们中的哪一（几）人的能力不足以使其完成自己的工作？
- 他们中的哪一（几）人的工作缺乏系统性？
- 他们中的哪一（几）人的时间管理出了问题？
- 他们中的哪一（几）人不善于安排其他员工的工作，以致当自己离开时，工作就无法进行？

2. 自我管理的定义

自我管理是指个体对自己，以及自己的目标、思想、心理和行为等表现进行的管理，自己把自己组织起来，自己管理自己，自己约束自己，自己激励自己，自己管理自己的事务，最终实现自我奋斗目标的过程。

古人说的"吾日三省吾身"指的就是人们对自己的所思所想、所作所为的自我反思，从反思中总结得失利弊与经验教训，这是一种自我管理。"人生规划""时间管理""个人品牌管理""压力管理"等比较时髦的概念都属于自我管理的范畴。

### 3. 为什么需要自我管理

每个人都是有无穷发展潜力的个体，自我管理的终极目标就是挖掘自己的潜力，按照心中所想改变自己的命运。每个人都是独一无二的个体，自我管理的目的是发挥自己的特长，把自己的人生经营得多姿多彩，而不是复制别人的人生。每个人都可以主宰自己的命运，自我管理就是克服对生活的焦虑和沮丧，学会做自己的主人。人生只有一次，我们一定要用心管理自己的人生。

---

**案例1：随心所欲的小于**

小于早上匆匆忙忙地到了公司，差点儿迟到。早会上，小于打开提包，发现里面只装了一个化妆袋，工作日志和展业工具都忘在家里了！要不要回家拿呢？小于想来想去，还是决定算了。

早会结束后，小于的一个好朋友打来电话，说好多商场正在举行春节打折活动，一定有看头，想让小于陪她去逛逛。小于忍不住接受了对方的邀请。她想，如果主管明天问起展业情况，就说今天遇到了一个难缠的客户，花去了一整天的时间。

半年后，小于离职了。

**案例2：井井有条的小珊**

小珊听到闹钟后赶紧起床梳洗，按老习惯把家人的早饭做了，自己也吃了些东西。她先回忆了一下昨晚是否把今天需要的东西都装进包里了，然后出了门。

早会上，小珊把昨晚写的工作日志从包里拿出来，在主管的帮助下，对全天的拜访计划进行了周全的部署。

早会一结束，小珊首先拜访已经约好的城南方向的第一个客户，看看地图，她坐上了公交车。在公交车上，小珊设想了拜访城南方向的另外几个客户可能出现的问题，以及如何应对这些问题。

第一个客户听完小珊的介绍后，决定在下周一签单。之后，小珊按计划拜访第二个客户，这是上周已经约好签单的客户。很快，小珊签完了这一单，在恭喜客户的同时，小珊也在心里祝贺自己。看看表，已经到午饭时间了，小珊打电话约第三个客户一起吃午饭。可是这位客户临时有事，来不了。小珊简单吃了点东西，便开始整理下午的拜访思路。

吃完午饭还有些时间，小珊决定拜访一个老同学，看她现在过得怎么样。于是，小珊拨通了老同学的电话。

一年后，小珊已经成为全公司闻名的优秀经理。

---

"所有的胜利与征服自己的胜利比起来，都是微不足道的；所有的失败与失去自己的失败比起来，更是微不足道的。"有能力管好别人的人不一定是好的管理者，只有有能力管好自己的人才能成为好的管理者。在谈成功之前，先征服自己。

#### 4. 自我管理能力的内容

自我管理能力是指个人通过内控的力量控制自己的行为,减少对实现个人发展目标不利的行为,增加有利的行为。

第一,人要有信仰或精神,要有使命与责任,要对世界有客观、正确的认识。在此基础上,我们必须对自己的人生有明确的规划,包括人生规划、职业生涯规划等,并通过自律和对时间的妥善安排,确保人生规划的实施,包括时间管理等。

第二,人生的一切梦想、愿望和追求都不能脱离载体而独立存在。我们要管理好人生的载体,包括身体素质管理、心理素质管理、情绪管理、压力管理等。

第三,从市场与竞争的角度来讲,增强个人竞争力的关键是提升个人品牌的价值。我们要管理好自己的个人品牌,包括个人品牌管理、礼仪形象管理、修养提升等。

第四,要想不断地攀登人生的高峰,我们必须不断地充实自己、完善自己,不断地积累知识和提升能力,包括学习能力、表达能力、创新能力等。

第五,人不能脱离群体而独立存在,每个人都是团队或人际关系网中的一个节点。自我管理绝对不能忽视团队合作和人际关系网,尤其要维护好亲情、友情和爱情,包括团队合作能力、沟通能力、情感管理等。

第六,人不可能不犯错误,我们需要通过自我改进来纠偏,朝着既定的目标前进,包括自我反省、自我批评等。

在自我完善的过程中,对自己的各个方面进行自我管理尤为重要。我们需要战胜人性的弱点,如懒惰、逃避、恐惧等。只有战胜了这些弱点,我们才能成功,才能真正成长。

本节主要聚焦时间管理、情绪管理、压力管理和自律,自我管理的其他大部分内容将在下文中展开学习。

### 知识点二:时间管理有哪些原则

#### 1. 活动二:思考时间都到哪儿去了

1)活动目的

通过活动,认识到时间管理的重要性,思考如何做好时间管理。

2)活动流程

(1)阅读案例。

---

**案例3:小陈的一天**

小陈 8:30 到单位上班,突然想起下午倒休,要上的课还没有预习,就拿出课本偷偷看起来。

9:00,部门经理开会安排本周要完成的任务和分解到今天必须完成的任务。小陈想着最近的课程学起来很吃力,会议的事在会后问问同事就明白了,又躲在椅背后紧张地看起课本来。

10:00 开完会,大家都领了任务,同事小张来找小陈商量两人怎么配合完成今天的任务。小陈在会上没仔细听,小张解释了半天他才明白,这时已经 11:00 了。下午倒休去上课,小陈想赶紧完成自己的那份任务,做了一半已经 12:00 了,他决定先吃午饭。

吃完午饭已经快 12:40 了,小陈赶紧去上课。上了没多久,小陈接到同事小张的电话,问他什么时候完成剩下的工作,否则不好进行下一步工作。小陈心里一阵慌乱,在听课过程中一直想这件事,课上讲了什么一点都没听进去。

17:10 下课后,小陈赶紧回到单位,加班到 19:00 才完成剩下的工作。吃完晚饭已经 20:00 了,小陈想起今天留的作业还没有做,拿出课本一看,他傻眼了,因为没有好好听课,大部分作业都不会做,只好自学今天的课程,真难啊!

到了凌晨,该睡觉了,可是小陈看了半天课本,还是有很多地方不明白。

(2)快速思考。
- 小陈的时间管理是否有问题?有哪些问题?
- 你认为小陈应该如何改进?

(3)分组讨论。

组长汇集小组成员的意见后代表小组上台发言,其他同学围绕组长的发言进行讨论。

## 2. 时间的概念、特征和时间管理的原则

1)时间的概念

时间是描述事件发生顺序、持续性和变化的基本维度。它通常被理解为由过去、现在和未来构成的连续流动过程,是人类认知世界的重要框架。

2)时间的特征
- 公平性:对每个人来说,每天都是 24 小时,每小时都是 60 分钟,每分钟都是 60 秒。
- 单程性:时间一去不复返,人生是一次"单程旅行"。

3)时间管理的原则

(1)制订计划的 SMART 原则。

计划是为实现一定的目标而在事前对措施和步骤做出的部署。计划是时间管理的根本途径,要想控制时间,必须先制订计划。价值量($v$)=时间价值($q$)×时间($t$)。

制订计划的 SMART 原则如下。
- S:明确性(Specific)。

目标的明确性是指应该用具体的语言清楚地说明要达到的衡量标准。明确的目标几乎是所有成功团队的一致特点。

实施要求:目标设置要有项目、衡量标准、达成措施、完成期限及资源要求,使考核人能够很清晰地看到计划做哪些事情、计划已经完成到了什么程度。

- M:可衡量性(Measurable)。

目标的可衡量性是指应该将一组明确的数据作为衡量是否实现目标的依据。不是所有目标都可以衡量,有时也有例外,如大方向性的目标往往难以衡量。

实施要求:目标的衡量标准应该遵循"能量化的就量化,不能量化的就质化"的原则,使设置人与考核人有统一的、标准的、清晰的、可度量的标尺,不应使用形容词等概念模糊、无法衡量的描述。

- A：可实现性（Achievable）。

目标应该能够被执行人接受。如果上级利用某些行政手段或权力性影响力来设置目标，即使一厢情愿地把自己设置的目标强加给下级，下级也很难实现目标。

实施要求：目标设置要坚持员工参与、上下左右沟通，使目标在组织与个人之间达成一致，确保工作内容既充实，又具有可实现性。设置人可以设置"跳起来摘桃"的目标，不能设置"跳起来摘星星"的目标。

- R：相适性（Relevant）。

目标的相适性是指目标在现实条件下是否可行、可实现。实际工作中可能有以下两种情形：一是领导者对当前的形势盲目乐观，低估了实现目标所需要的条件（包括人力资源、硬件条件、技术条件、平台系统支持现状、团队能力匹配条件等），以致设置了高于实际能力的目标；二是花费了大量的时间、资源、人力成本，最后发现目标没有多大的实际意义。

实施要求：要想让所有员工通力合作，必须让所有员工参与目标设置，使个人目标与组织目标达成一致，既要有自上而下的协调，也要有员工自下而上的参与。

- T：时限性（Time-bounding）。

目标的时限性是指目标是有时间限制的，如"××将在××××年××月××日之前完成××"。没有时间限制的目标没有办法考核，或者容易造成考核不公。有时候，上级和下级对目标的轻重缓急的认识程度不同，上级着急，但下级不知道。到头来，目标没实现，上级暴跳如雷，下级也觉得委屈。没有明确的时间限制的目标容易伤害上下级关系，打击下级的工作热情。

实施要求：目标设置要有时间限制，设置人应该根据工作任务的权重、事情的轻重缓急，拟定完成项目的时间要求，定期检查项目的完成进度，及时掌握项目进展的变化情况，以便对下级进行及时的工作指导，以及根据工作条件的异常变化及时地调整工作计划。

（2）帕雷托原则。

帕雷托原则是指80%的学习或工作效果来自20%的有效时间，20%的学习或工作效果来自80%的无效时间。

- 启示：一是20%的有效时间可以创造80%的学习或工作效果；二是抓住学习或工作的关键，集中80%的主要精力突破20%的学习或工作难点，可以获得80%的学习或工作效果；三是突破20%的学习或工作难点，可以保证80%的学习或工作效率。
- 误区：一是平均主义，所有事情都想做完，平均分配时间和精力；二是面面俱到，所有事情都想做好。

（3）四象限原则。

你是如何安排学习或工作时间的呢？我们可以参考如图4-1所示的四象限原则，按照是否"紧急"、是否"重要"这两个维度，合理地规划自己的学习或工作安排，将大部分时间和精力放在位于第一象限的学习或工作安排上，主要根据它们来制订计划。

对于紧急且重要的事情，我们可以安排20%～30%的时间，而且要马上去做；对于紧急但不重要的事情，安排10%～15%的时间，或者安排其他人去做；对于不紧急但重要的事情，安排40%～50%的时间，可以从制订工作计划开始；对于不紧急且不重要的事情，尽量不安排时间，或者安排 5%左右的碎片化时间去做。

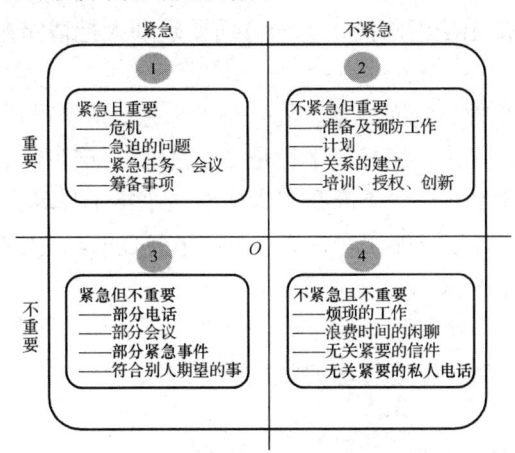

图 4-1　四象限原则

### 知识点三：常见的情绪状态

拜伦说："悲观的人虽生犹死，乐观的人永生不老。"一个人的一生就像一支曲子，既有主旋律，也有变调。再悲观的人也有快乐的时候，再乐观的人也有沮丧的时候。

**1．情绪的特点**

1）情绪的概念

情绪是个体对客观事物是否符合自身需要而产生的态度和体验，是个人的生理因素、心理因素和社会因素相互作用的动态过程。情绪既有其生理基础，也是一种内心感受和主观体验。

2）情绪的类型

人们常说的"七情"是指喜、怒、哀、惧、爱、恶、欲。根据情绪发生的强度、持续性、紧张度，情绪状态可以分为以下 3 种。

（1）心境。

心境是指比较微弱、持久地影响人的整个精神活动的情绪状态。"忧者见之而忧，喜者见之而喜"就是心境的表现。心境有积极和消极之分。

（2）激情。

激情是指强烈、短暂、有爆发性的情绪状态，如狂喜、愤怒、绝望等。在激情状态下，人的理解力、自制力等都有可能降低。激情也有积极和消极之分。

（3）应激。

应激是指在出乎意料的紧迫情况下产生的高度紧张的情绪状态。人在遇到突如其来的紧急事故（如地震、火灾等）时会出现应激状态。

3）关于情绪的误区

- 情绪是与生俱来的——"我天生就是多愁善感的"。

- 情绪是无法控制的，既无法预防，也无法驱散——"不知这份惆怅何时才能消失"。
- 一方面认为情绪是无法消除的，另一方面要求别人把情绪抛掉——"不要把情绪带回家"。
- 产生情绪的原因是外界的人、事、物——"一见他那个模样我就生气"。
- 情绪有好坏之分，愉快、满足、平静是"好情绪"，产生愤怒、悲哀、焦虑等"坏情绪"是因为修养不够——"不准在客人面前这个样子！真丢脸"。
- 产生"坏情绪"后只有两种处理方法：不是憋在心里，就是爆发出来——"我有什么办法？不忍，难道发火"。
- 情绪控制人生——"我最近心情不好，什么都不想做，等我心情好的时候再说吧"。
- 情绪与事情密不可分——"每次他这样我都生气，这些年我过得真辛苦"。

4）情绪的表现
- 生理变化，如血流加快、心跳加快、呼吸加快、手掌出汗、内分泌的变化等；
- 主观感觉，如愉快、平和、不安、紧张、厌恶、憎恨、嫉妒等；
- 表情和身体变化，如眉头紧锁、嘴角下垂、拳头紧握、肌肉紧绷、眉开眼笑、声调变化等；
- 行为冲动，如鼓掌、抚摸、打人、骂人、摔东西等。

5）情绪的功能
- 自我保护的功能；
- 人际沟通的功能；
- 传递信息的功能。

6）健康情绪的特点
- 情绪反应适度：情绪健康的首要条件；
- 情绪表现稳定：心理健康的重要指标；
- 主导心境愉快：情绪健康的主要表现。

7）健康情绪的表现
- 开朗、豁达，遇事不斤斤计较；
- 及时、准确、适当地表达自己的感受；
- 情绪正常、稳定，能承受欢乐与痛苦的考验；
- 富有爱心和同情心，乐于助人；
- 能正确地认识自己和他人，人际关系良好；
- 对前途充满信心，富有朝气，勇于进取，坚忍不拔；
- 善于寻找快乐、创造快乐；
- 能面对、承认和接受现实，善于协调个人需求与社会需求。

2. 常见的情绪困扰

1）愤怒

愤怒是当客观事物与主观愿望相违背或愿望无法实现时，内心产生的一种激烈的情绪反应。愤怒会使人产生紧张、压抑甚至狂躁的感觉。

2）焦虑

焦虑是当我们预料会有某种不良的后果时产生的不安的感觉或自尊心受到潜在伤害时产生的担忧的心理，如忧虑、烦恼、害怕、紧张等情绪体验。

适度的焦虑能让我们维持适度的紧张状态，注意力高度集中，有助于学习。过度的焦虑会让我们因紧张而烦躁不安，思维混乱，注意力不集中，甚至记忆力衰退，同时容易产生头痛、失眠、食欲不振、胃肠不适等不良反应，影响日常的学习和生活。

应当强调的是，焦虑是一种比较普遍的情绪表现，并非所有焦虑都是病理性的，有些比较轻微的焦虑往往会随着时间的推移而自动消失。

3）抑郁

抑郁是一种感到无力应付外界压力而产生的消极情绪。抑郁的两个主要原因是遭受挫折、自尊受损。抑郁的表现如下：

- 压抑、苦闷。
- 负面的自我评价，认为人生无价值、无意义，悲观、失望。
- 缺乏兴趣、依赖性强。
- 大脑反应迟钝、脑力活动水平下降。
- 回避交往。
- 体会不到快乐，自卑、自责、自罪。
- 产生失眠、食欲不振、动作迟缓、乏力、面色灰暗、哭泣、叹息等身体反应。
- 伤害自己。

4）冷漠

冷漠是指对外界的事物缺乏相应的情感反应，对一切事物漠不关心、冷淡、逃避的消极情绪。

5）嫉妒

嫉妒是当别人在某些方面（尤其是自己看重的方面）胜过自己时觉得不快甚至痛苦的情绪体验。

适度的嫉妒可以在一定程度上增强我们的自尊心，从而促使我们奋发向上。过度的嫉妒会影响我们的心情，使我们处于消沉、怀疑、痛苦、自卑的不良情绪之中，长此以往会影响我们的身心健康，降低学习效率。

### 3. 活动三：抑郁自测

1）活动目的

通过活动，了解抑郁，正确认识抑郁。

2）活动流程

（1）按规则做题。

注意事项：请仔细阅读表4-1中的每一条描述，并根据自己最近一周的实际情况，在适当的空格里画"√"。

表 4-1 抑郁自测量表

| 描述 | 选择 | | | |
|---|---|---|---|---|
| | A. 没有或很少时间 | B. 小部分时间 | C. 很多时间 | D. 绝大部分或全部时间 |
| 我觉得闷闷不乐，情绪低沉 | | | | |
| 我觉得一天之中早晨最好 | | | | |
| 我有时会哭出来或觉得想哭 | | | | |
| 我晚上睡眠不好 | | | | |
| 我吃得和平常一样多 | | | | |
| 我在与异性密切接触时和以往一样感到愉快 | | | | |
| 我发觉我的体重在下降 | | | | |
| 我有便秘的苦恼 | | | | |
| 我的心跳比平时快 | | | | |
| 我无缘无故地感到疲乏 | | | | |
| 我的头脑和平常一样清楚 | | | | |
| 我觉得经常做的事情没有困难 | | | | |
| 我觉得不安、平静不下来 | | | | |
| 我对将来抱有希望 | | | | |
| 我比平时更容易生气、激动 | | | | |
| 我觉得做出决定是容易的 | | | | |
| 我觉得自己是个有用的人，有人需要我 | | | | |
| 我的生活过得很有意思 | | | | |
| 我是别人的负担 | | | | |
| 我对平常感兴趣的事情仍然感兴趣 | | | | |

计分方法：对于第 1、3、4、7、8、9、10、13、15、19 条描述，选 A、B、C、D 分别记 1、2、3、4 分；对于其余描述，选 A、B、C、D 分别记 4、3、2、1 分。先将所有得分相加，再将总分乘以 1.25，取整数即可得到标准分。

（2）判断：请扫描二维码，查看抑郁自测结果。

微课：抑郁自测结果判断

### 4. 情商和逆商

1）情商的概念

情商也被称为情绪智力、情感智慧，心理学家认为高情商的人比高智商的人更容易取得成功。研究和实验证明：在决定人能否成功的诸多主观因素中，智商大约占 20%，情商则占 80% 左右。

情商是指人认知和调控自我及他人的情感，把握自身的心理平衡，形成自我激励、动机与兴趣相结合的内在动力机制，以及受理性调节的坚强意志，妥善处理人际关系等的心理素质和能力。

2）情商的表现
- 对情绪的感知、评估与表达能力；
- 利用情绪促进思维能力提升；
- 对情绪的理解、感悟能力；
- 情绪调节能力；
- 维系和谐的人际关系的能力；
- 挫折应对能力。

3）情商的功能
- 感知、评估与表达功能；
- 调控功能；
- 解决问题的功能；
- 激发动机的功能。

4）逆商

逆商的全称是逆境商数，也被译为挫折商或逆境商。它是指人面对逆境时的反应方式，即人面对挫折、摆脱逆境和战胜困难的能力。

你认为上山是逆境还是下山是逆境？在以下4个答案中，你选择哪个答案？你有哪些理由呢？

- 上山是逆境，下山是顺境；
- 上山是顺境，下山是逆境；
- 上山、下山都是逆境；
- 上山、下山都是顺境。

### 知识点四：为何要进行压力管理

1. 活动四：了解压力的来源

1）活动目的

通过活动，了解压力的概念，厘清自己目前承受的压力的来源。

2）活动流程

（1）了解压力的概念。

压力是人对刺激产生的一种心理上与生理上的综合感受。压力既是一种刺激或消极的感受，也是人与环境的互动过程。压力的大小既取决于压力源的大小，又取决于个人的身心承受压力的强弱程度。

---

**案例4：汇报工作前的小张**

小张是一家外企的中国区培训部经理，接到人力资源部通知，总部的人力资源副总裁将于下周到中国区考察人员发展情况。小张被要求在总部的人力资源副总裁到达后，向对

> 方汇报中国区的人员培训、领导力发展规划和已经达到的业绩。对方将据此进行评估,如果评估不合格,那么整个中国区的人力资源业绩将受到影响。
>   小张在接到这个任务后,好几天饭也吃不香,觉也睡不好。

(2)分组讨论。

压力通常来自3个方面:一是家庭,二是自己(如处理人际关系的压力),三是社会(如就业、职业发展等问题的压力)。

分组讨论压力的来源,厘清自己目前承受的压力的来源,并发表自己的看法。

### 2. 压力的来源

人生活在两个环境中:一是外部环境,二是心理环境。两者都会对人形成压力,其中心理环境是人感受到外部压力后,其内在心理氛围的综合状态。

1)常见的外部压力

- 家庭压力:经济负担大(如房贷、车贷等)、家务负担大(上有老,下有小)、家庭矛盾、人生大事(如结婚、怀孕、子女求学等)。
- 工作压力:超负荷工作、工作要求高、职业发展不顺、人际关系紧张等。
- 社会压力:很难快速适应或跟上社会的变革和发展,落后于时代。
- 环境压力:环境恶劣(如噪声、污染等)、过度拥挤、缺乏安全感等。

2)常见的内部压力

- 不能自我肯定:自我价值感较低,非常在意别人的看法,对别人的评价很敏感,经常不喜欢自己,经常认为自己被伤害,经常怨天尤人,恨自己不如别人。
- 追求完美:标准定得很高,经常觉得时间不够用,选择牺牲休息、休闲的时间,导致长期失眠,缺少与家人相处的时间,经常处于紧张状态。

### 3. 压力的表现

1)适当的压力

- 适当的压力是提高自己的机会。
- 适当的压力可以使我们为了按期完成任务而更努力地工作。
- 适当的压力可以使我们以更积极的态度、更深厚的感情投入工作。
- 适当的压力可以提高免疫力。

2)过大的压力

过大的压力会使我们工作效率降低、过度紧张,从而无法完成任务。压力的产生会在个体的生理、心理和行为上表现出以下一系列征兆。

- 短期生理征兆:头痛、头晕、眼睛疲劳、胃痛、气喘、便秘、心跳加快、血压上升、血糖增加、血液凝结。
- 长期生理征兆:心脏病、高血压、胆固醇增加、心室肥大、皮疹、淋巴结炎、甲状腺异常、秃头、胃及十二指肠溃疡、缺血性心脏病、心肌梗死。

当面对压力时,个体在心理上或情绪上表现出来的差异是显著的,这与个体对情绪的认知、评价密切相关。
- 消极应对压力时的心理征兆：厌倦、不满、生气。
- 逃避压力时的心理征兆：冷淡、认命、健忘、幻想、心不在焉、对自己的能力不自信。

在行为上，人在面对压力时表现出的异常变化包括吸烟频率提高、饮用咖啡或酒和缺勤、旷工、离职等恐慌性行为，以及做出错误的判断。

4. 正视压力

1）压力不足的弊端
- 觉得没什么可做的、生活很平淡。
- 觉得学习或工作太轻松、没有挑战性。
- 过于放松，忽略了风险防范。
- 长期逃避责任。

2）压力是生存的需要，压力能激发潜能

许多物种能承受很大的压力。例如，下面这些现象就是在相关物种承受一定压力时出现的。
- 蝴蝶幼虫破茧成蝶。
- 树苗变得越来越粗壮。
- 运动员创造世界纪录。
- 长颈鹿的脖子之所以很长，是因为它们有能承受强大压力的心脏。

5. 为什么需要压力管理

1）找到压力与个人承受能力之间的平衡

压力就像琴弦，如果没有它，就不会产生音乐；如果琴弦绷得太紧，就会断掉。压力水平与工作绩效的关系如图 4-2 所示。

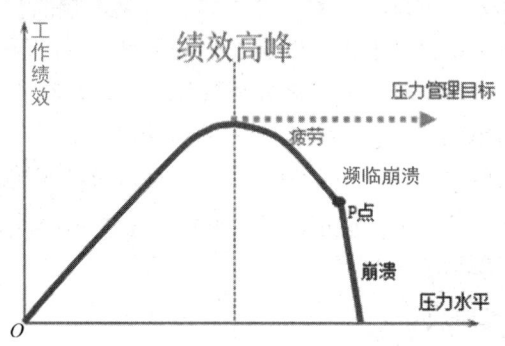

图 4-2 压力水平与工作绩效的关系

- 不同的人有不同的压力曲线。
- 压力有积极和消极之分。

压力管理目标：使压力处于压力曲线上的"最佳区域"，也就是位于平衡点的绩效高峰。

2）保护身心健康，避免极端情况

> **案例 5：压力过大的极端情况**
>
> 调查显示，美国有半数未成年人的死因与压力有关；欧洲每年平均有 1000 万人患职业病；挪威每年用于治疗职业病的费用高达国民生产总值的 10%；在芬兰，心理健康失调是发放伤残津贴的主要原因，50%的劳工或多或少有与压力有关的症状，7%的劳工因工作过度而出现过度劳累、睡眠失调等症状。
>
> 国际劳工组织发布的调查结果指出，在英国、美国、德国、芬兰和波兰等国家，每 10 名劳工中就有 1 人处于忧郁、焦虑、压力过大或过量工作的处境之中。

## 知识点五：自律、慎独是提升自我管理能力的必经之路

### 1. 什么是自律

古希腊哲学家苏格拉底思维敏捷、关爱众生、为人谦和。许多人慕名而来向他学习，听从他的教导，期望成为像他那样有智慧的人。他们当中的很多人天赋极高、天资聪颖，大家都希望自己能脱颖而出，成为苏格拉底学问的继承者。

一天，苏格拉底对孩子们说："今天我们只做一件很简单的事情，每个人先把胳膊尽量往前甩，再尽量往后甩。"苏格拉底示范了一次，说："从今天起，每天甩 300 下胳膊！大家能做到吗？"孩子们都笑了，觉得这么简单的事情有什么做不到的。

第二天，苏格拉底问孩子们："谁昨天甩了 300 下胳膊？做到的请举手。"几十个孩子的手齐刷刷地举起来，一个不落，苏格拉底点点头。一周后，苏格拉底再次询问，九成的孩子举起了手。过了一个月，苏格拉底问："哪些孩子坚持下来了？"只有一半的孩子举起了手。

一年后，苏格拉底问大家："请告诉我，还有几个同学在坚持做甩手动作？"整个教室里只有一个孩子举手。这个孩子就是日后成为伟大哲学家的柏拉图，他继承了苏格拉底的哲学，创造了自己的哲学体系，并培养了对西方思想有深远影响的哲学家亚里士多德。

许多看似简单的事情，其意义不在于做这些事情本身，而在于做这些事情的人对意志的修炼。首先，始终如一地做好简单的事情需要坚持和积累，时间长了，它们便会内化为人的韧性；其次，坚持做好简单的事情依靠的是个人的自律品质。

自律既是指在没有人监督的情况下，通过自己要求自己，变被动为主动，自觉地遵守规则，用规则来约束自己的一言一行，也指不受外界的约束和情感的支配，以自己的善良意愿为指引，遵循自己认定的道德规范行事。

### 2. 慎独是自律的最高层次

如果在空荡荡的十字路口遇到红灯，你是否会遵守交通规则？
如果独自一人走在路上，你会不会乱扔垃圾、随地吐痰？
如果独自一人开车，遇到交通堵塞或被超车，你会不会不停地按喇叭？
慎独就是在别人看不见的时候慎重行事，在别人听不见的时候保持清醒。即使在独自一人时，我们也要严格要求自己，防微杜渐，自重自爱。

自律的最高层次是慎独。慎独的前提是拥有坚定的信念和良知，以自己的道德意识为约束。做人做事需要有清醒的头脑和明确的目标，知道能做什么、不能做什么。我们要时时刻刻提醒自己"有人在与无人在一样"，逐渐达到慎独的境界。总之，慎独是一种情操，是一种良知，是一种修养，是一种坦荡的胸怀。

#### 3. 自我管理能力的最高境界是自律、慎独

上文介绍了自我管理能力的内容。要想提升自我管理能力，我们需要学习、实践和修炼。在这个过程中，我们只能依靠自律、慎独来驱动自己。

自律、慎独的人是以学习为乐、以境界为荣的人，他们能够在生活和工作中自觉地约束自己的行为，养成良好的习惯。有句话说得好："每天叫醒你的应该是梦想，而不是闹钟。"自律的人是勤奋学习的人，是有梦想和追求的人。自律的人往往能从自律中尝到甜头，感受到自律给人生带来的好处和快乐。人越自律，就越健康、幸福、成功！

### ➡ 实现参考

### 4.1.3 做好时间管理、情绪管理、压力管理和自我管理

**方法参考一：时间管理的技巧**

1. **设定阶段主题（每周、月、阶段）**

- 按照 SMART 原则制订计划。
- 合并同类项（在一个时间段内不重复安排相同的事项）。
- 今天抽点时间为明天最重要的事情做准备。
- 取消无意义的安排。
- 拒绝额外、无关的事情。

2. **用 80%的精力做 20%的主要工作**

- 避免沉迷游戏。
- 减少不必要的社交。

3. **将计划放在抬头可见的地方**

- 随时提醒自己按计划执行。
- 打扰是"第一时间大盗"！统计数据显示，每天因打扰而产生的时间损失约为 5.5 小时。
- 学会礼貌地挂断无意义的电话。
- 多用干扰性不强的沟通方式（如 E-mail）。
- 适当地与上级沟通，减少来自上级的打扰。
- 与别人的安排相协调，不要唐突地拜访对方，要了解对方的行为习惯。

4. **期望不要太多，专心做好一两件事**

- 这周的主要任务是把前面的 Java 作业题补上。

- 循环语句掌握得还不熟练，去网上找 10 个循环语句的练习题。
- 把个人主页做出来。

5. 利用个人的精力或效率周期
- 上午效率高，适合学习最重要的知识。
- 在效率不高的时候运动一下。

6. 每天留出 1 小时机动安排
- 问候父母、同学。
- 集中处理各种杂事。
- 利用碎片化的空闲时间。

### 方法参考二：如何进行情绪管理

一个人要想成为情绪的主人，必须先察觉自己的情绪，进而管理自己的情绪，保持良好的心情，笑对人生。

情绪管理的第一步是察觉并接纳自己的情绪。

人为什么会有情绪？为什么生气？为什么难过？为什么觉得无助？只有找到产生情绪的原因，我们才能知道自己的反应是否正常，才能对症下药。

找到产生情绪的原因后，我们需要想一想应该用什么方法管理自己的情绪，平常自己心情不好时会怎么做，什么方法对自己比较有效。

1. 察觉情绪的方法
- 大声说出自己的感觉。
- 记录伤感的情绪。
- 回忆童年往事。
- 关注此时此刻的感觉。
- 用感官感受外部世界和内部世界。

2. 宣泄情绪的方法

情绪是一种能量，能量是不会消失的，它会累积、爆发。宣泄情绪的方法如下：
- 运动。
- 向朋友、家人、同事或自己倾诉自己的困惑、痛苦。
- 欣赏与自我心境契合的影片。
- 唱歌、跳舞。
- 对着山林湖海大声喊叫，尽情释放内心的情感。
- 以安全的方式表达自己的感受。

3. 转换情绪的方法

转换情绪的"三栏目"方法如表 4-2 所示。

把产生情绪时脑海中出现的想法写在纸上,不要让它们老是盘旋在脑海中,想到什么写什么。

把所有想法都写下来以后,对每一种想法进行分析,找出失真的认知,准确地揭示自己对事实的理解偏差。

对失真的认知进行"反击",以更客观的认知取代失真的认知。

表4-2 转换情绪的"三栏目"方法

| 想法(自责) | 认知失真 | 合理认知(自卫) |
|---|---|---|
| 我被老师当众批评了,真丢人 | 极端化思维 | 每个人都会犯错,被人批评是正常的事,没有什么丢人的。虽然被老师当众批评很难堪,但是没有时间观念的确不是好习惯,我以后尽力改正 |
| 同学们肯定在嘲笑我,他们会看不起我,以后我在同学面前还怎么做人 | 瞎猜疑、极端化思维 | 大部分同学都很友好,起码同一个宿舍里的同学知道我身体不好,他们会同情我。一个小小的错误并不会影响我在同学心中的形象 |
| 我真是个失败者,怎么会落到这样落魄的地步 | 以偏概全 | 能进入大学说明我很优秀,我在学习方面一点也不比别人差,今天犯的错只是一个小插曲而已,改正就好 |
| 我真倒霉,偶尔迟到一次,就被老师看到 | 抱怨 | 弱者才会怨命,只要我积极进取,我的命一定很好。我现在要做的是找老师沟通,解释一下迟到的原因 |

### 4. 追寻快乐情绪

1) 顺其自然,接纳自己的情绪

如果你对周围的事物感到不舒服,那是你的感受造成的,并非事物本身如此。通过调整自己的感受,你可以尽快振作起来。

2) 乐观豁达,培养幽默感

幽默感是生活的调味品,它一方面要求我们以轻松、机智的方式保持自己的心理健康,以促进社会和谐;另一方面要求我们以严肃的态度对待生活中的事物和整个世界。

> **案例6:幽默的萧伯纳**
> 
> 有一天,萧伯纳正在一条很狭窄的小路上行走,迎面走来一个对他不满的同行。那人不仅毫无让路的打算,还出言不逊:"我从来不给傻瓜让路!"
> 
> 萧伯纳听了,不但没有生气,反而主动让到一边,面带笑容地说:"我恰恰相反!"

3) 学会表达,寻求专业帮助

心理医生受过专业训练,有一套成熟、有效、健康的助人方法,可以帮助有需要的人在最短的时间内走出情绪低谷。在心理方面寻求专业帮助,调整好自己的情绪,是现代人享受幸福生活的重要保障。

### 5. 常见情绪困扰的调适方法

1) 愤怒情绪的调适方法

愤怒情绪的调适方法是分散注意力:当突如其来的愤怒情绪袭上心头,歇斯底里只会让局面变得更糟,此时最关键的是保持冷静。我们可以试试用默数 10 个数字,去一个无人的地方大声喊叫,以及摔打枕头、撕纸片等方法分散注意力,或者向好朋友倾诉。只有克制住对刺激物的瞬间情绪反应,才能进入后续更理性的环节。

2)焦虑情绪的调适方法

对于焦虑情绪,应该以预防为主,防治结合,并从社会、学校、家庭、个人等方面入手进行调节与控制。

(1)自我放松法。

具体做法是:保持坐姿,身体向后靠,松开束腰的皮带或衣物,双手轻轻放在肚脐上,五指并拢,掌心向下,先用鼻子慢慢地吸一口气,保持两秒的腹部胀满状态,再用鼻子慢慢地、轻轻地呼气,手向靠近身体的方向移动,在这个过程中观察你的手。多做几次,逐渐掌握腹式呼吸的方法。接下来,控制呼吸的速度,可以在呼吸时默数 4 个节拍,先用 4 个节拍吸气,再用 4 个节拍呼气,循环往复。平常多练习,当感到焦虑、紧张时,运用起来会更加得心应手,效用也更大。

(2)想象放松法。

想象放松法是指通过想象一些安宁、舒缓、愉悦的情景,达到放松身心的目的。我们要尽量运用各种感官,观其形、听其声、嗅其味、触其体,以产生身临其境的感觉。例如,你可以想象自己在校园的林荫道上散步。晚饭后,夕阳西下,一缕缕橙黄色的阳光透过树丛,洒在林荫道上。你独自一人在宁静的林荫道上散步,一天的学习与收获让你感到很惬意,你慢慢地往前走,心里没有任何负担。天气不冷不热,空气中似乎能嗅到青草的香味,你舒展全身,慢慢地深呼吸,感到无比轻松、舒坦。

3)抑郁情绪的调适方法

(1)经常放声大笑。

伟大的作家高尔基说:"只有爱笑的人,生活才能过得更美好。"笑对健康的作用已经被越来越多的人认识到,笑的疗法风靡世界,关于笑的行业也应运而生。笑不仅可以向大脑传递感到快乐的信号,还可以促进血液循环。

(2)睡个好觉。

睡眠和休息有助于保持良好的情绪。如果睡眠时间太短、时断时续或被打扰,醒来时就会感觉烦躁、疲惫、昏昏欲睡,很难冷静地解决问题。因此,在产生抑郁情绪后,我们可以睡个好觉,以保证第二天能精神饱满地学习和生活。

(3)多运动。

在极度抑郁或愤怒时,运动是很好的发泄方式。运动一方面可以使注意力集中,转换消极情绪,减轻精神压力,释放积极情绪的能量;另一方面可以加速血液循环,加深呼吸的深度,使紧张情绪得到缓解。

研究结果表明,缺乏自然光照会让人忧郁、沮丧,而运动可以减轻压力,并释放出一种能够让人快乐的化学物质。此外,多运动还可以增加与他人交往的机会,增强自己在人际交往中的主动性,使郁闷情绪有所缓解。

（4）乐观地展望未来。

乐观是指即使面对挫折，仍然坚信形势会有所好转。当遇到不愉快的事情时，我们要乐观地展望未来，相信明天会更好。泰戈尔曾说："只管走过去，不必逗留着采了花朵来保存，因为一路上花朵会次第开放！"要想摆脱抑郁情绪的阴影，活得愉快、潇洒，就要对未来充满希望，对挫折进行正确的归因，对自我价值给予肯定、合理的评价。

4）冷漠情绪的调适方法

- 培养兴趣，增强自信。
- 结交同学，互相关心呵护，培养感恩之心。
- 完成任务，唤醒责任感，驱除冷漠情绪。
- 改善家庭关系，树立正确的家庭教育观。
- 参加社会慈善活动，激发爱心、热情。

5）嫉妒情绪的调适方法

（1）开阔视野和心胸。

我们要承认"天外有天，人外有人""强中自有强中手"的客观事实。真正做到豁达、大度并非易事，如果能在愤怒、兴奋或消极的状态下比较理性、客观地面对现实，就有可能克服嫉妒情绪。

（2）充实自己的生活。

培根说过："每一个埋头于自己事业的人，是没有工夫嫉妒别人的。因为嫉妒是一种四处游荡的情欲，能享有它的只能是闲人。"只要我们积极参与各种有益身心的活动，使大学生活充实起来，嫉妒的"毒素"就不会滋生、蔓延。我们要广泛培养兴趣，使生活充满欢乐，在学习和生活中不断丰富知识、提升能力、完善个性、陶冶情操，克服嫉妒情绪，与同学一起携手并行、共同发展。

（3）欣赏并学习别人的长处，化嫉妒为动力。

一个人在嫉妒别人时，总是关注别人的优点，忽视自己的优点。我们应该采取正确的比较方法，以己之长比人之短，而不是以己之短比人之长，有意识地寻找自己比别人强的地方，使失衡的"心理天平"重新恢复到平衡状态。

（4）树立正确的自我意识，提高自我意识水平，正确地评价自己和别人。

嫉妒是一种突出自我的表现。一个人在这种心理的支配下，待人处事常常以自我为中心，无论遇到什么事，首先考虑的都是自身的得失，因而容易造成一系列不良后果。当出现嫉妒情绪的苗头时，我们应该及时进行自我约束，摆正自己的位置，驱除嫉妒情绪，努力达到"心底无私天地宽"的境界。

### 方法参考三：排解压力、缓解压力的方法

在面对压力时，请先尝试下文中介绍的排解压力的方法，如果无效，再尝试下文中介绍的缓解压力的方法。

#### 1. 排解压力的方法

在面对压力时，最直接的方法是逃避还是放弃？两者都不是正确的方法。要想正确地排

解压力，我们可以参考消除压力的"4D"模式。
- Detect（发现）：找出是什么让人感到有压力，即找出压力源。
- Divide（区分）：对压力源进行区分。表 4-3 所示为压力源分析矩阵，该矩阵中有两个关键因素，一是对压力源的优先级的区分，二是对压力源的可控性的区分。

表 4-3　压力源分析矩阵

|  | 有可改变因素 | 无可改变因素 |
| --- | --- | --- |
| 高优先级 | 1 | 3 |
| 低优先级 | 2 | 4 |

在找出压力源后，首先，我们要分析该压力源是需要优先解决的压力源，还是非优先解决的压力源。需要优先解决的压力源是指已经严重影响健康，或者对生活、工作产生了极大干扰的压力源。高优先级的压力源需要优先处理。

然后，我们要区分压力源的可控性，即是否有可改变因素。高优先级、有可改变因素的压力源应优先处理，接下来依次是低优先级、有可改变因素的压力源，高优先级、无可改变因素的压力源，低优先级、无可改变因素的压力源。

- Decide（决定）：决定应对策略，即用什么样的方式处理不同的压力源。
- Do（行动）：采取行动，改变承受压力的现状。

消除压力的步骤如下。

1）直面压力

（1）保持积极心态，充分认识压力。

学习压力、生活压力、就业压力、工作压力无处不在，人人都会遇到。明白了这一点，我们就能以积极的心态和平常心看待自己面临的压力了。

（2）借助"凯利魔术方程式"。

要想降低压力的负面影响，我们可以借助"凯利魔术方程式"。凯利空调的创始人凯利提出了一套应对压力的方法，具体流程如下：
- 设想可能出现的最坏状况；
- 准备接受最坏状况；
- 设法改善最坏状况。

2）分析来龙去脉

分析来龙去脉包括分析当初的想法、目前的情况和以后的出路这 3 个方面。在这个过程中，我们可以参考"4D"模式，找出压力源。

3）重新认识自己的能力
- 完成任务所需条件：内部条件、外部条件。
- 我已经拥有的资源：内部资源、外部资源。
- 还需具备哪些条件：认真比较，列出清单。

我们可以对上述 3 个方面进行分析，重新评估、认识自己的能力及其与实现目标之间的差距有多大。

4）寻求有效帮助
- 寻求帮助的渠道：工作上的支持、生活上的支持、情感上的支持。
- 寻求帮助的方法：主动请求帮助，恰当地表达请求。
- 寻求资源上的支持，准备备选方案。

在第三步和第四步中，我们可以综合自己的能力和能得到的帮助，参考"4D"模式，对压力源进行区分。这个时候，我们的心态应该是非常坦然的，因为能解决的事不必担心，不能解决的事担心也没用。

5）决定应对策略和实施方案

我们可以参考"4D"模式，决定应对策略和实施方案，明确用什么样的方式处理不同的压力源。

6）积极处理问题
- 实施方案：及时实施、果断执行。
- 过程监控：自我监控、他人监控。
- 寻求反馈：内部反馈、外部反馈。
- 及时调整：围绕目标、及时有效。
- 得到结果：比较目标、自我激励。

在这个过程中，我们可以参考"4D"模式，通过采取行动来改变承受压力的现状。

7）善于总结

我们要总结经验、吸取教训，并将其固化到今后的工作流程中。

**2. 缓解压力的方法**

当我们感到压力大时，应该立即启动情绪的"减压阀"，释放一部分压力，以免"炸锅"。每个人都有适合自己的"减压阀"，以下例子仅供参考。

1）整理办公桌
- 对于办公桌上3个月内没有被使用过的东西，应该及时清理，可以放进抽屉或丢进垃圾桶。
- 整理办公桌要力求把最常用的东西放在最便于拿取的地方。
- 改善工作场所的环境，如摆放绿色植物、家人的照片等。

2）换个角度看问题：由负向思维转向正向思维

我们要改变以下不合理的看法和观点。
- 做事必须尽善尽美。
- 我必须待在这里，因为这些事情离了我不行。
- 凡事都应按照我期待和喜欢的方式进行下去。
- 我就是这样的人，无法改变。

3）培养积极、正向的思维方式，养成客观、辩证的思维习惯
- 原来事情并没有想象中那么糟糕。

- 事情还有回旋的余地。
- 即使一败涂地,也有重新站起来的机会。

例如,同样是在早晨 8:00 的上班路上遭遇堵车,A 先生与 B 先生的应对截然不同,如表 4-4 所示。

表 4-4  A 先生与 B 先生的应对

|      | A 先生 | B 先生 |
| --- | --- | --- |
| 应对 | 紧张、低效应对 | 放松、高效应对 |
| 想法 | 为什么那辆卡车不驶入慢车道?真是气死我了 | 我不会为此而感到不安,因为我做不了什么 |
| 反应 | 猛按喇叭,紧握方向盘,试图超车,堵车结束后加速行驶 | 在等待堵车结束的同时边放松边听广播,堵车结束后用正常速度行驶 |
| 结果 | 血压升高、脉搏加快,到达公司后工作起来心烦意乱 | 保持平静、放松的状态,到达公司后工作起来神清气爽 |

4)提前规划,早做准备

形成压力的许多事件是难以预料的,对于能事先估计的情况,我们可以及早采取措施。毕竟,"一切尽在掌握"的感觉本身就能很好地缓解压力。

5)问题应对:由担心问题转向解决问题

- 与其整天生活在焦虑之中,不如马上行动。
- 兵来将挡,水来土掩,问题来了不要怕,解决它就是;骨头太硬不要怕,啃下它就是。
- 力争以最有效的方式达到外界的要求,将负面压力转变为正面动力。

6)多了解、多倾诉、多学习

- 寻找尽可能多的信息,因为在不了解事情的全部真相时,我们可能对事情有抵触情绪。
- 把自己的担心讲给别人听。
- 在事情发生变化后尽快调整自己。
- 尽可能学习多种技能,熟悉最新的技术,使自己在工作中游刃有余。

7)音乐与生理保健法

人通过耳朵感受各种声音,他人的赞扬声、指责声、议论声等都会影响我们的心态。我们可以通过多听一些优美的音乐来缓解不愉快的心情。

8)运动消气

法国有一种新兴的行业:运动消气中心。该中心内有专业教练指导,教人们如何大喊大叫、拧毛巾、打枕头、捶沙发等,做一种运动量颇大的"减压消气操"。运动消气中心内铺满了海绵,任人"摸爬滚打"。

9)培养意志力,不断发掘自身潜能

人的抗压能力不是天生的,加强意志力的培养、磨炼既是提升抗压能力的有效方法,也是减轻心理压力的重要心理基础。

- 不屈不挠,为实现目标而奋斗,在困难面前不退缩,在压力面前不屈服,在诱惑面前不动摇。
- 古之立大事者,不惟有超世之才,亦必有坚忍不拔之志。——苏轼
- 持续的力量能将平凡变为非凡。——稻盛和夫

### 方法参考四:如何做到自律

#### 1. 确定做事的优先顺序,并按这个顺序做事

有句话说得好:"完成重要任务有两个不可缺少的因素,一是计划,二是不太够用的时间。"职场人士的时间非常宝贵,免不了要做计划。如果我们能确定什么事情最重要,并从其他不重要的事情中抽出身来,我们就有足够的精力完成首要任务。这是自律的基本精神。

#### 2. 把养成自律的生活方式当成目标

向高度自律的成功人士学习,我们会发现,自律不能只是"昙花一现",它应该成为我们的生活方式。养成自律的生活方式的正确做法是为自己制订一套规律、系统化的日常计划。例如,为了持续进行写作和演讲,每天把所读的资料存档,作为日后的参考。又如,为了提高身体素质,养成每天早晨运动的习惯。

#### 3. 向借口提出挑战

要想养成自律的生活方式,重要的功课之一是不要找借口。即使有令人无法自律的理由,它们也只不过是一堆借口。如果想成为高度自律的成功人士,我们必须向借口提出挑战。

#### 4. 在完成工作之前,把奖励挪开

著名作家迈克尔·朗利说过一句有智慧的隽语:"任何一个企业或机构,如果给予怠惰者和贡献者同等待遇,那么,你将会发现前者越来越多,后者越来越少。"

#### 5. 把目光放在结果上

如果我们只把注意力放在工作难度上,而不考虑结果和奖赏,就很容易灰心丧气;如果长期沉浸在这种情绪中,我们就会变得自怜。当面对一项不得不完成的任务,企图走捷径而不按规矩踏踏实实地完成它时,切记要把目光放在结果上,按部就班,下功夫把任务完成好。

### 任务实现

## 4.1.4 制订 21 天计划,收集调节情绪和缓解压力的方法

### 任务一:制订 21 天计划

- 制订计划要精确到每小时,并遵循 SMART 原则。

- 制订完计划后,自己监督自己执行计划。
- 每周写一份计划执行总结,看看哪些事情做到了,哪些事情没有做到,并改进计划执行方法。
- 把计划和计划执行总结交给老师。

#### 任务二:收集调节情绪和缓解压力的方法

1. 任务目的

收集同学们常用的调节情绪和缓解压力的方法,并推广、使用比较有效的方法。

2. 任务流程

1)任务规则

- 先拿出一张白纸,然后列出自己调节情绪和缓解压力的方法,并在每种方法的旁边配上一幅漫画或一首诗歌。
- 把所有同学的作品展示在教室里合适的地方。同学们在欣赏作品的时候,如果觉得哪个作品对调节情绪和缓解压力很有效,可以在作品旁边画"☆"。

2)思考与讨论

- 各小组对得到最多"☆"的作品进行讨论。
- 各小组安排 1 人分享小组讨论结论,其他小组成员既可以补充,也可以分享不同观点。

### 任务小结

### 4.1.5　自我管理是提升自我的基础

自我管理是以自我认识为基础,通过自我体验获得认识自我的情感动力,最终实现对自我行为的自我监控。

大学生有较多时间安排自己的学习和生活,大学阶段是一个人在道德、智力和社交方面肯定自己的阶段。提升大学生的自我管理能力,既符合大学生的心理特点,也是社会对大学生的客观要求。

要想提升自我管理能力,大学生需要制定明确的学习目标,树立学习的榜样,严格执行自己制订的计划,并长期坚持下去。

大学生应该自觉进行自我管理,在自我管理中加强自我约束、自我教育,提升自我管理能力,从而提高学习、生活等方面的技能。大学生应该在实践活动中进行自我管理,注重自我激励,创造性地完善自我,从而提升自我。

## 4.2 学习能力

### 任务目标

#### 4.2.1 测试你的学习能力

**任务名称**

任务：完成学习能力测试。

**任务分析**

了解学习能力的相关知识和提升学习能力的方法，完成本节的任务，测试自己的学习能力。

| 实现准备 | 课堂活动 | 活动一：回答"动物公共汽车"问题 |
| --- | --- | --- |
| | 课堂讲解 | 知识点：学习能力可以让我们与时俱进 |
| 实现参考 | 课堂讲解 | 参考建议一：学习能力不强的原因分析和改进建议 |
| | | 参考建议二：ICT从业者需要具备的学习能力 |
| | 课堂活动 | 活动二：思考适合自己的学习方法 |
| | 课堂讲解 | 方法参考：如何提升学习能力 |
| 任务实现 | 课堂实训 | 任务：完成学习能力测试 |
| 任务小结 | 课后思考 | 出色的学习能力是可持续的竞争优势 |

**实现准备**

#### 4.2.2 只有拥有学习能力，才能实现自我更新

**活动一：回答"动物公共汽车"问题**

1. 活动目的

通过活动，活跃课堂气氛，并认识到记忆力在学习中的重要性。

2. 活动流程

1）阅读题目

一辆公共汽车从始发站开出时，车上有 1 条鳄鱼、2 只小鹿和 3 只小羊。第一站：下 1 只小鹿，上 1 匹马。第二站：下 1 只小鹿，上 1 只豹。第三站：下 1 匹马、1 条鳄鱼，上 3 头猪。第四站：下 1 只小羊，上 1 只狼、5 只鸡。第五站：下 1 只豹，上 1 只鸭。第六站：

下 2 头猪，上 2 条蛇。

2）合上书，分组快速回答问题

请扫描二维码，获得并回答"动物公共汽车"问题。

### 3. 展示记忆成果，评选优胜小组

统计各小组的正确答案数量。优胜小组向大家分享记忆方法，如设计一些情景和练习，在应用、实践中巩固记忆方法。

## 知识点：学习能力可以让我们与时俱进

### 1. 学习能力的概念

美国教育家、心理学家伯尔赫斯·弗雷德里克·斯金纳曾说："当我们将学过的东西忘得一干二净时，最后剩下来的东西就是教育的本质了。"这里的"剩下来的东西"就是自学能力，也就是无师自通的能力。在大学期间，学习专业知识固然重要，但更重要的是学习思考和自学的方法，培养举一反三的能力。只有这样，大学生才能在毕业后适应瞬息万变的现代社会。

### 2. 学习能力的作用

学习能力包含学习的方法与技巧，它是指以快捷、简便、有效的方式获取准确的知识和信息，加工和利用信息，把新知识融入已有的知识，分析和解决实际问题的能力。学习能力是所有能力的基础。

有些大学生抱怨老师教得不好、懂得不多，学校的课程安排也不合理。大学生不应该只跟在老师的身后亦步亦趋，而应主动走在老师的前面。最好的学习方法是在老师讲课之前先把课本中的相关问题琢磨清楚，然后在课堂上对照老师的讲解，弥补自己在理解和认识上的不足。

在学习知识时，中学生主要追求记住知识，大学生应该追求理解知识并善于提出问题，对于每一个知识点，都应该多问几个"为什么"。事实上，很多问题有不同的思路或观察角度。在学习知识或解决问题时，我们不能死守一种思维模式，不要让自己成为课本或经验的"奴隶"。只有这样，我们潜在的思考能力、创新能力和学习能力才能被真正激发出来。

《礼记·学记》有云："独学而无友，则孤陋而寡闻。"大学生应该充分利用大学里的人才资源，从各种渠道吸收知识和方法。除了资深教授，青年老师、博士生、硕士生、同学都是很好的学习伙伴。每个人对问题的理解和认识不尽相同，只有互帮互学，大家才能共同进步。

此外，大学生还应该充分利用图书馆和互联网，提高独立学习和研究的本领。首先，大学生要学会查找资料和文献，以便了解更丰富的知识和研究成果，尽量多读一些英文原版教材；其次，互联网是一个巨大的资源库，大学生可以借助搜索引擎在网上查找各类信息。

只有拥有学习能力并坚持终身学习，我们才能实现自我更新、自我提升，从而适应瞬息万变的现代社会。

> **案例1：中国移动员工手册之"快速学习"**
>
> 能力定义：优秀的中国移动员工能够主动、快速并持续地学习新的知识和技能。
>
> - 对与自身业务相关的新知识和新事物非常敏感，善于利用各种途径和机会及时学习或更新知识；
> - 开放地看待和接受改变，主动提高自身，以迅速适应变化；
> - 善于通过自我反思找到差距，积极寻求他人的反馈，吸取自己和他人的经验教训或先进成果，并立即采取行动加以改善；
> - 能快速应用所学的知识，发现与尝试新的方法，以解决实际业务问题，并提升自身的发展能力。
>
> 负面表现：
>
> - 局限于过去的经验和方法，不根据业务流程的变化掌握新知识、新技能和新方法；
> - 对于第一次遇到的不寻常的问题，无法敏锐而灵活地处理；
> - 在遇到困难时，容易放弃或快速决定使用最容易的解决方案，或者等待他人解决。

## ➡ 实现参考

### 4.2.3 提升学习能力的建议和"秘籍"

**参考建议一：学习能力不强的原因分析和改进建议**

学习能力既是其他能力的基础，也是我们在社会和职场立足的基本能力。在互联网环境下，每个人都有机会学习新的、有价值的知识，并利用这些知识来提升自己的能力。

做到这一点的前提是具备足够的学习能力。大部分人都接受过教育，参加过很多次考试，考上大学似乎已经证明了他们的学习能力不错。事实果真是这样吗？

学习能力不等于考试能力，所有的考试都有一定的范围（如教学大纲、教学目标等），用来测试学生对特定范围内知识的理解和掌握程度。一些大学生在毕业后进入职场，面对纷繁复杂的社会，想继续学习，却不知道"范围"是什么，即应该学什么、目标是什么，加之互联网造成的信息和知识泛滥，对于缺乏主见和选择能力的人来说，最大的问题就成了"我虽然爱学习，但是不知道学什么，那就什么也不学了"。此外，还有小部分原来学习很好的人选择什么都学，反而抓不住重点，违背了学习的初衷。

在现实生活中，一些人所谓的"成就"并不是因为他们的知识或能力而取得的。这种现象导致小部分人不喜欢学习，甚至放弃学习。

大部分人可能没有自己认为的那么会学习。在以下4种情况中，你属于哪一种或哪几种情况呢？

- 大部分人认为自己爱学习，但大部分认为自己爱学习的人并没有学习，因为有意识、没行动，学习动力不足；
- 大部分想学习的人不知道自己应该学什么，因为缺乏学习的方向和目标；

- 大部分人不具备在互联网环境下自主学习的能力，因为缺乏学习策略、方法和技巧；
- 大部分人没有学习成效，因为缺乏实践和坚持。

学习动力不足、不知道学什么、想学而未学、没有掌握学习方法，以及学了很长时间却没学到有价值的东西，都是学习能力不强的表现。

在完成职业生涯规划后，我们已经有了学习的方向和目标。下面将重点分析学习能力不强的另外几个原因，并给出改进建议。

**1. 学习动力不足**

1）学习动力不足的表现

学习态度消极，缺少抱负和期望，对学习好坏持无所谓的态度，满足于被动接受知识、一知半解、应付考试；不主动寻找适合自己的学习策略；精力分散，课堂不听讲、不思考，课后不看书；生活上懒散、贪玩，平时不愿意看书、动脑筋，学习上拖拉、散漫，怕苦怕累，并且经常为自己的懒惰行为找借口；独立性差，学习行为往往表现出从众性和依赖性，随大溜，对学习抱着冷漠、逃避、厌倦的态度。

2）学习动力不足的原因

（1）学习动机不明确。

当缺乏学习动力的学生被问到"为什么学习""为什么读书""为什么上大学"等问题时，他们往往会给出类似的答案：读书是为了上大学，上大学是为了让父母放心、将来找一份好工作等。总之，他们没有自己的学习目标。

学习动机不明确的人往往对学习的目的、作用、价值认识不足，缺少集中注意力的自觉性，缺乏学习动力和学习兴趣。

（2）对所学专业缺少兴趣。

在高考后填报志愿时，可能出现以下3种情况：一是学生和家长对专业缺乏了解，学生到校开始学习后才发现自己不喜欢所学专业；二是家长根据当前社会的就业形势要求子女填报好找工作、挣钱多或比较轻松的专业，其实学生对家长选定的专业没兴趣；三是有些学生受高考成绩的限制，只能服从调剂，无法选择有兴趣的专业，既然对所学专业没兴趣，也就没有好好学习的积极态度。

3）学习动力不足的改进建议

大学生要想在学习中发挥积极性和创造性，就要对所学的知识培养浓厚的学习兴趣，保持积极的学习态度。

学习兴趣是可以在学习过程中培养的。大学生应该做到多读、多听、多看、多动手、多参与。

- "多读"就是要多读书，古人说"开卷有益"，多读书不仅能拓宽知识面，还有利于养成良好的阅读习惯，培养学习兴趣。
- "多听"就是要多听学术报告，了解最新的学术动态、研究成果，这样不仅可以加深对所学知识的理解，还可以激发求知欲和探索欲。
- "多看"就是要多参观一些学术成就展览，多看一些科技资料片，这往往能对大学生起到很大的鼓舞和启示作用。
- "多动手"就是要多参加实验活动，并亲自动手操作，在实际操作中提高技能，把理论和实际联系起来。
- "多参与"就是要积极参与学校的科技、文化活动，包括各种发明创造活动，有条件的大学生可以参与老师的科研项目，撰写论文。

---

**案例2："宿舍五姐妹"全部考研成功**

某大学理学院应届毕业生在2020年研究生招考录取中捷报频传，其中应用物理学专业16级1班同一个宿舍的5个女生全部考上研究生，她们分别被山东大学光学工程专业、中国海洋大学光学工程专业、东华大学光学工程专业、南京邮电大学光学工程专业、南京邮电大学光学工程专业录取。

考研是一段漫长而煎熬的路程，幸运的是这些女生不是踽踽独行，她们和优秀的舍友并肩同行，相伴共进。白天，她们各自紧张而有序地备考；晚上回到宿舍，在"卧谈"的时候，她们会聊聊天，互相打打气，分享各种考研信息，畅想未来的日子。

---

从上述案例中可以看出，与同学一同学习，可以互相鼓励、打气，良好的氛围可以带动偶尔想放弃的人。

没有目标，人往往会迷失方向。在完成职业生涯规划后，我们有了明确的职业目标，这会让我们产生强大的动力，去完成看似不可能完成的任务。

### 2. 缺乏学习策略、方法和技巧

1）缺乏学习策略、方法和技巧的表现

学习计划不当，视兴致而学，有兴致时努力学习，没兴致时多日不学；虽然有学习计划，但是不会科学地安排学习；白天抓不紧，晚上睡得迟，疲惫不堪；听课方法不当，课前不预习；做作业的方法不当，照搬教材内容或抄别人的作业，自己不思考；复习方法不当，平时不复习，考前大突击。

2）缺乏学习策略、方法和技巧的原因

大学课程多、内容深、进度快、跨度大、抽象性强，老师授课大多是提纲式的，往往只讲授相关内容的重点或难点，介绍有争议的问题和学科发展趋势，大部分内容需要学生通过自学来掌握，学生在学习上要有独立性和自觉性。

3）缺乏学习策略、方法和技巧的改进建议

（1）养成自主学习的习惯。

我们应该培养自己的自学能力，养成自学习惯，有选择、有计划地学习。

（2）学会用"四象限法"排列先后次序的学习策略。

如图4-3所示，我们可以按照是否"紧急"、是否"重要"这两个维度，把所有事情分别纳入4个象限，按照4个象限的先后次序灵活而有序地安排事情。

具体的学习方法和技巧将在下文中进行系统的介绍，希望对提升你的学习能力有切实的帮助。

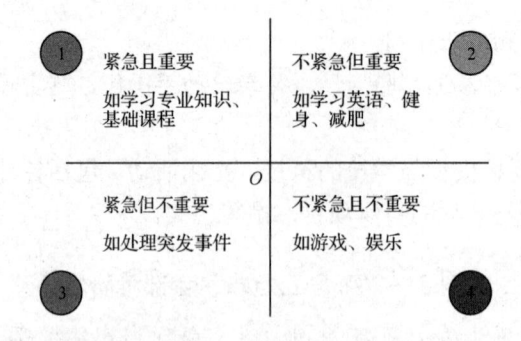

```
① 紧急且重要          不紧急但重要 ②
  如学习专业知识、      如学习英语、健
  基础课程              身、减肥
─────────────────O─────────────────
  紧急但不重要          不紧急且不重要
  如处理突发事件        如游戏、娱乐
③                                    ④
```

图 4-3 用"四象限法"安排事情

### 3. 不能坚持学习

1）不能坚持学习的表现

- 心理疲劳：表现为对学习感到厌倦，以及心情烦闷、易怒、精神涣散、反应迟钝、注意力不集中等。
- 身体疲劳：表现为肌肉疲劳、神经疲劳等。
- 注意力稳定性低：难以长时间专注于特定的对象或活动，注意力分散且不持久，或者注意力高度集中在某种观念上，既难以摆脱这种状态，也无法转移注意力。
- 学习焦虑：学生由于不能实现预期目标或不能承受障碍造成的后果，致使自尊心、自信心受挫或失败感、内疚感增加而出现的紧张不安、恐惧的情绪状态。学习焦虑表现为注意力分散、记忆力衰退、思维混乱、烦躁、易怒等，严重时还常伴有头晕、头痛、忧虑等。
- 记忆力不强：识记速度慢、保持记忆的时间短、记忆不精确、信息提取有障碍等。

2）不能坚持学习的原因

- 心理疲劳的原因：缺乏学习动机、学习强度高、学习环境差和学习材料枯燥、单调等。
- 身体疲劳的原因：违背大脑活动规律、长期保持一种姿势、代谢产物堆积等。
- 注意力稳定性低的原因：情绪不稳定，紧张、焦虑、烦躁、兴奋等情绪容易妨碍注意力的集中；自制力差、缺乏恒心、容易冲动等人格因素也会造成注意力稳定性低；此外，某些外部原因（如家庭意外、人际冲突等）也会导致注意力难以集中。
- 学习焦虑的原因：内部原因包括自信心不足、成就动机过强、畏惧失败的心理、兴趣爱好单一、性格内向和自我封闭等，外部原因包括学业压力、考试压力、环境压力等。
- 记忆力不强的原因：记忆动机不强、记忆方法不当、过度疲劳、紧张等。

3）不能坚持学习的改进建议

（1）心理疲劳的改进建议。

- 科学用脑：合理安排用脑时间、调整大脑的兴奋状态、控制学习过程中情绪的起伏、劳逸结合、爱脑护脑等。
- 保持学习兴趣：教育实践证明，如果学习兴趣浓厚，学习时就会心情愉快，即使长时间学习，也不容易感到疲劳；如果没有学习兴趣，很快就会进入疲劳状态。

- 创造良好的学习环境:尽量地学习环境布置得干净、整洁,使人感到身心舒畅;不在有噪声的地方学习,避免心烦意乱、焦躁不安;不在过暗或过亮的地方学习,避免头晕目眩、产生视觉疲劳;不在空气污浊的地方学习,避免胸闷、呼吸困难。

(2)身体疲劳的改进建议。

避免长时间学习、保证充足的睡眠、学会科学的休息方法、保证大脑所需营养的供应等。

(3)注意力稳定性低的改进建议。

要想改正注意力不集中的缺点,就要了解自己注意力不集中的原因,以便对症下药。

- 确定合适、明确的学习目标,培养学习兴趣,尤其是对专业课程的兴趣;
- 减少社交活动,把重心放在学习上;
- 戒除网瘾、游戏瘾,用正确的态度面对挫折,摆脱挫折带来的情绪困扰;
- 劳逸结合,注意锻炼,减轻学习疲劳;
- 运用正强化等行为矫正训练法,如当自己在一整节课中集中注意力或在自习时集中注意力达到 1 小时,就给自己奖励。

(4)学习焦虑的改进建议。

- 充分发挥自我调节的作用,减轻学习焦虑的程度:自我调节包括自我放松、自我暗示、向他人倾诉等方法,这些方法可以减轻学习焦虑的程度。
- 正确认识和评价自己的能力:确定适合自己的学习目标,增强自信心和毅力,不怕困难和失败;保持适度的自尊心,降低对胜败的敏感度;保持情绪稳定;摸索并总结出一套适合自己的学习方法。
- 转移注意力,做好应试准备:在情绪恢复稳定后,努力把自己的注意力从对考试情景和结果的担忧转移到如何做好应试准备上,做好知识准备和心理准备;训练应试技巧,多了解有关考试的信息,如题型、题量、范围、难易程度、评分标准等,尽可能做到心中有数。

(5)记忆力不强的改进建议。

参考如图 4-4 所示的方法,增强自己的记忆力。

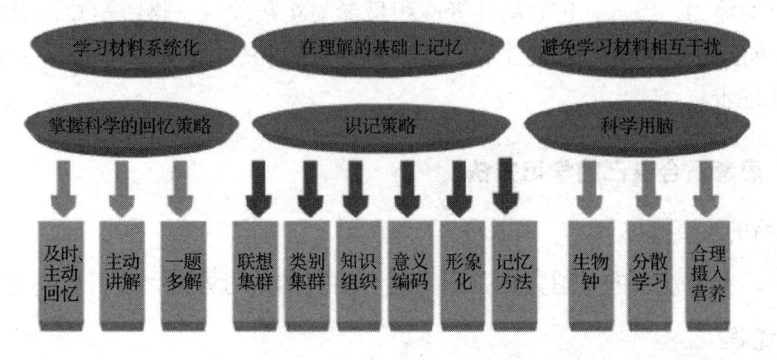

图 4-4 增强记忆力的方法

## 参考建议二:ICT 从业者需要具备的学习能力

在 ICT 行业中,学习能力是一种至关重要的能力。由于技术发展迅速、市场需求多变,

ICT 从业者需要不断学习并适应新的技术、工具和方法,以保持自己的竞争力,并满足客户需求。以下是 ICT 从业者需要具备的学习能力。

1. 更新技术知识的能力

ICT 行业的技术更新换代非常快,因此 ICT 从业者需要定期更新自己的技术知识。这包括学习新的编程语言、框架、工具和软件平台,了解最新的技术趋势和发展方向。通过参加技术研讨会、阅读行业报告和博客、参与开源项目等方式,ICT 从业者可以紧跟 ICT 行业发展的步伐。

2. 持续自我学习的能力

除了更新技术知识,ICT 从业者还应具备持续自我学习的能力。这意味着他们需要主动寻找学习资源,制订并坚持执行学习计划。通过自学在线课程、自学教材、参与实践项目等途径,ICT 从业者可以不断提升自己的专业技能和知识水平。

3. 跨领域学习的能力

在 ICT 行业中,跨学科和跨领域的知识融合越来越普遍。因此,ICT 从业者不仅需要掌握本专业的知识,还应具备一定的跨领域学习能力。例如,学习一些基本的商业知识、市场营销技巧或数据分析方法,有助于 ICT 从业者更好地理解客户需求和市场动态,从而增强工作的针对性和有效性。

4. 掌握学习方法和技巧

掌握高效的学习方法和技巧对提升 ICT 从业者的学习能力至关重要,这包括如何制订学习计划、如何高效地阅读和理解技术文档、如何高效地做笔记和复习等。通过不断尝试、调整学习方法和技巧,ICT 从业者可以找到适合自己的学习路径,提高学习的效率和质量。

5. 实践和反思

学习的目的不仅是获取新知识,更重要的是将知识应用于实践中,并通过反思和总结,不断提升自己的能力。因此,ICT 从业者应积极参与实践项目,将所学知识运用到实际工作中。同时,他们还应定期对自己的工作、学习进行反思和总结,找到不足和改进方向,从而推动自己不断进步。

### 活动二:思考适合自己的学习方法

1. 活动目的

通过活动,参考别人的学习方法,思考适合自己的学习方法,提升学习能力。

2. 活动流程

1)阅读材料

(1)王云五先生的深度学习。

胡适的英语老师、出版家王云五先生是这样自学英语翻译的:找一篇英文的名家佳作,熟读后把它翻译成中文;一周后将中文翻译成英文,翻译期间绝不查阅原文;翻译好后与原文比对，找出自己翻译的错误、失误和不够精当之处。

如此反复练习，王云五先生积累了扎实的英文功底，为日后从事英语教学和出版事业打下了坚实的基础。在那个科技、通信不够发达的年代，有限的学习条件反而能使人们静下心来深度学习。

（2）"学习金字塔"。

美国缅因州国家训练实验室提出过一个学习理论，叫作"学习金字塔"，如图 4-5 所示。其核心结论是，在学习知识时，如果达到能够教授他人的程度，学习内容平均留存率就可以达到 90%。

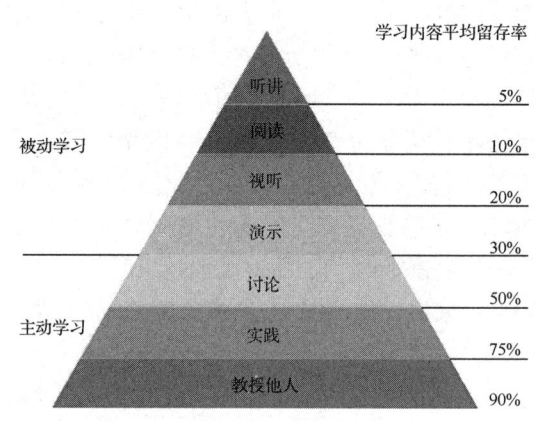

图 4-5　"学习金字塔"

"学习金字塔"的原理其实是角色定位的问题。如果把自己定位成学生的角色，就只有学生的视界，多半会止步于对知识本身的理解，获得的信息量有限；如果把自己定位成老师的角色，就会比别人多思考一些更有价值的问题。

2）快速思考
- 上述材料中的学习方法对你有启发吗？
- 最适合你的学习方法是什么？

**方法参考：如何提升学习能力**

学习能力是所有能力的基础能力。提升学习能力是一个缓慢的过程，同时也是回报很高的投资。虽然难以通过某种学习方法快速提升学习能力，但是正确的学习方法可以让我们少走弯路。

请扫描二维码，了解别人的学习方法，它们也许对你有用。

微课：如何提升学习能力

**任务实现**

## 4.2.4　完成学习能力测试

1. 各小组完成下面的题目
- 如何利用互联网快速找到 5 位研究人工智能算法的专家的相关信息？

- 能否用不超过 10 个关键词描述你的专业,并找出这些关键词之间的联系?

2. 课堂分享

各小组安排 1 人分享小组讨论结论,其他小组成员既可以补充,也可以分享不同观点。

### 任务小结

### 4.2.5 出色的学习能力是可持续的竞争优势

正如管理学大师彼得·德鲁克所说:"一个人的学习能力才是他的核心竞争力。"著名作家王蒙说:"一个人的实力绝大部分来自学习。本领需要学习,机智与灵活反应也需要学习,健康的身心同样是学习的结果,学习可以增智、可以解惑、可以辨是非。"

有一种说法是,如果在本科毕业后 2 年、硕士毕业后 3 年、博士毕业后 4 年不持续学习,之前所学的专业知识就会老化。相关数据表明:我们在学校获取的知识最多只占我们一生所需知识的 10%,另外 90%的知识需要我们通过终身学习来获取。

"活到老,学到老",在信息爆炸时代,知识更迭越来越快。学历代表过去,能力代表现在,学习能力代表未来。简单来讲,学习能力是将所学知识转化为成长的动力和"养分"的能力。

不断且快速地学习新知识的能力是我们在迅速变化的社会中获得成功的关键。

## 4.3 主动性

### 任务目标

### 4.3.1 安排自己做一件事

#### 任务名称

任务:安排自己做一件事并提交总结。

#### 任务分析

为了更好地发挥你的主动性,请你给自己安排一项任务并完成。

| 实现准备 | 课堂活动 | 活动一:"两轮面试与三个电话的故事"案例分析 |
|---|---|---|
| | 课堂讲解 | 知识点:主动性的概念和重要性 |
| 实现参考 | 课堂活动 | 活动二:靠什么调动你的主动性 |
| | 课堂讲解 | 方法参考:要想具有主动性,可以这么做 |
| | | 扩展阅读:影响工作主动性的原因和对策 |

| | | 续表 |
|---|---|---|
| 任务实现 | 课堂实训 | 参考建议：ICT 从业者如何发挥主动性<br>任务：安排自己做一件事并提交总结 |
| 任务小结 | 课后思考 | 工作要有主动性 |

### 实现准备

## 4.3.2 为何要主动

### 活动一："两轮面试与三个电话的故事"案例分析

#### 1. 活动目的

通过活动，了解主动性在工作中的作用和重要性。

#### 2. 活动流程

1）阅读案例

---

**案例 1：两轮面试与三个电话的故事**

我在招聘会上转了半天，终于看中了一家公司。放下简历后，我站在这家公司招聘位置的附近观察，看看给这家公司投简历的有哪些人。一个下午，这家公司收了不下 100 份简历。我想，我不能被动地等着他们打电话过来，因为在 100 多个人中只招 1 个人，我的机会不到 1/100。

第二天一大早，我就按照招聘材料上的电话打了过去，接电话的是个年轻女孩。我告诉她我昨天投了简历，想知道什么时候有结果。女孩记下了我的名字和电话后让我等着，说 3 天内会有面试通知。

第三天，我被通知参加面试。到了公司后，我发现一共有 10 个人被选中参加面试。面试我们的是个年轻女孩。在谈到薪资时，我把自己的真实想法说了出来，我觉得自己目前还没有谈薪资的条件，我的实际工作能力还没有得到发挥，这时候是无法衡量我的价值的。当我说出这些话时，我注意到面试我们的女孩在点头。临走时，女孩说她不是这里的负责人，人事主管出差了，最后的面试结果由人事主管来决定。

过了 3 天，没有等到第二轮面试通知，于是我又打了个电话过去。电话另一头仍是第一次接我电话的女孩，她问了我的名字后说她可以帮我去人事部问一问。

中午的时候，公司的人通知我当天下午参加第二轮面试。下午，当我赶到公司时，人事主管对我们说："你们 4 个人去体检吧，体检结果出来后再说。"

做完体检后好久没有消息，我便给公司打了第三个电话。公司的人回复我他们正在商量，决定后再打电话给我。就在我挂断电话后不到 5 分钟，公司的人打电话过来让我下周一过去实习。

现在，我已经在公司正式上班一个多月了。在公司的一次聚会中，我才知道两轮面试

> 的名单上都没有我，我的三个电话给了我三次机会。
>
> 　　后来，人事主管对我说："小陈，你很主动。虽然你不是面试中最优秀的人，但是我们看重的是你的主动精神，公司欢迎真正想发展的人。你为自己赢得了这个工作机会，好好干吧！"

2）分组讨论
- 在面试过程中，小陈的主动性发挥了什么作用？
- 小陈在第一轮面试中关于薪资的想法与你的想法一致吗？

3）课堂分享

各小组安排 1 人分享小组讨论结论，其他小组成员既可以补充，也可以分享不同观点。

3. 观点参考：主动性的作用至关重要

请扫描二维码，阅读参考观点，了解主动性的作用。

微课：主动性的作用至关重要

### 知识点：主动性的概念和重要性

1. 什么是主动性

主动性是指人在完成某项活动的过程中来源于自身并驱动自己行动的动力。

在当今社会的职场中，仅凭听从安排、勤勤恳恳、任劳任怨，不一定能获得领导的认可。如果不积极主动，不仅不会成功，可能还得不到赏识。

工作主动性不是成功的唯一条件，却是成功的必备素质之一。我们作为公司的一员，要增强工作主动性，根据公司的运营情况，发挥主观能动性，积极地、创造性地完成任务，从而获得公司或领导的认可、赏识和褒奖。

> **案例 2：中国移动员工手册之"主动负责"**
>
> 能力定义：优秀的中国移动员工能够主动承担责任。
> - 乐于接受组织的决定和任务委派，并自觉投入更多的精力来努力完成任务；
> - 能够主动承担不清晰或没有界定清楚的职能；
> - 及时发现工作中可能存在的机遇和风险，迅速采取行动或主动探讨、建议、实践解决方案；
> - 愿意适时做出决策，尤其是在情势急迫时，能够勇于承担决策风险，并尽全力执行决策，以实现目标；
> - 反对推诿扯皮，注重以自身为榜样，带动他人承担责任。
>
> 负面表现：
> - 需要监督和催促才能完成工作；
> - 借口职责不清，推诿工作；
> - 抱怨自己承担了过多的责任。

## 2. 工作主动性的一般特征和形成原因

1）工作主动性的一般特征

工作主动性最明显的表现是从"我"出发，从"要我做"转变为"我要做"，确定目标后马上行动。

- 有预见性：能够超前思考工作，根据自己的工作内容和工作特点，提前做好工作准备。
- 及时和准确：对于领导安排的工作，不但能按时完成，而且工作程序规范、工作质量良好。
- 团结协作：能够在部门之间、部门内部做好协作工作。
- 坚持工作创新：在理论和实践上有思考，在工作内容和工作方法上有探索，并做出一定的工作成绩。

2）工作主动性的形成原因

- 信仰推动：信仰是指人们对某种事物、思想或主义极度推崇和信服。信仰推动具有极强的坚定性。
- 思想意识推动：具有很强的自觉性，而自觉源于清醒。思想意识推动的第一个层次是政治素养推动，即基于政治理论素养、政治敏锐性、政治鉴别力的推动；其第二个层次是道德推动，即基于道德品格、道德荣誉感、道德判断的推动。
- 惯性推动：具有较强的稳定性，通过公司长期形成的工作氛围和个人的工作习惯来推动和维持。惯性推动分为有意识和无意识两种情况。
- 外因激励推动：这种推动的力度非常弱，也难以持久。

## 3. 主动性的表现

以下哪种表现是主动性的表现？

- 不用别人告诉你，你就能出色地完成任务。
- 别人告诉你一次，你就能做事情。
- 别人告诉你两次，你才会做事情。
- 经常磨洋工，只有在为形势所迫时，你才能把事情做好。
- 即使有人追着你，告诉你怎么做并盯着你做，你也不会把事情做好。

## 4. 工作中的主动性

假设领导布置了任务，当距离汇报的日子较远时，你会怎么做？

- 慢腾腾地完成任务。
- 对任务置之不理，当汇报的日子临近时才仓促上阵，临阵磨枪，急忙突击把任务应付过去。
- 尽早行动，细心准备，主动汇报任务结果。

如果看到或想到自己应该做的工作，你会怎么做？

- 等领导看到或想到并交代你时再做，而且工作质量一般。
- 在领导看到或想到前就开始行动，并把工作做得比领导要求的更加出色。

- 即使等领导交代你后再做,也会把工作做得比领导要求的更加出色。

在工作中遇到问题时,你会怎么做?
- 不主动想解决办法,而是等领导指示或别人提醒。
- 主动想解决办法,即使办法不够好,至少也能解决问题。
- 主动向别人请教,寻求更好的解决办法。

5. 实现目标的主动性

> **案例 3:舍友的考研之路**
>
> 某大学宿舍里有 4 个同学,他们分别是小张、小王、小李和小赵。
>
> 小张聪明好学,在课堂学习之余经常阅读各类课外书籍和报纸、杂志,还积极参加校内活动和校外实践。在学习和实践中,小张发现自己对研究工作很感兴趣,决定毕业后从事研究工作。通过多方面的了解,小张发现考取硕士研究生是从事研究工作的有效途径,因此准备考研。为了考研成功,小张做了以下 5 件事情:一是说服了父母,得到了家人的支持;二是对时间进行了高效管理,按照轻重缓急的顺序对任务进行了分类,用不同的方式对待不同任务;三是主动发起组织了"考研者同盟"协会,会员每周聚会一次,交流和分享考研信息;四是主动联系考研成功的同学,寻求他们的帮助和指导;五是参加了一个考研辅导班。小张总是挤出时间来学习,经过一年多的努力,他考上了理想的名牌大学。
>
> 小王踏实肯学,看到小张准备考研,他也逐渐对考研产生了兴趣,主动向小张询问了一些关于考研的信息,发现考研是一条很好的发展道路,便设定了考研的目标。在准备考研的过程中,除了常规的学习,小王还将周六作为考研的专门学习日,并积极响应小张的倡议,鼓励其他同学加入"考研者同盟"协会。经过近一年的准备,小王考上了理想的大学。
>
> 小李是小王的饭友。小王在吃饭时经常谈论考研的好处,并鼓励小李考研。小李觉得小王说的有道理,也设定了考研的目标,每天一有时间就去教室或图书馆自习。经过半年多的准备,小李也考研成功。
>
> 看到 3 个舍友都在准备考研,小赵不以为然,他认为"车到山前必有路"。无奈父母告诉他"现在到处都是本科生,不考研就没有出路",他只好将考研作为自己的目标。在准备考研的过程中,如果有其他同学做伴,小赵就去教室学习;如果没有其他同学一块儿学习,他就不想去教室了。最终,由于准备不充分,小赵考研失败了。

通过分析上述案例中 4 个同学的考研历程,我们可以抽象出实现目标的一般过程。不难发现,这 4 个同学在实现目标的各个环节的表现不同,他们表现出了不同程度的主动性。我们可以从他们的行为中抽象出实现目标的主动性的等级。

- 优(主动性 3 级):通过自己收集信息并加以分析,设定了难度比较大的有挑战性的目标,在实现目标的过程中,主动创造了多种独特的方式和渠道,采取了很多次主动行动,最终实现了目标(如小张)。
- 良(主动性 2 级):通过分析现成的信息,设定了中等难度的有挑战性的目标,在实现目标的过程中，除了利用常规的方式和渠道，还能创造出其他方式和渠道，采取了多次主动行动，最终实现了目标（如小王）。
- 中（主动性1级）：在别人的帮助和指导下设定了有一定挑战性的目标，在实现目标的过程中，利用常规的方式和渠道，采取了不止一次主动行动，最终实现了目标（如小李）。
- 差（主动性0级）：被动接受别人帮自己设定的目标，大多数行动需要别人督促，不确定能否实现目标（如小赵）。

6. 人际交往的主动性

人际交往的主动性的等级如下。
- 优：多次主动提出自己的观点，表情丰富，有朝气和活力；能够在对别人的观点进行分析和思考后，多次积极地陈述自己的见解和想法，不断地推进讨论的进程。
- 良：主动提出自己的观点，表情丰富，有朝气和活力；能够在对别人的观点进行分析和思考后，积极地陈述自己的见解和想法。
- 中：表情自然；能够在对别人的观点进行分析和思考后，积极地陈述自己的见解和想法。
- 差：表情生硬；只有在别人询问时才能陈述自己的见解和想法。

7. 为何要积极主动

1)"积极主动"最能体现出优秀与普通的差异

能否积极主动地对待工作是衡量一名员工是否优秀的关键。在工作中，"积极主动"最能体现出优秀与普通的差异。如果你不能在工作中表现出主动性，就意味着你与别人没什么区别。要想证明你的实力，凡事都要积极主动，对于该做的事要立刻着手去做，绝不拖拉，尽职尽责地完成每一项工作。唯有如此，你才能脱颖而出。

---

**案例4：被替换的小张**

在办公室里，总经理问小张："小张，上周我让你准备的财务报表做完了吗？"

"这个……还没有。"

"为什么？你遇到比这更重要的事情了吗？"

"没有。"

"你生病请假了？"

"没有。"

"公司的财务出了问题，你做起来很棘手？"

"不是。"

"你忘了这件事？"

"啊，不，我没有忘。"

"那为什么没有完成？"

"我……我以为您不急着要，所以昨天才刚开始做。"

> 后来，总经理对小李说："小李，你明天去上海全面接替小张的工作。记住，上海的市场对公司举足轻重，你一定要重视。"

2）表现积极却被说成是"爱出风头"怎么办

在学校或职场中积极主动、锋芒毕露，却被别人说成是"爱出风头""假积极"，我们应该怎么办呢？

（1）反思自己是不是真的积极主动。

一个人是积极带头还是爱出风头，表现在思想动机、出发点和行动上是不同的。前者在工作中表现为不计个人利害得失，只要是对成功有利的事情，就抢着干、认真干，无论是在人前、人后还是白班、夜班，他们的行动表现都一样。后者常常把能否在大庭广众之中抛头露面、出风头作为是否努力工作的条件，只要是自己不能得利、不能出风头的事情，就不愿意干、不好好干，更不用说为了把事情做成功而默默无闻地牺牲了。

在工作中做出成绩时，这两种人的态度也不同。前者无论在工作中做出了多大的成绩，都看作自己应该做的，因而他们不但能始终保持谦虚、谨慎，而且能以主动精神和充沛的精力把工作做得更好。后者只要有一点成绩就会大肆宣扬，唯恐别人不知道。他们不把所取得的成绩当成前进的新起点，而是当成在人前卖弄的资本，甚至当成要求名利、地位的本钱。

如果你是真的积极主动，就应该光明磊落，真金不怕火炼，不用怕别人说什么，坚定地积极带头干下去。这样，经过一段时间，别人对你的误解终将消除。

（2）幽默地回击。

任正非曾说过："一辈子'假积极'，就是真积极。"不要瞧不起"假积极"的人，如果他们一辈子都能做到，那么积极已经是他们的行为习惯了。

（3）尽量远离嫉妒你的人。

如果有人一直在背后议论你，甚至嫉妒你，那么你还是尽量远离这种人吧。这种人讨厌你可能是因为你比他们做得好，比他们成功，他们心里不平衡，所以才会这样。

➡ **实现参考**

### 4.3.3 怎样才能具有主动性

**活动二：靠什么调动你的主动性**

1. 活动目的

通过活动，认识到制订计划时需要设定自己内心认同的目标，因为内心认同是主动性的基础。

2. 活动流程

1）阅读材料

如果你热爱打篮球，觉得打篮球能给你带来满足感，与之相关的运动计划（如跑步）就非常容易完成。如果你不热爱任何运动，完成长时间的跑步计划就会十分困难。

如果你的身体已经出现了问题，影响了日常生活，医生要求你按照计划完成相关的康复运动，那么，即使你不热爱运动，为了恢复健康，你依然能完成运动计划。

2）思考与讨论
- 为什么在身体出现问题后，即使你不热爱运动，依然能完成运动计划？
- 为什么热爱打篮球的人能更好地完成运动计划，而不热爱运动的人很难坚持下去？

3）启发

人的主动性是内在的，外在的奖励和惩罚都是被动的。因此，主动性的驱动力来源于自己的内心，而非来源于做某事的一时冲动的想法。

### 方法参考：要想具有主动性，可以这么做

#### 1. 克服懒惰和拖延

几乎没有人不明白积极主动对学习和工作的重要性，但是有些人往往明知应该积极主动地学习和工作，却做不到，其原因如下：

一是懒惰阻碍了他们发挥主动性。懒惰是人的天性，如果一个人放松对自己的要求，放任自己被懒惰左右，他的主动性就无法发挥出来，因为懒惰会消磨人的志气。

二是他们对自己的放任。许多人对自己非常"宽容"，加之学习和工作不是一朝一夕之事，因而他们往往会给自己找一些借口，如"来日方长""时间有的是""明天再做"等。就这样，明日复明日，每天都给自己找借口，任由时间一天天地溜走。

一个人要想成功，必须克服懒惰和拖延，采取积极主动的态度，使学习和工作成为自己每天必须做的事，做一个积极主动的人。

我们以怎样的心态工作，决定了我们的工作态度。如果我们能从"爱一行，干一行"的心态转变为"干一行，爱一行"，把工作当作自己的事业来奋斗，我们就能克服懒惰和拖延，工作也会回馈给我们理想的结果。

#### 2. 宁可做错，不可不做

在现实中，一些人经常陷入"宁可不做，不可做错"的状态。确实，一个人做得越多，犯错的次数就越多，挨批的次数也就越多。

曾国藩曾说："名满天下，谤亦随之。"只要不做，就不会做错，因为不存在做错的对象。管理讲究责、权、利相符，当一个人主动或被动地承担责任的时候，心中难免掂量权够不够、利够不够（当然还有能力够不够的问题，本书中假定人的能力足够，只讨论人的主观能动性的问题），如果认为权和（或）利不够，就可能有以下表现。

- 当遇到问题时，既不收集材料，也不提出自己的见解与方法，只把问题提出来，请领导拍板。
- 经常抱怨"为什么又是我"。
- 经常说"这件事应该由相关部门解决"。
- 对于一件事，既不说这件事可行，也不说这件事不可行，好像这件事不存在，无休止地把这件事拖下去。

此外，还有另一种情况：明明有些事是某个人的本职工作，由于长期在一种他认为令人失望的氛围中工作，他形成了习惯性懒惰，不求有功，但求无过，有事能拖则拖，多一事不如少一事。更糟糕的是，他已将这种态度变成无意识的习惯，还自认为"老成"。

国家领导人在许多会议和讲话中一再强调人的主观能动性——人是要有一点精神的。人要有积极的心态，"不求有功，但求无过"是最大的过，因为其本质是平庸、无能、懒散和无为。让自己处在安全区和舒适区，放弃更进一步的机会，可能暂时不会有什么坏结果，但要想做出成绩，可能吗？

求上得中，求中得下，求下不得。我们一定要积极进取，宁可做错，不可不做。

### 3. 培养主动、争先的精神

具备主动性是敢于担责的表现。谁能遇事主动请缨，比别人早一步争取，谁才有可能成为最后的赢家。另外，这种精神也能感染其他人，促使所有人在工作中事事争取主动。

---

**案例 5：华为在 5G 技术研发上的主动性**

首先，华为在 5G 技术研发上的投入巨大。早在 2009 年，华为就已经开始了对 5G 技术的研究，到 2019 年累计投资了 40 亿美元，并在 5G 网络侧投入了超过 1 万名人员。对 5G 技术研发的持续、大规模投入，显示出华为在 5G 技术领域的战略远见和主动性。

其次，华为在 5G 技术研发上取得了显著的成果。华为不仅推出了业界标杆 5G 多模芯片解决方案"巴龙 5000"，还是全球首个提供端到端产品和解决方案的公司。此外，华为还积极参与全球 5G 标准的制定，截至 2019 年，其向 3GPP 贡献的提案数量超过 2.1 万件，5G 基本专利提案占比超过 20%，为全球第一。这些成果不仅体现了华为在 5G 技术研发上的实力，也展示了其在全球 5G 技术领域的领导地位。

然后，华为在 5G 技术研发上的主动性体现在其推动 5G 技术商用和 5G 生态建设的努力上。华为与全球众多运营商合作，推动 5G 技术的商用部署，并积极参与 5G 生态建设，与产业链上下游企业共同推动 5G 技术的发展和应用。这种积极主动的态度使华为在 5G 技术领域的影响力不断提高。

最后，华为展示了其在 5G 技术研发上的前瞻性思考。随着 5G 技术的不断发展，华为已经开始布局 5G-A（5G 网络的演进和增强版本）技术，并发布了 5G-A 八大创新实践，助力全球运营商因地制宜地构建 5G-A 网络。这种对 5G 技术发展趋势的敏锐洞察和前瞻性布局，进一步体现了华为在 5G 技术研发上的主动性和创新精神。

华为在 5G 技术研发上展现出了极高的主动性，不仅投入巨大、成果显著，还积极推动 5G 技术商用和 5G 生态建设，并前瞻性地布局 5G-A 技术。主动性和创新精神是华为在 5G 技术领域居于领先地位的关键因素。

---

### 4. 第一时间去做

如何快速、高效地完成任务呢？答案只有一个——第一时间去做，即在接受任务后立即行动，而不是找借口拖延。

这是职场中的每一个员工都应该牢记的一条"金科玉律"。只有第一时间去做，才不会错过机会,才能更快、更好地完成任务。

1)不要阳奉阴违

接受任务后要立即去做,不要在领导面前响亮地回答了一声"是",却在办公室里上网聊天、打私人电话、玩游戏,把任务抛到九霄云外,或者即使做了,也是偷工减料、请人帮忙或弄虚作假。纸是包不住火的,这样的工作态度最终会害了你自己。

2)不要瞻前顾后、摇摆不定

接受任务后,慎重考虑是有必要的,但如果过于谨慎,前怕狼,后怕虎,迟迟不敢去做,也很难完成任务。

3)有意识地要求自己

要想成为一个高效率的员工,就要树立时间观念,即确定做一项工作所需的时间,并要求自己在预定时间内完成。即使公司没有严格的时间要求,我们也应该经常这样要求自己。如果能养成立即去做的习惯,就可以为成功增加砝码。

---

**案例6:不要只想不做**

老张和老王是邻居。凑巧的是,两人在3天内从各自的单位下岗了。面对残酷的现实,老张很乐观,因为他在下岗前是工程师,不愁找不到工作。老王是一名普通装卸工,干的是体力活。虽然两人以前的职位不同,知识水平和性格也有很大差异,但是两人现在有一个共同的目标,那就是尽快找到工作,重新上岗。

每天,老张都坐在院子里翻看各种有招聘信息的报纸,并根据上面列出的招聘职务,设想如果自己去应聘,怎样说、怎样做就能获得那个职位。老王在一旁认真地听着,他非常钦佩老张的智慧与求职经验,并按照老张的求职设想付诸行动。

后来,老王被一家生产奶制品的工厂聘为仓库管理员,而老张依然坐在院子里谈着他的求职设想。

---

好的想法固然重要,但行动往往更重要。在工作中,我们的原则应该是主动行动,而不是消极等待。积极主动不仅能让我们根据特定环境做出回应,还能让我们自觉地创造有利的环境。

事实上,实现目标的捷径既不是靠天分,也不是靠等待,而是靠实际行动,行动才是实现目标的关键。

### 5. 主动多做一些,始终领先别人一步

多做就有更多的机会,不要以为自己比别人付出的多是不值得的。换一个角度来看,所有的付出都能给自己和公司带来利益。

古希腊哲学家苏格拉底曾说:"要使世界动,一定要自己先动。"中国的谚语也说:"早起的鸟儿有虫吃,会哭的孩子有奶喝。"这些充满智慧的话语和谚语道出了同一个道理:凡事要主动,消极等待可能什么也得不到。

领先别人一步是非常有必要的,否则,即使策略再好、管理能力再强,迟迟不行动,一切也都是枉然。

#### 6. 从小事做起，养成习惯

- 你可以组织班级或小组、公司或部门的任何活动；
- 如果别人组织了活动，那么你可以积极主动地参与活动，如准时到场，或者帮着做一些事；
- 在活动过程中主动做一些事，如处理一些杂事、照顾小组成员等；
- 看到教室或办公室脏了，主动打扫。

#### 7. 用心做好事情，确保成功

在工作中，我们要主动进行自我检查、自我检讨、自我完善，既不能等别人指出我们的问题，也不能等出了问题再解决，用心一点，努力把主动争取来的事情做好。这样，我们既能产生成就感，也能受到表扬和重用，从而激励自己继续保持主动性。

**扩展阅读：影响工作主动性的原因和对策**

在工作中，你可能遇到过各种影响工作主动性的情况，有没有什么比较好的对策呢？请扫描二维码，进行扩展阅读。

扫一扫

微课：影响工作主动性的原因和对策

**任务实现**

### 4.3.4 发挥主动性，完成自己安排的一件事并提交总结

**参考建议：ICT 从业者如何发挥主动性**

#### 1. 主动学习和自我提升

ICT 行业的技术进步非常迅速，因此 ICT 从业者需要主动学习和自我提升，以适应行业的发展。这包括积极参加培训课程、阅读最新的技术文献、参与开源项目等，目的是不断提高自己的技能和知识水平。通过主动学习和自我提升，ICT 从业者可以保持对新技术和新趋势的敏锐洞察力，从而更好地应对工作中的挑战。

#### 2. 主动承担责任和任务

在 ICT 行业中，主动承担责任和任务可以展现 ICT 从业者的能力与价值。当面对新的项目或任务时，ICT 从业者应积极主动地争取机会，展示自己的才能和潜力。通过主动承担责任和任务，ICT 从业者不仅可以积累更多的实践经验，还可以提高自己的影响力和地位。

#### 3. 主动寻求反馈和改进

反馈是提升个人能力和改进工作的重要途径。ICT 从业者应主动寻求同事、领导或客户的反馈，了解自己的优点和缺点，并制订相应的改进计划。通过主动寻求反馈和改进，ICT 从业者可以不断提高自己的工作质量和工作效率，从而更好地满足客户需求。

### 4. 主动创新和解决问题

在 ICT 行业中，创新和解决问题的能力是 ICT 从业者的重要素质。ICT 从业者应积极主动地思考如何改进工作流程、优化系统性能或解决技术难题。通过不断尝试新的方法和思路，ICT 从业者可以推动个人和组织的创新，从而提高工作效率和客户满意度。

### 5. 主动分享和交流经验

分享和交流经验是提高个人影响力和促进团队合作的有效途径。ICT 从业者应主动分享自己的经验和知识，与同事、客户进行交流和讨论。通过主动分享和交流经验，ICT 从业者可以扩大自己的人脉圈，了解更多的行业信息和最佳实践，从而不断提升自己的能力和价值。

总之，在职场中，我们要有意识地主动多做一些事情，多给自己一些压力。久而久之，这份担当会成为我们下意识的行为，这会让我们终身受益。

## 任务：安排自己做一件事并提交总结

### 1. 任务描述

发挥你的主动性，安排自己做一件事，将过程和结果用图文记录下来，并总结主动性的作用，以 Word 文档的形式提交给老师。

### 2. 任务参考

下面列举的事仅供参考，你也可以完成其他自认为更有意义的事。

（1）主动去操场跑 1km，并把跑步照片、跑步情况记录在 Word 文档中；

（2）主动画一幅画，扫描生成 PDF 文件并提交；

（3）主动关心父母（打电话、视频电话均可），提交电话记录或视频电话记录，并大致总结谈话内容。

## 任务小结

## 4.3.5 工作要有主动性

闻名世界的美国"钢铁大王"卡耐基说："有两种人注定一事无成，一种人是除非别人要他去做，否则绝不会主动做事的人；另外一种人则是即使别人要他去做，他也做不好事情的人。那些不需要别人催促就会主动去做应该做的事，而且不会半途而废的人必定成功。这种人不但懂得要求自己多努力一点，多付出一点，而且比别人预期的还要多。"

千万不要认为只要不迟到、不早退就是尽职尽责，就可以心安理得地领工资了。工作需要的是自动自发的精神，自动自发地工作的员工往往能获得更多的奖赏。

工作是一种包含智慧、热情、信仰、想象力和创造力的活动。在工作中，没有人会告诉我们需要做的每一件事，我们需要主动思考。在自动自发地工作的背后，我们需要比别人付出更多的努力，承担更多的责任。当我们清楚地了解企业的发展规划和自己的工作职责时，我们就能预知自己应该做什么并马上行动。

企业需要的不是只会循规蹈矩,却缺乏热情和责任感,不能积极主动、自动自发地工作的员工,主动进取的精神往往更重要。

## 4.4 成功导向性

### 任务目标

#### 4.4.1 3天能卖出多少套职业装

**任务名称**

任务:在3天内卖出尽可能多的职业装。

**任务分析**

| 实现准备 | 课堂讲解 | 知识点:要想成功,应该怎么做 |
| --- | --- | --- |
| | 课堂活动 | 活动一:在面对困难时,要有突破自我的决心与坚持 |
| 实现参考 | 课堂活动 | 活动二:安迪受到上级的责骂冤枉吗 |
| | 课堂讲解 | 参考建议:成功的方法 |
| 任务实现 | 课堂实训 | 任务:在3天内卖出尽可能多的职业装 |
| 任务小结 | 课后思考 | 成功导向性促使我们攀登更多的绩效高峰 |

### 实现准备

#### 4.4.2 成功需要什么态度和行动

**1. 成功导向性的概念**

成功是指逐步实现有意义的既定目标。成功导向是指一旦设定目标,就不轻易改变目标,为实现目标而全力以赴。成功导向性是指在这个过程中,追求成功的人所具备的特有素质。

**2. 成功导向性的作用**

强烈的成功愿望与成功导向性是个人取得卓越绩效的动力之源和核心驱动力。

有强烈的成功导向性的人希望出色地完成企业和团队布置的任务,在工作中极力达到某种标准,愿意承担重要的、有挑战性的任务。他们在工作中有表现自身能力的强烈愿望,不断地为自己设定更高的标准,努力不懈地追求事业上的进步。

案例1:蒂勒的答案

1998年,法国媒体大亨、财富排名前50之一的巴拉昂因病去世。他将自己赚到的价值 4.6 亿法郎的股份捐赠给了医疗机构，用于改善人们的健康。同时，他还为后人留下了一份特殊的遗嘱，并声称谁答对了遗嘱中的问题，谁就会得到 100 万法郎的馈赠。

这份遗嘱被公布在《科西嘉人报》上，其大致内容是：我曾经是一个穷人，死去时却是以一个富人的身份走进天堂的。在跨入天堂之门的时候，我不想把我成为富人的秘诀带走。这个秘诀就锁在法兰西中央银行我的一个私人保险箱内，保险箱的 3 把钥匙在我的律师和两位代理人手中。如果谁能答对"穷人最缺少的是什么"这个问题，猜中我的秘诀，谁就能得到我的祝福。当然，那时我已无法从墓穴中伸出双手为他的睿智鼓掌，但是他可以从保险箱里拿走 100 万法郎，那就是我给予他的掌声。

之后，《科西嘉人报》收到了 48 561 封来信。在五花八门的答案中，只有一位叫蒂勒的小姑娘猜对了秘诀——野心。

蒂勒和巴拉昂都认为穷人最缺少的是成为富人的野心。很多记者好奇地询问年仅 9 岁的蒂勒为什么会想到秘诀是"野心"，蒂勒说："每次我姐姐把她的男朋友带回家时，他总是警告我'不要有野心！不要有野心'。我想，也许野心可以让人得到自己想得到的东西。"蒂勒简单的答案轰动了法国，也震动了世界。

长期以来，"野心"这个词被很多人误解了，甚至带有贬义的味道。纵观古今中外的成功者，他们的发迹和成功不都源自野心吗？野心促使他们采取行动、实现目标，驱动他们勇往直前、不懈追求，激励他们夙兴夜寐、闻鸡起舞。

看看我们身边取得卓越绩效和非凡成绩的人，他们是不是每天都在憧憬着实现更高的目标，是不是每天都在为心中的理想而进取拼搏？野心是进取心的代名词，有了野心，我们就会主动寻找实现目标的方法，并全力以赴、马不停蹄。

## 知识点：要想成功，应该怎么做

### 1. 充满必胜的信心

影响我们的往往不是事物本身，而是我们对事物的看法，它会影响我们的信心和行为。

信心是一种精神状态和积极进取的动力源泉。信心既是通过调整内心状态并实现明确的目标而展现出来的一种积极的态度，也是将想法变成现实的原动力。

信心的力量大得惊人，它可以促使人改变恶劣的现状，形成令人难以相信的圆满结局。信心是"不可能"这一"毒素"的"解药"，有方向感的信心可以令我们的每一个意念都充满力量。当我们用强大的信心推动成功的车轮时，我们就可以平步青云，攀上成功之巅。

如果成功已经是我们的一种习惯，我们就会特别自信，因为我们已经习惯于无论做什么事都很认真、执着。

#### 案例 2：我将要登上马特洪峰的北峰

马特洪峰的海拔为 4478 m，是欧洲的阿尔卑斯山系中最著名的山峰之一。1931 年，一支由业余爱好者组成的登山队准备攀登马特洪峰的北峰。他们的攀登活动引起了当地新闻媒体的关注。

> 在攀登前，新闻记者对这些来自世界各地的登山爱好者进行了采访。
>
> 记者问其中一名登山队员："你打算登上马特洪峰的北峰吗？"这名登山队员回答："我将尽力而为。"记者问另一名登山队员："你打算登上马特洪峰的北峰吗？"得到的回答是："我会全力以赴。"接下来，记者问了第三名登山队员同样的问题，对方回答："我将竭尽全力。"
>
> 最后，记者问第四名登山队员："你打算登上马特洪峰的北峰吗？"他近乎激动地呼喊着："我将要登上马特洪峰的北峰！我一定会登上马特洪峰的北峰！"他的身体看起来并没有前面采访过的3名登山队员强壮。
>
> 随后，这些登山队员出发了。记者对此进行了跟踪报道，并在活动结束后证实，只有一个人登上了马特洪峰的北峰，就是那名说过"我将要登上马特洪峰的北峰！我一定会登上马特洪峰的北峰"的登山队员。

由上述案例可知，能否实现目标常常取决于信念够不够坚定、成功的愿望够不够强烈。

**2. 聚焦主要目标，不因其他目标或路边的风景而忘记主要目标**

如果期望成功，我们就必须聚焦目标。聚焦目标意味着我们要放下所有可以做但不是必须做的事，专注于应该做的事。事分轻重缓急，我们必须从所有事中找出最重要的那件事。这样，目标和行动之间就有了更紧密的联系。

在实现目标的过程中，我们既不能因其他目标而忘记主要目标，也不能贪恋路边的风景与掌声，要时刻记住自己的主要目标是什么、想得到什么样的结果，并及时校正自己努力的方向。

例如，你今年的工作目标是分别向A客户、B客户销售1000万元、200万元的产品。那么，在项目拓展过程中，你要聚焦的应该是A客户的项目，同时也要关注B客户的项目。你既不能因为B客户需要你投入70%的时间或A客户的项目不紧急，就忘记对A客户的拓展，也不能因为临时安排的C事项，把A客户和B客户的项目抛到脑后。

又如，家里没有米和油了，你要出去买。走在街上，你看到超市的床上用品在打折，兴高采烈地买了一堆床单、被子和被套回家，却忘记了买米和油。这样一来，你只能再出去一趟了。

**3. 以终为始，践行不止**

为了成功，我们必须有强烈的成功动机和坚定的信念。我们要坚信，过去的成功或失败既不等于未来会失败，也不会影响未来的成功。偶尔的小失败只会暂时停止我们成功的步伐。

《实践论》一文中指出："你要知道梨子的滋味，你就得变革梨子，亲口吃一吃。"要想获得人生的知识，我们就要亲自实践，实践是最好的导师，只有行动才能让我们获得成功。

> **案例3：两个和尚**
>
> 蜀地有两个和尚，一个贫穷，一个富有。穷和尚问富和尚："我要去南海，你觉得怎么样？"富和尚说："你凭借什么条件去呀？"穷和尚说："我有一个盛水的瓶子和一个盛

饭的钵就足够了。"富和尚说："我这几年一直想雇船沿着长江往下游走,还没去成呢!你凭什么去呀?"

第二年,穷和尚从南海回来,并把这件事情告诉了富和尚,富和尚露出了惭愧的神色。

蜀地距离南海有几千里,富和尚没去成,穷和尚却去成了。这个故事告诉我们:看似困难的事能做成,相对容易的事反而做不成,关键在于做事的人能否及时采取行动。

很多事说起来容易,做起来难。要想行动起来,我们就要克服懒惰,做好遇到难以想象的困难和无数挑战的准备。有思想是一种能力,能行动也是一种能力。离开了行动,自信、勇气都是空谈或"阿Q式"的自我安慰。

**案例4:害怕失败的小林**

广告设计师小林刚加入一家公司就面临着非常激烈的竞争,这里有很优秀的策划人,有时为了竞争一个广告的策划方案,彼此之间势如水火,争得不可开交。没有经验的小林有些手足无措,经常不知道应该怎么办才好。更糟糕的是,他拿不出足够的勇气迈出竞争的第一步。

其实,在广告创意、设计和策划方面,小林是一个很有能力的年轻人。总监起初也非常欣赏他,想重点培养他。然而,在如此激烈的竞争环境里,他开始变得不自信。有一天,总监让每人交一份某个广告的初步方案。大家都按时完成了工作,只有小林还在修改、调整,总觉得自己的想法和别人相比没什么优势,所以他犹豫不决,生怕自己被挤掉。公司当然不会允许员工的工作效率这么低,总监对小林非常失望,试用期刚结束就让他离职了。

变成"自由人"后,小林进行了深刻的反思。在第二次就业时,他调整心态,以主动的态度迎接竞争,自信地向上级说明自己的创意,勇敢地和每一个同事交流,融入他们的圈子,展示自己的个性。他变得非常有行动力,做事果断,敢于竞争,不停地尝试自己的想法。没过多久,小林成为第二家公司最年轻的总监助理。

行动是对你是否真正具备自信、勇气的严峻考验。无论最后的结果是什么,即使碰得头破血流,也是一笔财富。从某种意义上说,失败可以让人变得睿智、坚韧、强大。

**4. 灵活应对,通往成功的道路不止一条**

在通往成功的道路上,绝大多数情况下会出现各种千奇百怪的问题。我们需要从多个备选方案中挑出最好的解决方案。

例如,虽然你在某个行业内有了一定的竞争优势,但是不断有新玩家来搅局。在这种情况下,你觉得必胜的办法是什么?有人会说:"创新,不断地创新,让后来者望尘莫及。"除此以外,还有其他办法保持竞争优势吗?

亚马逊推出 AWS(亚马逊网络服务)后的前10年,在没有什么竞争压力的情况下,亚马逊主动降价了51次。降价带来的是更高的竞争门槛和更大的市场份额,当后来者发现老玩家已经把利润压得很低的时候,就不敢贸然入场了。

这就是扩大选择空间的第二种方法——打破思维定式。

> **案例 5：华为的另类方案**
>
> 华为做了一个海外项目，对方需要一个公共安全类的全套摄像头解决方案。华为在中国和欧洲都做过类似的方案，具体方法是先把多个摄像头通过互联网接入数据中心，然后在数据中心统一分析。
>
> 但是，本来万无一失的项目却卡在了意想不到的地方。对方国家的网速很慢，图像视频传不回来。
>
> 怎么解决这个问题呢？华为给出了独特的解决方法：直接把计算芯片装到各个摄像头里，各个摄像头负责计算，只把结果传回数据中心，这样就不需要太高的带宽了。
>
> 确定了新方案后，华为先把自己生产的物联网芯片装到了摄像头里，然后把另一个项目里的算法快速移植了过去，经过测试，一切顺利。
>
> 不同行业对成本和性能的平衡点要求不一样，有的更在乎成本，有的更在乎性能。其实，每个项目拼的都是反复沟通、审时度势，以及经验和技术的积累。
>
> 躺着赚钱只是一种幻想，在遇到问题时，怎么解决问题才是成功的关键。

如果单一、线性的思维方式不能很好地解决问题，那么我们需要反思自己的解决方案，并保有不断推翻自己、一次次重来的勇气，这才是真正的智慧。

### 5. 不到最后一刻绝不放弃

有些项目周期比较长，而且在某些时间段内需要做的事情不多。在这种情况下，我们一定要坚持关注客户，为客户服务，持续进行例行的项目拓展。

在这个过程中，遇到各种困难、挫折是非常正常的，要想成功，切忌有始无终、半途而废。

> **案例 6：永不言弃的松下幸之助**
>
> 出身贫寒的松下幸之助在年轻时曾到一家电器工厂谋职，这家工厂的人事主管看面前的小伙子衣着肮脏、身材瘦小，觉得他不是理想的人选，随口说："我们现在暂时不缺人，你一个月以后再来看看吧。"这本来是人事主管的托词，没想到一个月后松下真的来了，人事主管推托说："我现在有事，过几天再说吧。"隔了几天，松下又来了。如此反复了多次，人事主管只好直接表明自己的态度："你这样脏兮兮的是进不了我们工厂的。"于是，松下立即回去借钱买了一身整洁的衣服，穿上后过来面试。人事主管看他这么实在，只好说："关于电器方面的知识，你知道得太少了，我们不能要你。"
>
> 两个月后，松下再次出现在人事主管面前，对他说："我已经学会了不少关于电器方面的知识，您看我在哪方面还有差距，我一项项弥补。"人事主管紧盯着态度诚恳的松下，看了半天才说："我干这一行几十年了，第一次遇到像你这样找工作的，我真佩服你的耐心和韧性。"松下不轻言放弃的精神打动了人事主管，他终于得到了这份工作。
>
> 后来，松下通过不断努力，逐渐成为电器行业的非凡人物！

松下的成功告诉我们：失败既是挫折，也是机会，它可以让我们找到自身的不足，只要弥补了这些不足，我们就离成功不远了。

只要不到最后一刻，我们就要抱着必胜的信念，全力以赴，争取成功。即使最终失败了，我们也要找到失败的原因，并总结经验教训，这是我们的重要收获。

### 6. 即使只有1%的希望，也要付出100%的努力

在现实生活中，很多事也许没有多少希望，然而很多人即使只有1%的希望，也会付出100%的努力，做他们认定的那件事。虽然希望很渺茫，但是只要坚持努力，也许就会成功。

例如，在项目拓展的过程中，形势和信息瞬息万变。也许你前几天还对项目成功信心满满，今天却突然收到不利的消息，或者眼看招标方就要决定让竞争对手中标了，你是否会心甘情愿地签订"城下之盟"呢？在这些情况下，我们需要进行综合分析，看看还能做些什么。

万丈高楼平地起，成功需要付出。面对工作中遇到的种种困难，我们必须始终保持"只要有1%的希望，就要付出100%的努力"的决心和信心，满怀激情，不松懈、不放弃，把握每一个机会，利用每一个有利因素，在各方面付出不懈的努力，争取赢得最终的胜利。

## 活动一：在面对困难时，要有突破自我的决心与坚持

### 1. 活动目的

通过活动，理解成功需要坚韧与坚持。

### 2. 活动流程

1）阅读材料

1958年8月，我国自主设计研发核武器的工作正式启动，年仅34岁的邓稼先成了领头羊。面对国外技术封锁、国内科研条件不足的困难，邓稼先等科学家没有放弃，而是勇往直前。当时，国内的条件十分艰苦，研发复杂的核武器用的竟然是最原始的工具，如炼制炸药用的是铝锅，计算用的是手摇计算机、计算尺和算盘。虽然条件艰苦，但是我国的原子弹事业仍然取得了成功，因为其中有邓稼先和那一代科学家天才般的创造与义无反顾的热情，以及他们在科研工作方面的求实精神与决心。

1964年10月16日，我国的第一颗原子弹成功在沙漠腹地炸响，这一天被历史铭记！

2）分组讨论，课堂分享

- 我国的第一颗原子弹取得成功的主要原因是什么？
- 哪些特质有助于邓稼先等科学家取得成功？
- 各小组安排1人分享小组讨论结论，其他小组成员既可以补充，也可以分享不同观点。

➡️ 实现参考

## 4.4.3 成功是有方法可循的

### 活动二：安迪受到上级的责骂冤枉吗

1. 活动目的

通过活动，认识到成功是有方法可循的。

2. 活动流程

1）观看电影

在电影《穿普拉达的女王》中，安迪作为时尚杂志《天桥》的主编米兰达的助理，一开始就没打算在时尚界长期工作下去，而是一心想从事自己喜欢的记者工作。因此，她安于现状，没有意识到应该努力改变自己的形象，以适应现在这份工作。

因为没有在暴风雨的晚上为米兰达订到飞机票，让她从迈阿密去纽约看双胞胎女儿的演奏，安迪受到了米兰达的责骂。安迪觉得很委屈，认为自己虽然没有做到米兰达让自己做的事情，但是自己已经努力了，米兰达不但没有感谢，反而责骂自己，因此心里有些抱怨米兰达。

2）快速思考

- 你觉得安迪这种"身在曹营心在汉"，在公司混日子的行为可取吗？
- 你认为安迪"没有功劳也有苦劳"吗？她受到上级的责骂冤枉吗？

### 参考建议：成功的方法

1. 善于整合可利用的资源

如果周围有可利用的资源，我们为什么不利用呢？那样会使我们少走很多弯路，少犯很多错误，从而提高我们的工作效率，推动我们成长，增强我们的竞争力。

如果我们懂得利用并善于利用资源，把利用资源变成习惯，我们和成功之间的距离就会缩短很多。无论是在生活中还是在工作中，无论是硬件还是软件，可利用的资源无处不在。只要我们懂得利用这些资源，即使只在微不足道的方面利用，也会对我们的成长和成功有所帮助。

卡耐基说过："一个人的成功只有 15%取决于专业知识，85%取决于其人际关系和处事能力。"可见，要想成功，我们需要充分利用现有的资源、挖掘潜在的资源，把事情做成，并实现自己的价值。

成功的前提是了解自己拥有的资源和找到可以整合、利用的资源，具体介绍如下：

一是个人拥有的资源，这种资源属于个人，别人无法剥夺。例如，如果你的身高和篮球运动员差不多，你就有机会打职业篮球。

二是后天习得的资源，如通过努力学习，提高英语水平、精通计算机编程语言、增强沟通能力、扩大个人影响力等。

三是可利用的公司和部门资源,包括资金、硬件、软件、品牌、资料等,其中最重要的是人力资源,如在拜访客户时,领导可能成为可利用的资源,或者同事在某些方面能力很强,我们可以向同事求助,使其临时成为可利用的资源。

四是可利用的其他临时资源,利用并合理安排能协调到的临时资源有助于取得成功。

关于外部资源的利用,比较流行的说法是"资源整合"。任何企业都不可能拥有世界上所有的资源,每个企业可支配的资源是有限的。要想实现发展目标,企业必须利用可支配的资源,与其他利益相关方交换,同时让对方也能得到其需要的资源。这样的例子很多,如蒙牛和工厂、银行、奶农的资源整合。

> **案例 7:跨部门资源整合**
>
> 在某大型软件开发项目中,项目经理面临着人力资源紧张、开发任务紧迫等多重压力。要想成功实施该项目,资源整合是关键。项目经理与各部门的负责人深入沟通,明确了各部门的资源需求和可以提供的资源,之后进行资源整合,通过建立一个跨部门的协作平台,实现了资源的共享和优化配置。这种方法不仅提高了资源的利用效率,还加强了部门之间的沟通与协作,为该项目的成功实施奠定了坚实基础。

### 2. 善于求助

1)求助并不是可耻的事

有这样一个小故事:一个小男孩在院子里搬一块石头,父亲在旁边鼓励:"孩子,只要你全力以赴,一定搬得起来!"石头太重,小男孩没能搬起来,他告诉父亲:"石头太重,我已经用尽全力了!"父亲说:"你没有用尽全力。"小男孩不解,父亲微笑着说:"因为我在你旁边,你却没有请求我的帮助!"

求助是谦逊的表现,即向别人承认自己是一个凡人。求助是通过借助外部的资源和力量,弥补自身的不足,从而更高效地实现目标的行为。求助意味着主动和这个世界连接,通过求助,我们感受到了人间的爱,对方感受到了自己的价值,何乐而不为呢?请求别人帮助其实是一件相互成就的事情。

> **案例 8:"请求帮助"使回复率大幅提高**
>
> 美国的著名销售员肯·戴克曾说过自己的一段经历,他以前寄给代理商的询问信件得到的回信不到全部发出信件的 8%,如果能得到 15% 的回信,就已经很不错了。在他学习了卡耐基的社交技巧并将其成功运用到工作中后,信件的回复率高达 42.5%。
>
> 这些信件之所以能创造奇迹,原因其实很简单,戴克将其归结于"请求帮助":首先,让收信人感觉自己受到了重视;然后,说明这次合作的主要目的,在这个过程中,戴克没有强调自己的公司多么有名,而是强调他有多么仰慕对方,并说"如果没有您的帮助,我甚至不能向公司的经理汇报工作,只有您能回答我的问题"。
>
> 请求帮助的重点是让对方感觉自己受到了重视和尊重。因此,戴克不仅放低了姿态,

> 还一直用"您"称呼对方。当我们向人求助时,这种被重视和尊重的感觉会让对方敞开自己的心扉,发自内心地想帮助我们。

乔布斯说过:"大多数人缺少人生经历的原因是他们从来不去求助。"向人求助明明是一件很简单的事情,对有些人而言,却成了不可逾越的高山。

每个人的眼界、学识、经验、格局不同,有人可以很快想出比较合适的方案,有人不具备这种能力,还有人可以很好地实施新方案。有时候,我们需要借助别人的能力来取得成功。

2)能找到合适的求助渠道是能力的一种表现

求助是一种和别人建立亲密关系的能力。有时候,我们还能借此解决一直没有解决的问题。

> **案例9:富兰克林靠借书化敌为友**
>
> 富兰克林在年轻的时候把所有的积蓄都投进了一家印刷厂,他必须设法成为那家印刷厂所在城市的议会书记,因为担任那个职务更容易接到政府的印刷生意。
>
> 富兰克林有个政敌,他是议会中最富有、最有能力的人,如何突破这个障碍成了富兰克林最大的难题。继续和政敌对着干显然吃力不讨好,迎合政敌又会引起对方的怀疑。富兰克林应该怎么做呢?
>
> 富兰克林通过朋友了解到,政敌的藏书馆里有一本极为少见的奇书。富兰克林便写信给政敌,请求他把书借给自己。
>
> 富兰克林在信中表达了对对方的知识和成就的钦佩,并含蓄、委婉地表达了自己的仰慕之情。之后,政敌很快就托人把书送来。一周后,富兰克林把书还给对方,并附上了一封信,深深地表达了自己的感激之情。
>
> 几天后,当富兰克林与政敌见面时,对方不但主动和富兰克林讲话,而且语气非常客气,还表示在其他事上也愿意帮助富兰克林。富兰克林的政敌之所以改变态度,是因为富兰克林请求他帮忙,这让他感受到了自己的重要性和价值,因此愿意主动与富兰克林合作,并给予富兰克林信任和支持。

如果想攀登珠穆朗玛峰,那么最好求助已经成功登顶的登山者;如果想寻求某方面的建议,那么最好求助在该方面经验丰富的人;如果想在某个领域里达到超出常人的水平,就不能随便找个内行请教,而是要找到可以长期请教的内行。

能找到有针对性的、合适的求助渠道,是问题辨别能力、问题解决能力的一种表现。当然,我们不能一遇到问题就立刻求助,应该先自己思考,找到自己的"卡点"后再求助,并明确向谁求助能解决问题。

3. 坚持不懈

成功切忌有始无终、半途而废。许多人之所以无法取得成功,不是因为能力不强、热情不高,而是因为缺乏坚持不懈的精神。他们在工作时往往虎头蛇尾、东拼西凑、草草了事,容易对目标产生怀疑,行动时常常处于犹豫不决之中。

对积极进取的员工来说，有始无终的工作恶习极具破坏性、危险性。它会吞噬我们的进取心，使我们与成功失之交臂，导致我们无法出色地完成任务。古人云"行百里者半九十"，说的就是这个道理。

要想成功，我们需要具备极强的韧性和毅力，正视自己遇到的挫折和失败，坚持不懈，不达目的决不罢休。例如，电影《肖申克的救赎》的主角安迪·杜弗伦用6年的时间写信，终于获得各方的支持和捐助，在监狱里建成了图书阅览室。

### ➡ 任务实现

## 4.4.4 分组比赛3天内卖出多少套职业装

> **任务：在3天内卖出尽可能多的职业装**

1. 任务目的

培养敢于挑战不可能的勇气、追求成功的心态和发散思维、创新思维。

2. 任务说明

销售对象不限，以小组为单位统计销售结果，并计算利润率。

3. 任务规则

- 提供服装宣传彩页、服装样品，各小组向目标人群推广并销售职业装。
- 限制最低销售价格，可以高价销售，以提高利润。
- 各小组之间不得恶意竞争或发生争吵。

4. 汇报分享

- 统计、公布销售结果和利润率。
- 各小组安排1人分享销售方案、销售过程中的亮点和不足之处，其他小组成员既可以补充，也可以分享不同观点。

### ➡ 任务小结

## 4.4.5 成功导向性促使我们攀登更多的绩效高峰

有成功导向性的人往往有以下表现：想做出比别人更出色的业绩；不满足于现在的业绩，在完成工作后为自己设定更高的、更有挑战性的目标；关注结果、效率和标准，并力求改进工作或服务，追求资源利用最优化；在困难面前不认输，下定决心完成有难度的任务。

强烈的成功愿望促使我们对未来充满信心，在野心勃勃、朝气蓬勃的激情和锐气的驱动下，我们精神抖擞、斗志昂扬，在攀登一座座绩效高峰的过程中，我们可以达到自我实现的最高境界。

## 4.5 执行力

### 任务目标

#### 4.5.1 哪个团队的纸飞机飞得最远

**任务名称**

任务：比一比哪个团队的纸飞机飞得最远。

**任务分析**

学习与执行力相关的知识和提升执行力的措施，完成体现执行力的实训活动。

| | | |
|---|---|---|
| 实现准备 | 课堂活动 | 活动一：你怎么看待业界领袖的观点 |
| | 课堂讲解 | 知识点一：执行力对个人和企业的重要性 |
| | | 知识点二：体现个人执行力的特质 |
| 实现参考 | 课堂活动 | 活动二：从《亮剑》中感悟执行力的重要性 |
| | 课堂讲解 | 观点参考：提升个人执行力的措施 |
| | 课后阅读 | 扩展阅读：企业缺乏执行力的原因和提升企业执行力的措施 |
| 任务实现 | 课外实训 | 任务：比一比哪个团队的纸飞机飞得最远 |
| 任务小结 | 课后思考 | 强大的执行力是成功的关键 |

### 实现准备

#### 4.5.2 理解执行力对个人和企业的重要性

**活动一：你怎么看待业界领袖的观点**

1. 活动目的

通过活动，加深对执行力的重要性的认识。

2. 活动流程

1）阅读业界领袖的观点

| 在企业运作中，其战略设计只有10%的价值，其余的全部都是执行的价值。<br>——哈佛商学院前院长波特 | 确定目标不是主要的问题，如何实现目标和如何坚持执行计划才是决定性的问题。<br>——彼得·德鲁克 | 没有执行力，就没有竞争力！微软在未来10年内所面临的挑战就是执行力。<br>——比尔·盖茨 | 一位领导者的成功，5%在战略，95%在执行。<br>——ABB公司原董事长巴尼维克 |
|---|---|---|---|

2）快速思考
- 你理解的"执行力"是什么？请举例说明。
- 你怎么看待这些业界领袖的观点？
- 请你对自己的执行力进行评分。

## 知识点一：执行力对个人和企业的重要性

### 1. 执行力的概念

执行力是指贯彻战略意图、实现预定目标的能力，是把企业战略、规划转化为效益、成果的关键。执行力包含完成任务的意愿、完成任务的能力、完成任务的程度。

对个人而言，执行力是行动力；对团队而言，执行力是战斗力；对企业而言，执行力是经营能力。

### 2. 如何理解执行力

从个人的角度来讲，执行力是行动力，也就是在每个阶段都一丝不苟，最终不折不扣地完成任务的能力。

> **案例1：把信送给加西亚**
>
> 在美西（西班牙）战争爆发后，美国总统需要立即与古巴的起义军首领加西亚取得联系。但没人知道加西亚在古巴的具体位置，怎么办？
>
> 有人对总统说："如果有人能找到加西亚，这个人就是罗文。"
>
> 于是总统把罗文叫来，交给他一封信，让他把信送给加西亚。罗文接过信后，既没有问加西亚在什么地方，也没有抱怨，而是马上行动，自己想办法，出生入死，历尽艰辛，最终完成了任务。

个人如此，企业也是如此。优秀的企业和一般的企业做同样的事情，前者之所以能做得更好、更到位、更迅速，从激烈的竞争中脱颖而出，独占鳌头，靠的就是企业执行力。

《执行力》一书中写道："执行力应该成为一家公司的战略和目标的重要组成部分，它是目标和结果之间'不可缺失的一环'。"由此可见，从企业的角度来讲，执行力是企业将长期战略一步步落到实处的能力。判断一个企业的执行力如何，需要看这个企业能否保质保量地实施既定战略。

如表 4-5 所示，我们可以从个人和企业的角度理解执行、执行力。

表 4-5 从个人和企业的角度理解执行、执行力

|  | 个人 | 企业 |
| --- | --- | --- |
| 执行 | 行动，把想法变成行动，把行动变成结果，保质保量、不折不扣地完成任务 | 贯彻、实施，将战略落到实处 |
| 执行力 | 行动力，把想做的事做成功的能力，注重细节，保质保量、按时完成任务的能力 | 贯彻战略意图、实现预定目标的能力 |

### 3. 执行的原则

**1）执行开始前：决心第一，成败第二**

有些事情如果现在不做，可能我们永远都不会做了。此时，只有一个因素能发挥关键性作用，那就是我们的决心。执行的关键是必胜的信心和决心，如果我们一开始就认为做不成一件事，那么成功的概率只能是零。

不要把事情拖到以后，因为"以后"可能永远不会到来。"今天"是我们唯一可以把握的时刻，只有立即行动，才能避免遗憾，这是支撑我们走向成功的秘诀。

**2）执行过程中：速度第一，完美第二**

在执行过程中，之所以"速度第一，完美第二"，是因为完成任务比追求完美更重要，不能因为追求完美而导致迟迟完不成任务或严重降低完成任务的速度。现在不是"大鱼吃小鱼"的时代，而是"快鱼吃慢鱼"的时代。

在竞技场上，出拳速度快的小个子往往能击败动作迟缓的大块头，只要快如闪电，就能瞬间爆发出惊人的力量。"更高、更快、更强"不仅是奥运会的著名格言，也是企业运作的不二法则。

**3）执行结束后：结果第一，理由第二**

领导不相信信誓旦旦的承诺，只相信事实。不管白猫黑猫，抓住老鼠就是好猫！员工不能总想为自己开脱，找一堆理由和借口。

如果眼中只有结果，就不会有困难；如果眼中只有困难，就不会有结果。结果和困难是"跷跷板的两端"。企业是靠结果生存的，而不是靠理由，这是硬道理。在执行结束后，我们要多输出结果，少找理由和借口。

### 4. 执行力对个人的重要性

对个人而言，执行力强不但有助于得到上级的表扬、优秀的考评结果和奖金，并使团队的整体表现得到表扬，而且有助于提高个人素质。

**1）有能力、没表现等于零**

每个人都有长处，只有知晓自己的长处，并通过实践使自己的价值得到他人的认同，才能获得更大的发展空间。如果自认为是一匹千里马，就应日行千里路，在展现自身能力的同时，伯乐也会出现。只有将潜在优势转化为现实优势并发挥出来，才能真正体现其价值，否则潜在优势就失去了价值。

**2）有计划、没行动等于零**

计划是执行的前提，行动是执行的真谛。如果不能通过行动来实施与总结计划，那么再完美的计划也只能是永远无法实现的幻想。执行的关键不是制订多么完美的计划，而是立即行动。

**3）有机会、没争取等于零**

工作的价值不仅是获得薪水，工作中的种种锻炼机会也是培养和提升自身能力的良机。要想争取机会、把握机会，我们需要比别人多想一点、多做一点。

**4）有布置、没监督等于零**

工作不仅要有布置、有落实，还要有监督。只有这样，我们才能发现问题、处理问题、总结经验、吸取教训，才能把工作做得更好。

5）有行动、没进步等于零

只有团队中的每个成员都积极追求进步，团队才能进步，持续的进步可以推动团队不断成长。如果没有持续的进步或有了一点小进步就原地踏步，最后的结局只能是被淘汰。

6）有问题、没处理等于零

在实施计划的过程中，面对瞬息万变的市场，任何疏忽都有可能导致整个计划的失败。除了要制订计划、把握细节，我们还要对发现的每一个问题进行及时的处理，以防"千里之堤，溃于蚁穴"。

7）有行动、没结果等于零

请阅读以下案例。

> **案例2：俄罗斯人种树的故事**
>
> 一对中国夫妇坐飞机去俄罗斯旅游，一下飞机就看见飞机场旁边的空地上有两个俄罗斯人，一个人在前面挖坑，另一个人在后面把坑填平。
>
> 两人一直重复着这样的动作，中国夫妇很好奇，站在那里看他们到底在做什么。看了很久也看不明白，于是中国夫妇上前询问："请问你们在做什么呀？"两个俄罗斯人说："我们在种树。"
>
> 中国夫妇觉得奇怪，继续问他们："这里连树都没有，你们怎么说是在种树呢？"两人解释说："我们本来是三个人一起种树的，一个人负责挖坑，一个人负责放树，一个人负责培土。今天负责放树的人请假了，我们又不能不做自己的工作，所以还是一个人挖坑，一个人培土。"

### 5. 执行力对企业的重要性

1）执行力低下是企业管理的最大"黑洞"

- 为什么伟大的理想不能变成现实？
- 为什么无懈可击的战略、方案达不到预期的效果？
- 为什么经过科学论证的目标不能变成预期的结果？
- 为什么小心翼翼、费尽心思却被竞争对手抢占先机？
- 为什么和竞争对手有同样的计划、策略，业绩却相差十万八千里？

在这些"为什么"的背后隐含着一个严峻的现实，那就是执行力低下。某权威公司曾做过一项调查：在一年的时间里，许多企业只用15%的时间为顾客提供服务，在其余85%的时间内，这些企业做的工作对顾客没有意义。换言之，这些企业将大量的时间和精力花在了内部协调、开会、解决人事问题和处理各种管理纷争上。执行力低下已经成为企业管理的最大"黑洞"。

2）强大的执行力是实施战略的必要条件

当企业的战略已经确定或基本确定时，执行力变得非常关键。有些企业的失败不是战略的问题，而是执行的问题。再好的战略，如果不执行，也只是空谈。

其实,很多企业都有类似的方法和程序,执行力的差异造成了经营结果的巨大差异。执行力是战略得以顺利实施的关键因素。如果没有强大的执行力,战略就只是一句空话。

## 知识点二:体现个人执行力的特质

### 1. 自动自发,诚信工作

要想提升个人执行力,我们必须完成从"想执行"到"会执行"的转变,把执行变为自动自发的行动。有了自动自发的行动,我们就可以战胜工作中的很多挫折。

在现实中,几乎所有工作都有制度、规定,可是仍然有违章。究其原因,主要是态度问题,即做人是否诚实、做事是否认真的问题。做人要有做人的标准,做事要有做事的原则。我们要视服从安排为职场规则,无论在什么岗位,无论做什么工作,我们都要满怀热情,做到诚实做人、认真做事。

### 2. 敢于负责,注重细节

工作无小事,工作意味着责任,责任既是压力,也是我们努力完成工作的动力。工作的意义在于把事情做对、做好。工作标准应该是自己主动设定的,而不是别人要求的。如果我们对自己的期望比领导对我们的期望更高,如果我们能把做好工作当成义不容辞的责任,就没有完不成的任务。

在认真、负责的同时,我们还要养成注重细节的习惯。注重细节的人不仅能认真对待工作、勤奋工作,还能把大事做好、把小事做细,并在工作中获得成就感。养成在工作中注重细节的习惯是提升个人执行力不可或缺的条件。

### 3. 善于学习,追求新知

一位哲人说过:"未来的文盲不再是不识字的人,而是没有学会怎样学习的人。"从这位哲人的话语中我们不难体会到,善于学习是最基本、最重要的第一能力。如果没有善于学习的能力,其他能力就无从谈起,更遑论执行力。

在当今社会,唯一不变的就是变化,一切事物都在不断地发展变化,而且发展变化的速度不断加快。要想适应社会的变化,跟上社会的变化节奏,武装自己的头脑是我们唯一的选择,因此善于学习、追求新知成为提升个人执行力的重要条件。

### 4. 忘我工作,永不放弃

忘我工作也可以说是全身心地投入工作。如何全身心地投入工作呢?我们必须发扬严谨务实、勤勉刻苦的精神,改正夸夸其谈、评头论足的坏习惯,静下心来,从小事做起,从点滴做起。有了忘我工作的精神,我们就不会斤斤计较个人得失,不会吝啬付出和奉献,从而真正提升个人执行力。

永不放弃就是在工作中具有抗挫折能力、抗压能力、自我控制力和意志力。永不放弃表现为意志坚强、目标坚定,对于认准的事情,无论遇到多大的困难,都要千方百计地完成。另外,在工作中保持良好的体能和稳定的情绪状态,"不以物喜,不以己悲",也能体现永不放弃的精神。

## 5. 和谐友好，重视合作

俗话说"人无完人"，一个人不可能独立完成所有工作。要想提升个人执行力，我们必须建立良好的人际关系，不仅要在别人寻求帮助时提供力所能及的帮助，还要主动帮助别人。这样，我们也能坦然地接受别人的帮助。

良好的沟通是成功的一半。通过沟通，群策群力，集思广益，我们可以在工作中打破条条框框，找到最合适的方案。同事之间的合作与沟通是高效执行工作任务的关键。

➡️ **实现参考**

### 4.5.3 提升个人执行力和企业执行力的措施

**活动二：从《亮剑》中感悟执行力的重要性**

#### 1. 活动目的

通过活动，理解、感悟执行力对团队的重要性，以及团队的成功依赖于个人执行力。

#### 2. 活动流程

1）阅读材料

在电视剧《亮剑》中，李云龙的队伍是一支非常有战斗力、执行力的队伍，每个人都像一匹狼，整个队伍就像狼群，所向披靡，令敌人闻风丧胆。

请扫描二维码或在网上观看相关视频。

2）快速思考

- 李云龙的队伍在多年的武装斗争中逐渐从弱小走向强大，靠的是什么？
- 你从中得到了什么启发（尤其是在遇到天灾人祸、重大变故时）？

扫一扫

**微课**：从《亮剑》中感悟执行力的重要性（视频）

**观点参考：提升个人执行力的措施**

#### 1. 树立目标，增强危机意识

我们要认识到社会竞争的残酷性，做好职业生涯规划，树立阶段性的目标，制订切实可行的计划，并严格要求自己，提升自己的工作能力和执行力。

目标的驱动有助于我们增强危机意识，改变安于现状、裹足不前的危险状态。

#### 2. 不要迟疑，当机立断，立即行动

哥伦布说："即使决定是错误的，我们也可以通过执行来把事情做对，而不是回头再讨论。"

把事情考虑周全后再行动固然没错，但这也是瞻前顾后、犹豫不决的表现。在犹豫不决的时候，我们无法前进，容易失去很多机会。

晏子说："为者常成，行者常至。"虽然行动未必会带来好的结果，但是不行动就永远不会有结果。我们要做行动的巨人，用行动实现梦想。

### 3. 积极进取，增强责任意识

责任心和进取心是做好工作的首要条件，责任心决定执行力度的大小，进取心决定执行效果的好坏。要想提升个人执行力，我们必须具备强烈的责任意识和进取精神，改变不思进取、得过且过的心态，把工作标准设定得高一些，把自己的精神状态调整到最佳，认认真真、尽心尽力、不折不扣地履行自己的职责，绝不消极应付、敷衍塞责、推卸责任，养成认真负责、追求卓越的好习惯。

### 4. 百分之百地理解任务，发现问题及时反馈

我们要明确自己的工作职责，熟知工作流程、操作步骤、注意事项，以及公司的相关管理规定和上级传达的命令。在每次接受任务时，我们都要百分之百地理解任务。

当发现上级的命令有错时，我们应立即提醒上级；当发现文件资料与实际情况不符或操作起来太困难时，我们应及时报告上级，并提出自己的观点。

### 5. 脚踏实地，提高办事效率

"天下大事必作于细，古今事业必成于实。"虽然岗位可能平凡，分工各有不同，但是只要兢兢业业，就有可能做出一番事业。要想提升个人执行力，我们必须从小事做起，从点滴做起，一件一件抓落实，一项一项抓成效，干一件成一件，积小胜为大胜，养成脚踏实地的好习惯。

此外，我们还要增强时间观念和效率意识，有效地进行时间管理，时刻把握工作进度，争分夺秒，赶前不赶后，养成雷厉风行、干脆利落的好习惯。

### 6. 磨炼意志，培养毅力

"中国式管理之父"曾仕强说："我们要了解，一个人如果没有做大事的打算就算了，既然要做大事，就要面对困难和挫折。挫折越严重，你就越知道自己是要做大事的人，这样激励自己才能成功。"

错误并不可怕，可怕的是不能清楚地认识到错误的严重性，导致以后犯同样的错误。我们要正确看待处罚，处罚的目的是激励我们进步。在遇到困难和挫折时，我们要有"啃硬骨头"的勇气和决心，绝不轻易放弃。

### 7. 注重细节，追求卓越；开拓创新，改进工作方法

做事不追求完美的人很难成功，要想达到完美的境界，必须注重细节。在我们周围，大而化之、粗枝大叶的人随处可见，"好像""几乎""将近""大约""大致""大概""应该""可能"是这些"差不多先生"的常用词。即使有再好的设计，如果执行得不好，也只能是纸上谈兵。只有执行得好，才能体现出设计的精妙之处。在执行过程中，最重要的就是细节。

在竞争日益激烈、发展日趋迅猛的当今社会，创新能力和应变能力已成为推动社会进步的核心能力。要想提升个人执行力，我们必须具备较强的改革精神和创新能力，改变无所用心、生搬硬套的工作方法，充分发挥主观能动性，创造性地开展工作。

## 8. 既要完成任务，也要有结果

任务是对过程的描述，而结果是我们想要的东西。例如，吃饭是任务，吃饱是结果；看书是任务，学到知识是结果；打广告是任务，销售产品是结果。

只有追逐结果的人才能成长。对结果的渴望会让我们忽略很多可能成为借口的干扰因素。有结果才有价值，如果没有结果，那么即使完成了任务，也没有价值。

**扩展阅读：企业缺乏执行力的原因和提升企业执行力的措施**

影响企业执行力的因素包括企业文化、制度流程、监督考核机制、员工的个人执行力和奖惩方法等。如何提升企业执行力呢？请扫描二维码，进行扩展阅读。

扫一扫

微课：提升企业执行力的措施

### 任务实现

## 4.5.4 哪个团队的纸飞机任务得分最高

**任务：比一比哪个团队的纸飞机飞得最远**

### 1. 任务目的

提升团队执行力和个人执行力。

### 2. 任务地点

室外空旷场地。

### 3. 任务形式

分成若干团队，每个团队 10~12 人，从中选出 1 名队长。

### 4. 任务规则

（1）老师给每人发一张白纸，让大家按照自己的想法把白纸折成纸飞机。每个团队轮流站在地上的一条线后，团队成员一个一个地把纸飞机向前扔，队长记录谁的纸飞机飞得最远，并指定这架纸飞机的主人为教导员。

（2）在所有团队试飞结束后，老师给每个团队发 75 张白纸，要求大家在 15 分钟内把白纸折成纸飞机，并站在刚才的线后向前扔纸飞机，如果纸飞机的飞行距离超过 15m，就得 1 分。老师统计得分后确定排在前三名的团队。

### 5. 问题讨论、分享

- 同样的白纸、同样的时间，不同团队的得分为什么会出现差距呢？
- 各小组安排 1 人分享小组讨论结论，其他小组成员既可以补充，也可以分享不同观点。

### 6. 观点分享：纸飞机任务的启示

在同一个团队中，有人的纸飞机飞得远，有人的纸飞机飞得近，但最终得高分的团队一定是各项措施都做得比较好的团队。请扫描二维码，阅读纸飞机任务的启示。

> **任务小结**

### 4.5.5 强大的执行力是成功的关键

成功不是一蹴而就的事，比起各种思维、想法、计划，我们更需要的是执行力。

我们要确定目标、拆解目标，脚踏实地、一步一步地实现每一个小目标，心无旁骛地坚持下去，这样才能离成功越来越近。

扫一扫

微课：纸飞机任务的启示

## 4.6 职场礼仪与职场形象

> **任务目标**

### 4.6.1 职场交际情景演练

**任务名称**

任务：职场接待情景演练。

**任务分析**

学习职场礼仪和职场形象的相关知识，进行职场交际情景演练，完成本节的任务。

| 实现准备 | 课堂活动 | 活动：职场礼仪演示 |
| --- | --- | --- |
| | 课堂讲解 | 知识点一：认识礼仪、职场礼仪和办公礼仪 |
| | | 知识点二：认识职场形象 |
| 任务实现 | 课堂实训 | 任务：职场接待情景演练 |
| 任务小结 | 课后思考 | 知礼仪、塑形象是获得事业成功的重要保障 |

> **实现准备**

### 4.6.2 职场礼仪和职场形象的相关知识

**活动：职场礼仪演示**

1. 活动目的

通过活动，认识到礼仪无所不在，规范的礼仪是需要学习的。

## 2. 活动流程

1）现场模拟

老师选择一个男同学和一个女同学，请他们站在讲台上，模拟在职场中初次见面时的自我介绍、握手情景。

2）现场评判

- 他们的服饰是否符合职场礼仪？
- 他们的自我介绍、握手动作是否符合职场礼仪？

### 知识点一：认识礼仪、职场礼仪和办公礼仪

#### 1. 认识礼仪

1）什么是礼仪

亚里士多德强调人与人之间交往和沟通的必要性，他说："一个人不和别人打交道，他不是一个神，就是一个兽。"

我国是文明古国、礼仪之邦。古人说："礼出于俗，俗化为礼。"如今，许多行业的服务规范都包含与仪容仪表、言行举止、待人处事等相关的内容。

礼仪是一门综合性较强的行为科学，是指在人际交往中自始至终地以一定的、约定俗成的程序、方式来表现的律己、敬人的完整行为。礼仪是人们在交往活动中向对方表示尊重、友好、善良、平等的各种行为规范的总称。礼就是道理、规矩、规则，仪则是仪态、仪容、仪式。

礼仪具有民族性、区域性、共同性。学习礼仪的核心价值是营造美好、和谐的工作和生活环境。

2）礼仪的内容

- 礼貌：人们在交往过程中相互表示敬意、友好，展现得体的气度和风范。
- 礼节：人们在交往过程中表示尊重、祝颂、致意、问候、哀悼等惯用的形式和规范。
- 仪式：在特定场合举行的、具有专门程序的、规范化的活动，如颁奖仪式、签字仪式、开幕式等。
- 仪表：人的外表，包括容貌、风度、姿态等。

3）礼仪的原则

（1）律己。

这是礼仪的基础和出发点，包括自我要求、自我约束、自我控制、自我对照、自我反省、自我检点。

（2）敬人。

这是礼仪的重点和核心，是对待他人的诸多原则中最重要的一项原则。我们要常存敬人之心，处处不可失敬于人，不能伤害他人的尊严，更不能侮辱他人的人格。掌握了这一点，就等于掌握了礼仪的灵魂。礼仪的核心是敬人，即以尊重为本，尊重分为自尊和尊重他人。

①自尊。
- 首先,以自尊为本,自尊自爱,爱护自己的形象。
- 其次,尊重自己的职业。
- 最后,尊重自己的公司。

②尊重他人:对不同的人的尊重可以体现不同程度的个人修养。
- 尊重上级是一种素养;
- 尊重下级是一种美德;
- 尊重客户是一种常识;
- 尊重同事是一种智慧;
- 尊重所有人是一种教养。

(3) 宽容。

我们既要严于律己,也要宽以待人,要多宽容、体谅、理解他人,不要求全责备、斤斤计较、过分苛求。

(4) 平等。

我们应该对交往对象一视同仁,给予同等程度的待遇,不能因为交往对象在年龄、性别、种族、文化、身份、财富和关系的亲疏远近等方面有所不同而厚此薄彼。当然,对于不同的交往对象,我们可以采取不同的具体方法。

(5) 真诚。

我们应该诚实无欺、言行一致、表里如一。只有这样,我们在运用礼仪时所表现出来的对交往对象的尊重、友好才会更好地被对方理解并接受。

(6) 适度。

我们要注意运用礼仪的技巧和规范,特别是要注意把握分寸,做到妥帖、得体。

(7) 从俗。

由于国情、民族、文化背景的不同,我们在运用礼仪时应该入乡随俗,与绝大多数人的习惯做法保持一致,切勿目中无人、自以为是。

4) 学习礼仪的现实意义

礼仪是一种普遍的社会规范。学习礼仪既是稳定秩序的保障,也是社会发展的必然和文明进步的象征。学习礼仪可以帮助我们懂得人际交往的一般礼节;提高职业成熟度;提高职业修养和礼仪水准,并将其固化为习惯;营造高素质的职场环境,提升企业与个人的附加价值;塑造令人愉悦且符合规范的个人形象;与人和谐、友善、流畅地沟通;化解矛盾、协调人际关系;赢得好感、联络感情、积累人脉。

**2. 认识职场礼仪**

职场礼仪包括握手礼仪、介绍礼仪、寒暄礼仪、称谓礼仪、聚餐礼仪等,下面分别加以介绍。

1) 握手礼仪

(1) 握手的原则:以尊者为先,由尊者先伸手。

（2）握手的意义。
- 表示友好，渴望结识。
- 愿意联络，加深印象。

（3）握手的顺序。
- 在男人与女人之间，由女人先伸手；
- 在上级与下级之间，由上级先伸手；
- 在长辈与晚辈之间，由长辈先伸手；
- 在主人与客人之间，由主人先伸手。

（4）握手的要求。

一方伸手后，另一方应迅速迎上去；避免很多人互相交叉握手，握手时避免过分地上下摇动。
- 目视对方，面带笑容。
- 稍事寒暄，适当用力。

（5）握手的禁忌。

不能用左手，与异性握手时不能用双手，握手时不能戴墨镜、帽子、手套，不要在与人握手时只递给对方指尖，不要在握手时长篇大论或点头哈腰、过分热情。

2）介绍礼仪

（1）介绍的原则：尊者优先了解对方的情况。

（2）自我介绍。
- 先递名片，再自我介绍；
- 介绍时间不要太长；
- 介绍内容要规范。

（3）介绍别人。
- 谁当介绍人：不同的介绍人给客人的待遇是不同的；
- 介绍的先后顺序：客人优先了解情况。

（4）介绍的要素。
- 先递名片，简短清晰。
- 内容完整，语言生动。

（5）介绍的顺序。
- 在男人与女人相遇时，将男人引见给女人；
- 在上级与下级相遇时，将下级引见给上级；
- 在长辈与晚辈相遇时，将晚辈引见给长辈；
- 在客人与主人相遇时，将客人引见给主人；
- 在已婚者与未婚者相遇时，将未婚者引见给已婚者；
- 在介绍与会先到者与后到者时，将后到者引见给先到者；
- 介绍同事、朋友与家人相识，将家人引见给同事、朋友。

3）寒暄礼仪

主动寒暄不仅能感染周围的人，还能增强自己的自信心和工作积极性。寒暄是一剂"精神良药"，有助于把焕发的精神传达给周围的人。坦诚地正视对方的眼睛，面带微笑，用明朗的声音和人打招呼，是我们应该具备的素质。

（1）改变过去的寒暄习惯。
- 吃了没有？
- 到哪里去啊？

（2）询问别人的私生活是没有修养的表现。

（3）多问候"早上好""晚上好"，恰如其分地欣赏、夸赞别人。

点头礼是一种日常礼仪，指的是微微地点头，以对人表示礼貌，适用于比较随意的场合，如在路上行走或在公共场所与熟人相遇，无须驻足长谈时，可以行点头礼，还可以说一些问候的话。与相识者在同一社交场合多次见面，只点头致意即可。对于有一面之交的人或不相识者，在社交场合可以点头或微笑致意。

4）称谓礼仪

（1）重视称谓礼仪。

称谓礼仪可以体现一个的教养，是体现人际交往技巧的基本礼仪。

（2）基本原则。
- 让别人感到尊重、舒心、愉悦；
- 在不同场合，选择适当的社交称谓、职称称谓、职务称谓、习惯称谓；
- 学会使用尊称，尤其是在 E-mail 和手机短信中。

5）聚餐礼仪

（1）中餐与西餐的比较。
- 餐桌不同，东方讲究热闹，西方讲究优雅；
- 餐具不同，中餐使用筷子，西餐使用刀、叉；
- 烹制方式不同，中餐多煮、蒸、炒、炖，西餐多煎、炸、烤、拌；
- 进餐方式不同，中餐是合餐制，西餐是分餐制；
- 进餐环境不同，东方热闹，西方安静。

（2）席间礼仪。
- 西餐"三不劝"：不劝酒，不劝烟，不劝主食；敬酒时不起身，以免他人尴尬。
- 席间应注意绅士风度，席间接听电话应尽量回避。
- 进出正在用餐的席间要致意，进餐时应注意自己的吃相和说话的音量。
- 别人询问是否点菜时不说"随便"；尽量把剩菜打包带走，不要浪费。

3. 认识办公礼仪

办公礼仪包括电话礼仪、排列礼仪、乘车礼仪等，下面分别加以介绍。

1）电话礼仪

电话礼仪是个人素质的直接体现，维护企业形象、树立办公新风从运用电话礼仪开始。

(1) 接听电话的注意事项。
- 认真做好记录，使用礼貌用语。
- 讲话要简洁、明了，语速不宜过快。
- 注意时间、地点、事由和数字等重要信息。
- 避免使用对方难以理解的专业术语或缩略语。
- 如果对方打错电话，要有礼貌地告知对方，并请对方重新确认电话号码。

(2) 拨打电话的注意事项。
- 注意拨打电话的时间，考虑对方此时是否有空或是否方便。
- 确认对方的电话号码、单位、姓名，以免打错电话。
- 准备好需要用到的资料、文件等，讲话的内容要简洁、明了、有次序。
- 通话时间不宜过长，通话时要使用礼貌用语。
- 工作时最好不拨打私人电话，外界的杂音或私语不能传入电话内。

(3) 电话礼仪的要点。
- "三个一点"原则：声音轻一点，语速慢一点，口齿清晰一点。
- 选择通话时间的技巧：不选择周一上午上班后的前两个小时，不选择周末、周五下班前半小时，不选择晚上10点到第二天早上7点这段时间。
- 通话时的举止表现：恰当的表情、动作、态度、语气是尊重对方与自尊的表现。
- "5W"法：Who（什么人）、What（什么事）、Why（什么原因）、When（什么时间）、Where（什么地点）。

(4) 电话礼仪的禁忌。
- 不可以一接电话就说"喂，喂"或不客气地问"你找谁呀""你是谁呀""有什么事儿啊"。
- 通话过程中不可以吸烟、吃零食、打哈欠；如果你弯着腰靠在椅子上打电话，那么对方即使隔着电话，也能听出你的声音是懒散的、没精打采的。
- 通话过程中不可以与别人闲聊，不要让对方认为对方在你心中无足轻重。
- 最好在电话铃响3声之内接听电话，让对方长时间等候是很不礼貌的行为。
- 如果在电话铃响了5声后才接听电话，那么应该先向对方道歉"不好意思，让您久等了"。
- 不要抱怨接到的任何电话，即使与你无关，也要做好记录，这是对同事的尊重、对工作的负责。
- 不要对接到的电话说"我不知道"，这是一种不负责任的表现。
- 当对方打错电话时，你应该先"自报家门"，然后告知对方打错了。

2）排列礼仪

(1) 行进中的位次排列。
- 与人并行时，内侧高于外侧、中央高于两侧。
- 单行时，前方高于后方。

(2) 上下楼梯的位次排列。
- 上下楼梯以单行为宜，单行时以前方为尊。
- 男女同行时，宜让女士居后，以示尊重。

（3）出入电梯的位次排列：出入无人值守的电梯时，宜先出后进。

（4）进入房间的位次排列。
- 若无特殊原因，则位高者先进。
- 若室内昏暗，则陪同者先进。

（5）乘坐轿车的位次排列。
- 在公务轿车中，上座为后排右座；在普通轿车中，上座为副驾驶座。
- 在接待重要客人时，上座为后排左座，上下车的顺序是客人先上后下。

3）乘车礼仪

上车时，正确的姿势是扶着门，把身体放低，慢慢地移进车里；错误的姿势是低着头、弓着背，钻进车里。

下车时，正确的姿势是先伸出一只脚站稳，再把身体徐徐升高；错误的姿势是先把头伸出来，再把身体钻出来。

## 知识点二：认识职场形象

### 1. 职场形象概述

1）了解职场形象

在职场中，一个人的仪容仪表是构成别人对其第一印象的主要因素，它会影响别人对这个人的专业能力和任职资格的判断。职场形象包括两个层面，分别为技术层面和非技术层面。
- 技术层面：服装穿戴、仪态训练、礼仪修养、目光、表情。
- 非技术层面：风韵风度、气度气场、美仪美姿。

职场形象的塑造与提升可以从静态、动态入手。
- 静态：身材、容貌、服饰、妆容、发型。
- 动态：表情、举止、行为、声音、谈吐。

2）职场形象细节

（1）女士职场形象细节。
- 发型应适合自己的脸型和年龄、身份；
- 口气清新、口腔干净，注意牙齿的清洁和保养；
- 入夏前处理腋毛；若腿毛过长，则应在穿裙子前刮掉；
- 不穿过分鲜艳、前卫、暴露、性感的服装；
- 不在工作场所穿拖鞋；
- 不穿过分暴露的凉鞋出入工作场所；
- 注意首饰与服装的配套、协调；
- 化清新、淡雅的职业妆，适度美化指甲。

（2）男士职场形象细节。
- 头发干净、有型；
- 口气清新、口腔干净；若牙齿不整齐，则应尽早矫正；
- 指甲圆润、整齐、无污垢；

- 着装干净、注意细节，服装面料挺括、无褶皱；
- 鞋面干净；若穿皮鞋，则应打油、擦亮；
- 服装款式、风格符合职业审美和习惯。

3）职场着装

男士职场着装以西装最为合适，女士职场着装以干练、优雅、端庄为宜。职场着装应符合身份、扬长避短、遵守惯例、区分场合。

（1）职场着装的基本原则。
- 全身不超过3种色彩、4种饰品。
- 与身份、岗位、年龄相适应。

（2）TPO着装原则。

在TPO着装原则中，"T"（Time）代表时间、"P"（Place）代表场合、"O"（Object）代表对象，即因时、因地、因人区分着装。不同场合适合的着装如下：
- 公务场合：适合制服、套装。
- 社交场合：适合时尚、个性的着装，如时装、礼服、民族服装等；忌穿各类制服。
- 休闲场合：适合随意、舒适、放松的着装，如休闲装、牛仔装、沙滩装、运动装等。

### 2. 职场行为语言

1）了解行为语言

人的行为语言由以下3部分构成。
- 肢体动作：举止（折射教养）。
- 表情：目光（体现心态）、微笑。
- 身体距离：0～45cm，亲密距离；46～120cm，私人距离；121～360cm，社交距离；360cm以上，公众距离。

2）了解职场行为语言

（1）身体距离。
- 0～45cm：亲密距离。
- 46～120cm：私人距离。
- 121～360cm：欣赏、倾听、维系感情的距离。
- 360cm以上：与关系一般的人讲话的距离，若离得太近，则对方可能感到压迫、不舒服、不安全。

（2）微笑可以体现职业素养和个人价值观。
- 露出4颗牙：职业的笑容。
- 露出8颗牙：灿烂的笑容。
- 不规定露出几颗牙：由衷的笑容。

3）了解职场行为规范

（1）站姿。

抬头、挺胸、收腹，抬头的同时要收下颌，挺胸的同时要夹肩，收腹的同时要提臀，并目视前方。

①男士站姿。
- 脚：双脚分开，比肩略窄，重心在双脚中间；双腿并拢，双脚的脚尖呈30°～45°的V字形。
- 手：双手合放于身前，左手压右手（男左女右）；双手合放于身后，右手压左手；双手分别垂放于身侧。

②女士站姿。
- 脚：双腿并拢，双脚的脚尖呈30°～45°的V字形；双腿并拢，双脚的脚尖呈"丁"字形。
- 手：双手合放于体前，右手压左手。

（2）坐姿。

入座时动作要轻，至少坐满椅子的2/3；若有椅背，则后背轻靠椅背；双膝自然并拢（男士可略分开），身体稍向前倾，表示尊重和谦虚。

①男士坐姿。
- 可将双腿分开，略向前伸。
- 长时间端坐，可将双腿交叉重叠，注意将上面的腿向内收，脚尖向下。

②女士坐姿。
- 入座前，应用背对着客人的手整理裙子，并将裙角向前收拢，双手叠放于腿上。
- 长时间端坐，可将双腿交叉重叠，注意将上面的腿向内收，脚尖向下。

（3）行走姿势。

标准的行走姿势以端正的站姿为基础，其要领是：以大关节带动小关节，肌肉保持放松状态，走得轻巧、自如、稳健、大方。

手臂伸直、放松，手指自然弯曲，在摆动手臂时，以肩关节为轴，上臂带动前臂；向前摆动时，手臂摆直线，肘关节略屈，前臂不要向上甩动；向后摆动时，手臂向外打开的角度不超过30°；手臂前后摆动的幅度为30～40cm，上身前倾，提髋屈大腿，带动小腿向前迈。

脚尖略分开，前脚的脚跟先接触地面，再依靠后腿将身体重心转移到前脚的脚掌，使身体向前移动。

以上行走姿势符合人体结构的工学原理，是比较省力的。"外八字"、斜肩、猫腰、驼背的行走姿势都是不美观的。

### 任务实现

### 4.6.3 进行职场交际情景演练

**任务：职场接待情景演练**

1. 任务背景

××IT公司推销员去××航空公司进行业务洽谈和拜访。

## 2. 角色分配

××IT 公司推销员：A 同学。

××航空公司客服人员：B 同学；王主任：C 同学；接待员：D 同学。

旁白：E 同学。

## 3. 任务地点

××航空公司。

## 4. 情景演练

旁白：下面是××航空公司客服人员接电话的情景，电话铃响了 3 声。

××航空公司客服人员：你好，这里是××航空公司。

××IT 公司推销员：你好，我是××IT 公司推销员。

××航空公司客服人员：请问有什么事吗？

××IT 公司推销员：昨天我已经和贵司业务部的王主任约好今天下午 4:00 见面，请问他现在有空吗？

××航空公司客服人员：请稍等，我问一下王主任。

××IT 公司推销员：好的。

旁白：下面是××航空公司客服人员询问王主任是否接见××IT 公司推销员的情景。

××航空公司客服人员：（在王主任办公室外敲门）王主任。

王主任：请进。

××航空公司客服人员：王主任，××IT 公司推销员已经到楼下了，您现在是否接见？

王主任：可以。

××航空公司客服人员：（从王主任办公室出来，接电话）你好，你现在可以上来了。

××IT 公司推销员：好的，我马上上去。

旁白：下面是王主任接见××IT 公司推销员的情景。

××IT 公司推销员在接待员办公室外敲门。

接待员：请进。

××IT 公司推销员：你好。（握手）

接待员：你好。（握手）

××IT 公司推销员：我是××IT 公司推销员。

接待员：（面带微笑，点头）请随我来。（用手势示意，到王主任办公室外敲门）

王主任：请进。

接待员：（开门，用手势示意）请。这就是王主任。王主任，这是××IT 公司推销员。

××IT 公司推销员：王主任，您好。（握手）

王主任：你好，请坐。（起身握手）

××IT 公司推销员：谢谢。（坐下）

接待员：（向××IT 公司推销员递茶）请喝茶。

××IT 公司推销员：谢谢。（接茶）

接待员：（向王主任递茶）王主任请喝茶。

王主任：嗯。（点头）

××IT公司推销员：昨天在电话中不方便向您介绍我司的新型计算机，今天我特意把样品带来了，请您看一下。（把样品拿给王主任看）

××IT公司推销员：我司的新型计算机不但具有其他公司所售计算机的特点，而且辐射小、不伤眼、款式独特、内存大，更重要的一点是它比同款计算机的价格低一些。

王主任：好的，我们开会研究一下，我认真考虑后给你答复。

××IT公司推销员：好，（起身递名片）这是我的名片，请您考虑后及时与我联系。（握手）

王主任：（接名片，起身握手）再见。（给接待员打电话）进来一下，代我送一送客人。

××IT公司推销员：再见。

接待员：（开门，用手势示意）请往这边走。

5. 同学点评

- 不同角色的服饰、肢体动作是否符合职场礼仪？有哪些需要改进的地方？
- 不同角色在说话、接打电话、递接名片、喝茶、接待客人时是否符合职场礼仪？

➡ 任务小结

## 4.6.4 知礼仪、塑形象是获得事业成功的重要保障

在现代社会的商业活动中，市场竞争异常激烈。企业与个人的形象作为一种"软实力"，发挥着越来越重要的作用。作为塑造职场形象的重要环节，规范和运用职场礼仪越来越受到人们的关注和重视。

"人无礼则不生，事无礼则不成"，知礼仪、塑形象不仅是个人修养的重要体现，也是建立良好的人际关系和获得事业成功的重要保障。

# 第 5 章

# 磨炼自我,增强团队能力

## 学习目标

为了更好地增强团队能力,磨炼自我的沟通能力、问题解决能力、影响力、团队合作能力。

## 任务安排

- 参加大学生职业生涯规划设计大赛。
- 突破性解决问题的团队游戏——创新接力。
- 选谁和唐僧去西天取经?
- 分组完成学校元旦晚会策划。

## 学习指南

- 通过课堂活动、观看视频来理解知识点,通过小组讨论分享等方式学以致用,并提出自己的观点。
- 扫描书中的二维码进行扩展阅读或测试,通过学习"实现参考"部分的内容、策划活动、开展活动、组织比赛等多种方式完成本章的任务。

## 5.1 沟通能力

### 任务目标

#### 5.1.1 大学生职业生涯规划设计大赛

**任务名称**

任务：参加大学生职业生涯规划设计大赛。

**任务分析**

了解有效沟通的重要性，学习有效沟通的方法；学习演讲的相关知识，策划和准备演讲；完成课外实训。

| 实现准备 | 课堂活动 | 活动一：初识沟通 |
| --- | --- | --- |
| | | 活动二：撕纸游戏 |
| | 课堂讲解 | 知识点一：了解有效沟通的重要性和原则 |
| 实现参考1 | 课堂讲解 | 参考建议：有效沟通的方法 |
| | 课堂活动 | 活动三：赞美他人 |
| | | 活动四：你问我答 |
| | | 活动五：正确理解沟通内容 |
| 实现参考2 | 课堂讲解 | 知识点二：演讲认知和准备 |
| 任务实现 | 课外实训 | 任务：参加大学生职业生涯规划设计大赛 |
| 任务小结 | 课后思考 | 沟通能力是人人都需要的能力 |

### 实现准备

#### 5.1.2 有效沟通的重要性和原则

**活动一：初识沟通**

1. 活动目的

通过活动，初步了解沟通的概念。

2. 活动流程

1）判断下面的哪些行为属于沟通

- 王×心情不好，写了一篇日记，以排解自己的情绪；
- 张×给同事发了一封E-mail，同事一直没有回复；

- 张同学在学习时遇到了问题,他向老师请教,老师让他下课后来办公室接受辅导;
- 赵×家里的热水器坏了,他给物业打电话,物业的人 1 小时后才过来,最终解决了问题;
- 李×问同事打印机是否修好了,同事做了个 OK 的手势。

2)快速思考
- 什么是沟通?
- 哪些行为属于有效沟通?

### 活动二:撕纸游戏

#### 1. 活动目的

通过活动,感受并思考影响沟通效果的因素。

#### 2. 活动流程

1)活动规则

老师给每人发一张白纸,并让大家把眼睛闭上,将白纸对折后再次对折,撕掉左上角;对折,撕掉右上角;对折,撕掉左上角。活动结束后,所有同学睁开眼睛,看看大家撕纸的结果是不是一样的。

2)快速思考
- 为什么同学们撕纸的结果不一样?
- 在活动过程中,有同学问问题吗?

3)分析原因

没有两个同学撕纸的结果是完全一样的,因为在对折白纸时,有人往左对折,有人往右对折,有人往上对折,有人往下对折。老师没有明确标准,大家既不能问,也不能看,每个人都按照自己的理解执行指令,所以撕纸的结果不一样。

### 知识点一:了解有效沟通的重要性和原则

#### 1. 什么是沟通

沟通是人与人之间、人与群体之间思想与感情的传递和反馈的过程,以求思想达成一致和感情的通畅。简单来说,沟通就是将信息传递给他人或其他群体,并获得反馈、达成相互理解的过程。

#### 2. 沟通的要素

在沟通中,影响最大的往往不是内容本身。如图 5-1 所示,沟通一般包括以下 3 个要素:一是文字,即沟通的内容;二是声音,包括语调和语速;三是行为姿态,即肢体语言。文字相同,声音和行为姿态不同,所呈现出的沟通效果是截然不同的。有效沟通的前提是完美地融合上述 3 个要素。

如图 5-2 所示,你从不同的肢体语言中感受到了什么?

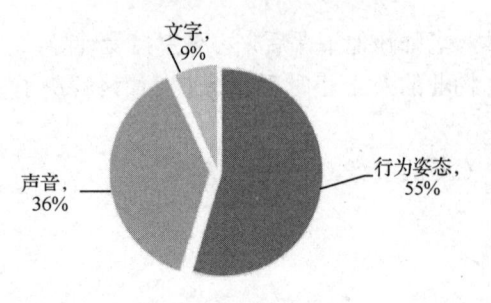

图 5-1 沟通的要素

图 5-2 不同的肢体语言

我们需要重视沟通中的非语言信息。从心理学的角度来看，沟通包括意识和潜意识两个层面，其中意识层面的沟通只占 1%，潜意识层面的沟通占 99%，而后者大部分是通过非语言信息来传递的。

### 3. 有效沟通

1）什么是有效沟通

有效沟通是指通过听、说、读、写等思维的载体，通过演讲、会见、对话、讨论、信件等方式，把思维准确、恰当地表达出来，以便让对方更好地接受。

有效沟通必须具备以下两个必要条件，两者缺一不可。

首先，信息发送者要清晰地表达信息的内涵，以便信息接收者准确地理解信息。

其次，信息发送者要重视信息接收者的反应，并根据其反应及时修正信息的传递，以避免或消除误解。

有效沟通的关键是信息的有效程度，信息的有效程度决定了沟通的有效程度。信息的有效程度主要取决于以下两个方面。

（1）信息的透明程度。

第一，当信息为公共信息时，必须确保其是公开、透明的，并且能被所有相关方正确地理解，这样有助于降低公共信息的不对称性。公开的信息并不意味着简单的信息传递，信息发送者要确保信息接收者能理解信息的内涵。如果信息发送者以模棱两可、含糊不清的语言文字传递不清晰的、难以理解的信息，那么对信息接收者而言，这种信息传递没有任何意义。

第二，信息接收者有权获得与自身利益相关的信息，否则可能导致信息接收者对信息发送者的行为动机产生怀疑。

（2）信息的反馈程度。

有效沟通是一种动态的双向行为，信息发送者需要获得充分的反馈。只有沟通的主体和客体都充分表达对某个问题的看法，沟通才有意义。

2）有效沟通的特点

有效沟通与一般的沟通不同，它具有以下 3 个特点。

（1）有明确的目的。

如果没有明确的目的，就不是有效沟通。理解了有效沟通的这个特点后，我们和别人沟通时的第一句话应该是"我找你的目的是……"。直接说出自己的目的是非常重要的，这也是一种沟通技巧。

（2）达成协议。

在沟通结束后，一定要达成双方或多方都承认的协议。只有达成协议，才算完成了有效沟通。这里所说的协议既可以是书面协议，也可以是大家都认可的某种结果。没有达成协议的沟通不能被称为有效沟通。

在实际工作中，一种常见的情况是，虽然大家一起沟通过，但是没有达成明确的协议就各自去工作了。大家对沟通内容的理解不同，不仅导致工作效率低下，还产生了很多矛盾。

在沟通结束的时候，我们可以用这样的话来总结："通过刚才的交流，我们得出了××的结论，大家看看是这样的吗？"这也是一种非常重要的沟通技巧。

（3）沟通信息、思想和情感。

有效沟通的内容不仅包括信息，还包括更加重要的思想和情感。在信息、思想和情感中，什么更容易沟通呢？答案是信息。例如"今天××点起床""现在是××点""××点开会""往前走××步"等信息是非常容易沟通的。

思想和情感不太容易沟通。在工作过程中，一些障碍使我们无法很好地沟通思想和情感。我们在沟通过程中传递的主要是彼此的思想，而我们表达出来的信息并不是全部的思想内容。

3）有效沟通的重要性

在实际工作中，许多有才能的人由于不会沟通而无法充分发挥自己的作用；一件很好的事情，由于沟通环节出现问题，最终适得其反。由此可见，有效沟通对提高工作效率非常重要。

---

**案例1：不会说话的主人**

一天，主人宴请了许多客人。久候多时，客人只到了一半，主人问："怎么该来的还没来？"在座的客人心想："该来的还没来，那我们必定是不该来的。"于是走了大半。没走的客人中有主人的朋友，他们对主人说："你不该叫他们走啊！"主人说："我并没有叫他们走啊！"主人的朋友心想："没有叫他们走，那必定是叫我们走了。"于是拂袖而去，留下不会说话的主人愣在那里。

---

有效沟通是为了达到预定的目的，在特定的个人或群体之间传递信息、思想和情感，并达成共识或协议的过程。沟通是一种技能，是一个人对自身的认知水平、表达能力、理解能力的发挥。无论是企业管理者还是普通员工，都是企业竞争力的要素，做好沟通工作是企业顺利开展各项工作的前提。有效沟通的重要性如下：

- 有效沟通有助于做出正确决策、提高工作效率；
- 有效沟通有助于达成一致意见或协议；
- 有效沟通有助于理解他人和被他人理解，以及建立良好的人际关系。

4）有效沟通的原则

（1）有效果。

这项原则强调沟通的目的性。通过沟通，双方或多方可以达到就某个问题达成共识的目的。图5-3所示为沟通的漏斗效应，我们可以借此理解沟通效果。

沟通

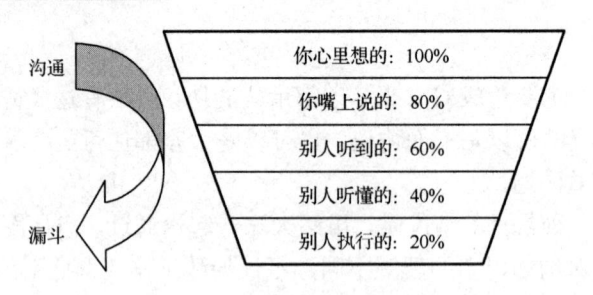

漏斗

你心里想的：100%
你嘴上说的：80%
别人听到的：60%
别人听懂的：40%
别人执行的：20%

图 5-3　沟通的漏斗效应

（2）有效率。

这项原则强调沟通的时间概念。沟通的时间要短、效率要高，尽量在最短的时间内达到沟通的目的。

（3）有笑声。

这项原则强调沟通的人性化特点。通过沟通，相关人员可以认识到自身的价值。只有心情愉快地沟通，才能实现共赢。

> 实现参考 1

## 5.1.3　如何有效沟通

**参考建议：有效沟通的方法**

1. 遵守沟通的规则

- 主动、友善地沟通。
- 让自己的声音充满魅力，如改变语调，调整语速，避免长篇大论、言之无物、言辞粗俗。
- 适当运用肢体语言，如在合适的距离正确地表达出自己的潜意识。
- 注视对方的眼睛，面带微笑。
- 善于倾听，学会赞美他人。

2. 在沟通前做好充分的准备

- 了解对方的性格，提高相互信任度，尽力营造轻松的沟通氛围。
- 选择合适的沟通场合。
- 合理使用沟通工具，以提高沟通效率，避免冲突，如用视频或电话沟通的效率比只用文字沟通的效率更高。

3. 提高个人的可信度

信任是人际沟通的基础。有了信任的基石，彼此才能敞开心扉，进而充分理解对方传递的信息。

- 理解他人，换位思考；提升形象，注意细节。

- 正直诚恳，为人大方；信守承诺，说到做到。
- 真心赞美，鼓励认同；敢于认错，知错能改。

### 4. 选择合适的沟通方式

- 书面沟通：难以传递情绪，需要准确地、有逻辑地组织语言，如文件、公告、会议纪要等。
- 当面沟通：直接、高效，需要注意语言表达、语调、语速，如提出意见或建议、联络同事感情、指导工作任务等。
- 会议沟通：正式的组织性沟通，目的是达成共识或明确分工，需要记录要点，如征集意见或建议、发布制度、培训指导等。
- 其他沟通方式：可以灵活安排（如聚餐），大家可以畅所欲言，增进感情。

### 5. 选择合适的沟通材料

- 计划方案：用完整的计划方案和丰富的细节证明想法的可行性。
- 书面记录：跟踪工作进度或检查内容。
- 工作数据：支撑论点或计划。
- 规章制度：解决工作中的矛盾。

### 6. 倾听有时候比表达更重要

倾听就是集中精力认真、专注地听，并在沟通中理解对方的感情和内心的真正需要。

1）听的 5 个层次

- 听而不闻；
- 假装在听；
- 有选择地听；
- 认真聆听并理解；
- 设身处地地倾听。

2）倾听的重要性

- 有助于激发对方的谈话欲望。
- 有助于了解对方的目的或心理，站在对方的立场上思考。
- 倾听是接收和理解信息的过程，有助于了解对方。
- 有助于发现说服对方的关键点。
- 有助于收获友谊和信任。

3）倾听的原则

- 耐心聆听，不要打断对方。
- 对事不对人，不偏不倚，细听内容。
- 给予对方回应，如注视、点头、微笑等。
- 针对沟通的内容适当复述、提问。
- 理解对方的真实意图，而非表面意思。

4）如何倾听
- 倾听需要专注：注意表情（可以微笑、点头）、眼神（不要东张西望）、肢体语言（不要有小动作）。
- 倾听是理解信息的过程，不要咬文嚼字：理解对方真正的意图或目的；在对方表述完毕后，通过复述来确认。
- 通过认可对方来获取更多的信息：如运用肢体语言（点头）、适当肯定对方（"没错""是的"）、适当提问（"然后呢""你的想法是什么"）。

7. 赞美鼓励，拉近彼此的距离
- 不要吝啬用语言表达你的赞美之情。
- 赞美要真诚、发自内心。
- 善于发现他人的优点。

8. 提问的艺术

---

**案例2：提问的作用**

在课堂上，老师可以通过提问来激发学生的兴趣，提高学生的参与度，如"你认为造成这个现象的原因是什么""你能谈谈你的观点吗"。

---

1）提问的方式
- 开放式提问：如"能谈谈您是如何看待××问题的吗"。
- 封闭式提问：如"你昨天买了双新球鞋是吗""经理，你分配给我的任务要在今天完成吗"。
- 选择式提问：请阅读以下案例。

---

**案例3：选择式提问**

小王：刘经理，听说项目需求有变化是吗？

刘经理：是的。

小王：关于这个项目，我想找您再了解一下，您看是今天下午还是明天上午？

刘经理：我都可以。

小王：那就今天下午好吗？

刘经理：好的。

---

- 引导式提问：请阅读以下案例。

---

**案例4：引导式提问**

你对这份工作的理解非常深刻，也具备应对这方面工作的技巧，你是否愿意承担这份工作呢？

我看了天气预报，明天的天气非常好，我们明天出游好吗？

---

- 反问式提问。

A：我今天的工作已经完成了。
B：真的都完成了吗？
- 了解式提问：如"你昨天完成了哪些工作""这台计算机是什么时候购买的""你喜欢什么宠物"。
- 澄清式提问。

A：刘经理昨天说你完成工作的质量不高，特别马虎！
B：你能详细说说其中的原因吗？
- 摘要式提问：如"刘经理，您刚才的意思是让我全权负责这个项目吗"。

2）如何提高提问技巧
- 保持礼貌和谨慎，尽可能选择开放式提问；
- 问题要有的放矢；
- 不要问太难的问题；
- 尽量问用"是"或"否"回答的问题，即"二选一"的问题。

> **案例5：加一个蛋还是加两个蛋**
>
> 一个商人以卖早点为业，去世前把手艺传给了两个女儿。可是，姐妹俩的生意大不相同，姐姐的生意总是比妹妹的生意好。
>
> 原来，在顾客点了早点后，妹妹会问顾客"要不要加蛋"，而姐姐会问顾客"加一个蛋还是加两个蛋"。

9. 关于沟通的5个建议
- 不要争吵；
- 寻找容易引起共鸣的话题；
- 与对方保持一致；
- 学会以合理的方式批评他人；
- 得饶人处且饶人。

## 活动三：赞美他人

### 1. 活动目的

通过活动，体会赞美在沟通中的作用，提升书面表达能力。

### 2. 活动流程

1）活动规则

先在一张纸条上写下自己的名字，再写出某个同学的优点，完成下列句子"我最欣赏××的一点是……"或"我在××身上看到的最大的优点是……"。

2）交流与分享
- 互相交换纸条，了解同学之间的熟悉程度和日常沟通的准确性；
- 请某个同学念出其中一张纸条上的内容。

## 活动四：你问我答

1. 活动目的

通过活动，了解提问的重要性和技巧。

2. 活动流程

1）活动规则

- 自由分组，8~10 人一组（不用全班都参与分组），组长站在第一位，其他同学选出自己支持的小组；
- 老师告诉组长要猜的答案；
- 小组成员依次向组长提问，每人最多问 2 个问题，组长只能在游戏开始时说一句话（组长根据答案给出一句提示，如答案是"老虎"，组长可以在游戏开始时说"答案是一种动物"），之后的所有回答只能是"是"或"否"，不能给任何提示；
- 率先猜出答案的小组为优胜小组。

2）思考与评比

- 你总结出提问的方式和技巧了吗？
- 选出谁的提问技巧最高。

## 活动五：正确理解沟通内容

1. 活动目的

通过活动，认识到沟通和提问的重要性。

2. 活动流程

1）阅读材料

请你通知小明，让他去行政楼一楼找陈老师，通知陈老师周二去校本部开会，校车 12:30 出发，顺便问问刘老师和王老师的水杯在哪，装好水后把它们拿到综合办公楼 502 室。

2）快速思考

- 要做的事情有哪几件？分别由谁去做，找谁去做？
- 为了弄清楚如何完成这些事情，你会提出哪些问题？

➡ **实现参考 2**

### 5.1.4 如何进行演讲

## 知识点二：演讲认知和准备

1. 什么是演讲

演讲又叫讲演或演说，是指在公众场合，以有声语言为主要手段，以肢体语言为辅助手段，针对某个具体问题，鲜明、完整地发表自己的见解和主张，阐明事理或抒发情感，以进行宣传的一种语言交际活动。演讲是一门语言的艺术，旨在调动听众的情绪，并引起听众的共鸣，从而传达出演讲者想传达的思想、观点、感悟。

卡耐基说："演讲是人人都有的一种潜在的能力，问题在于每个人能否发现、发展和利用这种天资。一个人能站起来当众讲话是迈向成功的关键一步。"

**2. 如何组织演讲内容**

组织演讲内容是演讲前非常关键的一步，题目、逐渐深化的论点、论据、结论和提议都是演讲的重要内容。组织演讲内容的6个步骤如下。

1）设定演讲参数

演讲参数就是演讲的主题、目的、期望结果、听众获益度。对演讲者而言，这些参数有助于聚焦演讲内容、节省时间；对听众而言，它们有助于听众尽快听懂演讲内容。

2）建立听众档案

- 听众是谁？分析听众的年龄、性别、职务、经验、学历等；
- 听众的态度如何？如期待、例行公事、支持、反对等；
- 听众为何听演讲？如自愿、被指派等；
- 听众的语言能力如何？能否听懂中文、英文、专业术语？
- 哪些技巧可以吸引听众的注意力？哪些技巧会适得其反？

3）将演讲内容导入已知范围

从已知内容入手，写下各种观点（简短一些）。

4）在组织演讲内容的过程中，反思哪些部分需要改进

- 组织观点：对各种观点进行分类；
- 对各种观点与设定的演讲参数进行对照；
- 找出并修改不符合演讲参数的观点。

5）组织信息

设计开场白：介绍演讲主题，建立共识。良好的开始是成功的一半，有吸引力的开场白（如讲故事、提问题、引用名言、分享经验等）能够引起听众的兴趣。

设计主体：包括支撑论点的资料、数据、实例，全面理解演讲稿，检查叙述是否符合逻辑，化繁为简，前后呼应，一次叙述一个观点。

- 自然、真诚、自信、有感情，避免使用空洞的语句。
- 多引用故事或名言。
- 多结合自身或朋友的实例来讲解。
- 尽量使用与众不同的语句，如古诗、名言或网络上、社会上切中时弊的新词，以达到引人入胜的效果。
- 尽量使用排比句和回环句，以达到事半功倍的效果，吸引听众。
- 尽量使用前后呼应的方法，突出重点，以达到理想的效果。
- 演讲要有逻辑性，由浅入深、有条有理地把论点、论据讲明白、讲清楚。

- 懂得托物起兴。

设计结束语：重复演讲主题，再次强调重点，将听众的情绪带到最高点。

6）将演讲内容概括成大纲
- 设定演讲时间。
- 落笔时将观点组织一下。
- 图片多一些，文字少一些，否则听众容易产生视觉疲劳。

### 3. 如何树立自信

1）演讲最大的敌人是恐惧和怯场

恐惧和怯场的表现：手足无措、面红耳赤、呼吸急促、喉咙发紧、手心出汗、双腿发抖、表情僵硬、大脑空白，以及结巴、说话卡壳、忘词等。

2）树立自信的方法

练习是克服恐惧、树立自信的最好方法。
- 个人练习：强化记忆。
- 情景练习：发现问题。
- 现场练习：多种表现方式，聆听真实意见。

### 4. 演讲三要素

在演讲中，听众对演讲者的印象一般基于以下3个要素：语言、声音、视觉。

1）语言：演讲内容

语言可以传达演讲者的知识和理念。什么样的语言容易吸引听众的注意力？演讲者可以使用以下方法：
- 运用比喻和比较。
- 适当穿插一些故事。
- 引用名言。
- 避免使用行话。
- 适当抖包袱，逗趣一点。

2）声音：演讲方式

演讲的质量在很大程度上取决于演讲者的声音，包括音量、音色、吐字、连贯性、语调、语速等。练习演讲发声的建议如下：
- 想象自己在没有扩音器的情况下对50～100人讲话。
- 平时可以通过大声朗读来拓宽音域，使语调更加抑扬顿挫，或者通过录音来练习语调的变化。

如何在演讲时正确地运用自己的声音呢？
- 音量比平时略高，忌音量不变或太高。
- 注意语调、语气的变化。
- 根据需要强调重音。
- 注意短语之间、句子之间、段落之间的停顿和重点词前的停顿。

- 注意自己的口头禅。
- 发音清晰，忌发音含糊、吞音。

3）视觉：肢体语言

肢体语言是听众对演讲者的第一印象，包括形象、仪容、举止、姿势、面部表情、手势、眼神、位置移动、目光交流，以及演讲者使用演讲器材的方式，这些非语言信息在演讲中发挥着重要作用。那么，如何运用肢体语言呢？

（1）以讲为主，以演为辅。
- 讲：作用于听众的听觉。
- 演：作用于听众的视觉。

（2）充分运用肢体语言。
- 站姿：面对听众，避免出现"死亡角度"。
- 双脚：双脚的间距与肩同宽，忌间距过大或过小。
- 神态：自然、放松，真心地微笑，忌表情呆滞。
- 上肢：多用手掌，少用手指，充分伸展手臂，忌检阅式、受伤式、遮羞布式手势。
- 走动：在开放的空间中走动可以有效地贴近听众，忌背对听众。

（3）面部表情。

面部表情应与演讲内容吻合，不能因为紧张而过于僵硬，避免在演讲商业话题时过分严肃。面部表情要真诚，不能太单一，注意微笑，但不要在不该笑的时候笑。
- 在听众中寻找笑着的人，并在演讲时有意识地对着他们讲话。
- 以听众为重，不要把注意力放在自己身上。

（4）手势。

不做手势时，手臂自然垂放于身侧。有时候，演讲者觉得很夸张的一些动作，对听众而言并不过分。演讲者可以不时换一换手势。
- 手臂轻松、自然地垂放于身侧。
- 在强调自己的观点时，尽量放大手势。
- 做手势的范围控制在腰部以上。

（5）位置移动。

回想一下自己在演讲时有没有以下问题：待在一个地方不动，移动位置时只走一小步，经常背对听众，绕着小圈子走等。

对演讲者而言，在演讲时移动位置既能使听众有参与感，又能缓解自己的紧张情绪，还能强调某些观点。演讲时的位置移动应遵循以下原则。
- 移动的距离至少是三大步。
- 可以积极主动地移动，即看着某个听众，并走过去对着他说话。

（6）目光交流。

在演讲时，演讲者可以逐一与听众进行目光交流，目光交流的范围应覆盖全场。演讲者每次和一个听众从容地进行目光交流，目光在每个听众身上停留5秒或持续到把一个观点完整地表达出来。

5. 演讲的准备

1）演练

演练是演讲的主要准备工作。

- 反复练习；
- 多练习开场白与结束语；
- 每次演练时着重练习一种演讲技巧。

演讲前要做好准备，包括背诵演讲稿。脱稿演讲的效果比对着稿子演讲的效果好很多，演讲者一定要把演讲内容背熟。另外，演讲者还要做好听众可能提出异议和问题的心理准备，万一一时回答不了，既可以用"我没听清楚，请再讲一遍好吗"来延长思考和回复的时间，也可以用一些托词（如"时间有限，不便在此回答，下场后再交流"）来回绝。

2）正确使用演讲器材

- 先把演讲内容准备好，再打开演讲器材，避免身体挡住屏幕或示范物。
- 避免对着屏幕、活动板说话或边说边写，记得询问听众能否看清楚。
- 在不使用演讲器材和听众解答问题前需要商议时，遮住或关掉相关器材。

6. 演讲如何现场发挥

1）如何现场发挥

- 上场时向听众致意，和听众寒暄；询问听众的名字；多留一些时间给听众；说开场白时要有力量。
- 穿着得体有利于发挥，把注意力放在听众身上，和听众进行目光交流，听清楚听众的问题，多称赞听众。

2）如何营造演讲气氛

- 不要太夸张，明确地表达观点，加强效果。
- 语言幽默诙谐、声音抑扬顿挫。
- 多提问，与听众互动。
- 随时了解听众的动态，懂得适可而止和趁热打铁。

➡️ **任务实现**

## 5.1.5　开展大学生职业生涯规划设计大赛

**任务：参加大学生职业生涯规划设计大赛**

1. 任务目的

为深化高校创新创业教育改革，进一步增强大学生的职业生涯规划意识和创业意识，提高大学生的实践能力和综合素质，培养大学生的社会责任感和创新精神，举办大学生职业生涯规划设计大赛。

2. **组织机构**

二级学院就业部或学生组织。

3. **任务准备**

- 准备宣传海报；
- 布置场地，准备设备；
- 各参赛小组准备参赛资料，包括《职业生涯规划设计书》或创业作品、创业设计书、PPT 等。

4. **任务流程**

1）就业组比赛流程

- 评委对《职业生涯规划设计书》进行评审。
- 参赛选手现场展示 PPT，时间不超过 8 分钟。
- 参赛选手回答评委的提问。

2）创业组比赛流程

- 评委对创业作品、创业设计书进行评审。
- 参赛选手现场展示创业作品、PPT，时间不超过 8 分钟。
- 参赛选手回答评委的提问。

3）评委评分、颁奖

优胜小组总结发言。

### 5.1.6 异性交往艺术

异性交往需要遵守哪些准则？有些男生和女生井水不犯河水，互相用"那帮女生""那帮男生"称呼对方，这样合适吗？还有些男生和女生经常避开其他同学单独交往，很少参加集体活动，这样合适吗？请扫描二维码，学习相关内容。

> 任务小结

### 5.1.7 沟通能力是人人都需要的能力

沟通能力是使用频率很高的能力，在生活和工作中，我们无时无刻不需要沟通，很多事情都需要通过沟通来推进。会沟通的人不仅更容易达到自己的目的，还能让对方心里觉得舒服。

要想提升沟通能力，首先要缩短沟通路径，每个人的时间都很宝贵，沟通路径越短，沟通效率越高，越容易达到目的；其次要有推进意识，包括沟通在内的很多事情都需要积极推进才能更高效地完成；最后要保障他人的利益，利他就是利己。

沟通能力是人人都需要的能力,它在很大程度上决定了一个人连接资源、解决问题、达到目的的效率。

## 5.2 问题解决能力

### 任务目标

#### 5.2.1 突破性解决问题的团队游戏

**任务名称**

任务:突破性解决问题的团队游戏——创新接力。

**任务分析**

学习问题解决能力的相关知识,掌握提升问题解决能力的方法,完成本节的任务。

| 实现准备 | 课堂讲解 | 知识点:问题解决能力的定义和标准 |
| --- | --- | --- |
| 实现参考 | 课堂讲解 | 提升问题解决能力的方法 |
| | 课堂活动 | 活动一:分析问题 |
| | | 活动二:提出方案 |
| | | 活动三:"迷失丛林"和"三个和尚应该有更多的水喝" |
| | | 活动四:制订计划 |
| | | 活动五:计算收益 |
| | | 活动六:月度学习总结 |
| | | 活动七:改进学习方法 |
| 任务实现 | 课堂实训 | 任务:突破性解决问题的团队游戏——创新接力 |
| 任务小结 | 课后思考 | 一个人最大的价值在于其问题解决能力 |

### 实现准备

#### 5.2.2 问题解决能力概述

**知识点:问题解决能力的定义和标准**

1. 问题解决能力的定义

问题解决能力是指人们运用一定的理论、规则、程序、方法等对客观问题进行分析并提出解决方案的能力。

## 2. 问题解决能力的标准

1）初级标准

当发生问题的时候，能够在与人合作的情况下，运用几种常用的方法，提出解决问题的基本思路或对策。

2）中级标准

能够在不熟悉可利用资源的情况下找到问题所在，并提出解决问题的基本思路或对策。

3）高级标准

能够较早发现问题，准确地预测事情发展过程中的各种问题，并将其消灭在萌芽状态；能够归纳总结发生问题的规律，指导他人提升发现问题的能力。

➡ **实现参考**

## 5.2.3 提升问题解决能力的方法

提升问题解决能力的方法如表 5-1 所示。

表 5-1 提升问题解决能力的方法

| 流程：3 个阶段，9 个步骤 | | 方法：OTPAE 五步训练法 |
|---|---|---|
| 分析问题，提出对策 | 分析问题，提出方案，选择方案 | 目标（Object）、任务（Task）、准备（Prepare）、行动（Action）、评估（Evaluate） |
| 实施计划，解决问题 | 准备计划，制订计划，实施计划 | |
| 验证方案，改进方法 | 检查计划，总结结果，改进方法 | |

**阶段一：分析问题，提出对策**

### 1. 分析问题

目标：掌握分析问题的步骤和方法。

任务：完成问题分析报告。

准备：制定调查问题、分析问题的方案。

行动：开展调查，搜集资料。

评估：分析问题的方法与效果。

1）什么是问题

问题是现实和目标之间的差距，包括矛盾、症结、障碍、错误、事故、烦恼等。问题有复杂、简单之分，有主要、次要之分，有严重、一般之分，还有突发的问题、常见的问题、罕见的问题。

---

**案例 1：问题**

某大楼内有 4 部电梯。这栋大楼里有数十家公司，这些公司的上班时间都是 9:00。每天从 8:40 开始是上班高峰期，电梯异常拥挤，运行速度也非常慢。由于等电梯的人太多，人们经常发生争吵。

2）分析问题的能力

分析问题的能力包括发现问题、思考问题、认识问题等。发现问题是指洞察问题的来源，思考问题是指思考问题的原因，认识问题是指明确问题的情况、性质、变化和影响。

发现问题的 4 个要点如图 5-4 所示。

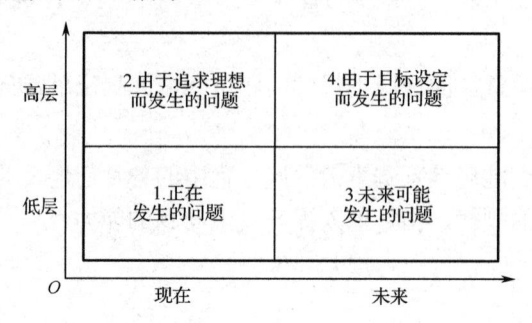

图 5-4　发现问题的 4 个要点

3）分析问题的步骤

步骤一：收集信息，描述问题。
- 发生了什么问题？
- 问题是在什么时候发生的？
- 发生问题的地点在哪里？
- 哪些人与问题有关？
- 为什么会发生问题？

步骤二：描述问题的特征。
- 问题将产生哪些影响？
- 问题的紧急程度和重要程度如何？
- 问题应该由谁负责？
- 是否属于常规问题？

步骤三：明确解决问题后的目标状态。

解决问题后的目标状态即问题将会变成什么样（包括问题的性质、严重程度、出现时间等）。

4）分析问题的方法

（1）列举法。

列举法是通过认识事物的特性，以列举的方式展开问题，从中找出解决问题的思路和关键点的方法。它的作用是帮助我们厘清思路，找到解决方法。

列举法分为特性列举法、缺点列举法、希望列举法等。运用列举法的步骤是"尽量列举→归类整理→分析评价→确定方案"。

（2）"5W1H"法。

What：发生了什么？

When：在什么时候发生的？

Where：在什么地点发生的？
Who：什么人？
Why：为什么？
How：怎么办？

（3）鱼骨图法。

鱼骨图（又称因果图、石川图）法是一种有助于发现问题的根本原因的方法，其特点是简洁、实用、深入、直观。在鱼骨图中，问题或缺陷（后果）被标在"鱼头"处，"鱼骨"上长出"鱼刺"，根据出现概率的高低列出发生问题的可能原因，这种形式有助于说明各个原因是如何影响后果的。鱼骨图法示例如图 5-5 所示。

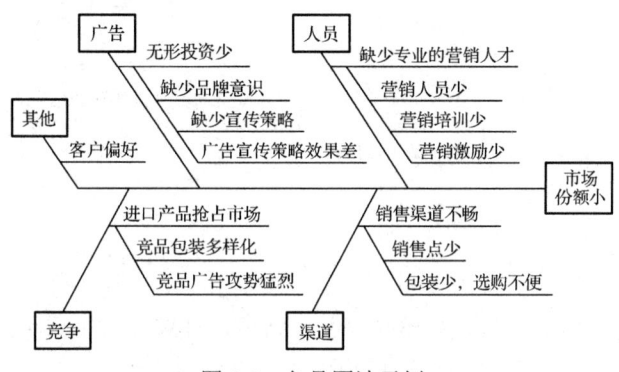

图 5-5 鱼骨图法示例

5）评估

- 你对问题的描述准确吗？
- 你能分析发生问题的原因吗？
- 你能掌握分析问题的步骤和方法吗？
- 你能判断解决问题后的目标状态吗？
- 你能搜集关于问题的资料吗？
- 你能撰写问题分析报告吗？

**活动一：分析问题**

请按照以上步骤和方法分析以下问题。

- 你的学习效率如何？
- 如何调动员工的积极性？

**2. 提出方案**

目标：掌握提出方案的方法。
任务：提出解决问题的方案。
准备：了解提出方案的方法和思维。
行动：提出方案。
评估：是否掌握了提出方案的方法？

1）什么是方案

方案即工作或行动的计划，是解决问题、开展行动的设想、规划。方案一般包括方案背景、主要目标、工作重点、实施步骤、时间、地点、策略、措施、具体要求等内容。

2）提出方案的方法

提出方案需要运用创新思维，创新思维是产生新观念、提出新理论、解决新问题、实现新目标的思维。运用创新思维的步骤是"发散→收敛→再发散→再收敛"。

以下是一些提出方案的方法。

- 发散思维法。
- 逻辑思维法。
- 系统思维法。
- 逆向思维法。
- 头脑风暴法。
- "635"法（又称默写式智力激励法）。
- 组合法。
- 信息交合法。
- 奥斯本检核表法。

大家比较熟悉、常用的方法是头脑风暴法，它是一种通过小组成员的共同努力来寻找特定问题的答案的方法，头脑风暴是小组成员即兴创意的过程。

头脑风暴的原则：不能对小组成员的观点提出批评，鼓励小组成员畅所欲言、各抒己见，提出的各类观点要足够多，努力实现观点的组合和改进。

头脑风暴的小组：小组成员最好拥有不同的背景，每个小组以6~12人为宜，包括一个主持人、一个记录员和若干成员、客户。

头脑风暴的步骤是"准备→热身→主持人引导→讨论问题→总结"。

请大家在网上查找、自学提出方案的其他方法。

### 活动二：提出方案

- 清除紧紧粘在地上的口香糖是让环卫工人很头疼的一项工作。为了解决这个问题，请提出多个方案。（可以运用发散思维法、头脑风暴法）
- 在校大学生如何增加实习、实践的机会？（可以运用头脑风暴法、"635"法）
- 请提出开发饮料产品的方案。（可以运用信息交合法）
- 请提出针对老年人市场改进某手机的方案。（可以运用奥斯本检核表法）

如表5-2所示，请比较各个方案的优点和缺点。

表5-2 方案比较表

| 方案 | 优点 | 缺点 |
| --- | --- | --- |
| 方案A | | |
| 方案B | | |
| 方案C | | |

3）评估
- 你能培养提出方案的思维吗？
- 你能掌握至少两种提出方案的方法吗？
- 你能就解决某个问题提出至少两个方案吗？

**3. 选择方案**

目标：掌握选择方案的方法。

任务：从备选方案中选择最佳方案。

准备：了解选择方案的方法和步骤。

行动：选择方案。

评估：是否掌握了选择方案的方法？

1）选择方案的方法

定性方法：SWOT 分析法、德尔菲法、力场分析法。

定量方法：决策树分析法、权重分析法。

（1）SWOT 分析法。

SWOT 分析即基于内部、外部的竞争环境和竞争条件的态势分析，是指通过调查列举与研究对象密切相关的各种主要的内部优势、劣势和外部机会、威胁等因素，并按照矩阵的形式排列它们，利用系统分析的思想，把各种因素相互匹配起来加以分析，从中得出一系列相应的结论（得出的结论通常带有一定的决策性）。

运用这种方法，我们可以对研究对象所处的情景进行全面、系统、准确的研究，从而根据研究结果确定相应的发展战略、计划及对策等。

根据企业竞争战略的完整概念，战略应该是企业"能够做的事"（企业的强项和弱项）和"可能做的事"（环境的机会和威胁）的有机组合。

（2）德尔菲法与德比克法。

德尔菲法：美国兰德公司提出的一种专家预测方法，组织者通过寄发调查表的形式征求专家的意见，专家以不记名的形式反馈意见；组织者对专家的意见进行综合和整理，并反馈给各位专家，请他们重新考虑后再次提出意见；经过几轮匿名反馈，专家的意见基本趋向一致，组织者得出预测结果。

德比克法：组织者把请来的专家分成若干小组，给每人发一张卡片，同一个小组内的专家互不通气，只能用书面形式回答问题；小组负责人收集并公布专家的意见，请专家进一步考虑，之后专家投票表决，只表示同意与否，不辩论；形成小组意见后，召开全体专家会议进行讨论，重新投票，根据票数来取舍意见。德比克法吸取了专家会议与德尔菲法的长处，弥补了它们的短处。这种方法较好地避免了人们迫于权威的压力而盲目接受某些观点的现象，更重要的是避免了从众效应。

（3）决策树分析法。

图 5-6 所示为决策树分析法示例。决策树分析法是一种利用概率与图论中的树对不同的方案进行比较，从而获得最佳方案的风险型决策方法。图论中的树是连通且无回路的有向图，入度为 0 的点被称为树根，出度为 0 的点被称为树叶，树叶以外的点被称为内点。决策树由

树根（决策节点）、其他内点（方案节点、状态节点）、树叶（终点）、树枝（方案枝、概率枝）、概率值、损益值组成。

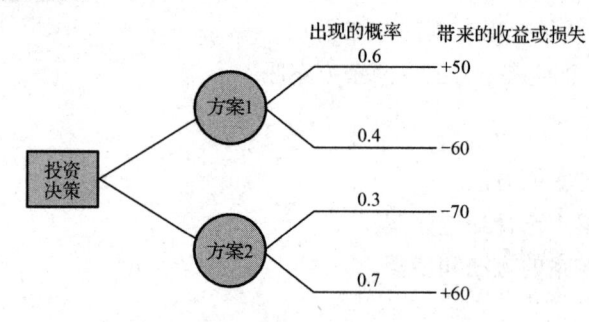

图 5-6  决策树分析法示例

2）选择方案的步骤

步骤一：描述选择方案的目的。

步骤二：确定选择方案的标准。

步骤三：比较方案。

步骤四：评估风险。

步骤五：做出选择。

> **案例 2：小杰应该选择哪份工作**
>
> 小杰是一个刚毕业的大学生，正在找工作。她以前在一家公司实习过，这家公司的经理对她印象很好，正在考虑是否让她成为正式员工。同时，还有 3 家公司也有意让小杰来上班。

### 活动三："迷失丛林"和"三个和尚应该有更多的水喝"

- 设计"迷失丛林"活动方案，对以下 14 种物品进行排序：药箱、手提收音机、打火机、3 根高尔夫球杆、7 个大的绿色垃圾袋、指南针、蜡烛、手枪、1 瓶驱虫剂、大砍刀、防蛇咬药膏、1 盒便于携带的食物、1 条防水毛毯、1 个热水瓶。
- 如何让三个和尚有更多的水喝？请设计出最佳方案。（小组讨论完成）

3）评估

- 你能掌握选择方案的步骤吗？
- 你能明确选择方案的目的、标准和风险吗？
- 你能掌握选择方案的方法吗？

**阶段二：实施计划，解决问题**

1. 准备计划

目标：获得别人的支持。

任务：获得相关的人力资源支持。

准备：了解获得支持的方法。

行动：积极地寻求支持。

评估：是否掌握了获得支持的方法？

1）什么是计划

计划是解决问题的具体行动方案，包括行动的目的、时间、地点、所需资源、程序安排、措施等。计划分为学习计划、工作计划、实习计划等。

2）PDCA 循环

如图 5-7 所示，PDCA [Plan（计划）、Do（执行）、Check（检查）、Action（行动）] 循环最初是由现代质量管理奠基者沃特·阿曼德·休哈特提出的，后来被美国质量管理专家戴明博士采纳和推广，并得到了广泛应用。PDCA 的基本原则是先计划，再执行，然后进行思考和改进。

图 5-7 PDCA 循环

每一项工作都是一个 PDCA 循环，都需要计划、实施、检查和改进，并进入下一个 PDCA 循环。只有日积月累地改进，才可能有质的飞跃，从而高质量地完成每一项工作，成就自己的人生。

3）准备计划需要的资源

准备计划需要的资源包括人力资源，财力资源，物资、设备资源，技术资源，信息资源，时间资源，地理位置资源等，其中人力资源是关键性的第一资源。

（1）寻找关键资源。

关键资源如图 5-8 所示。

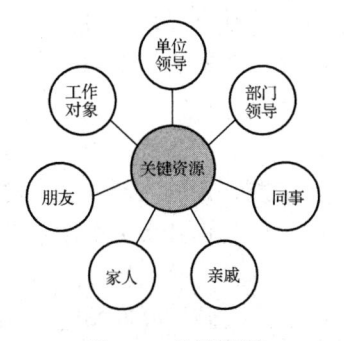

图 5-8 关键资源

寻找关键资源的方法如下：
- 地毯式（拉网式）寻找法。
- 连锁式（人际关系）寻找法。
- 中心开花式（重要人物）寻找法。

（2）如何让领导同意你的计划？

要想让领导同意你的计划，只确保计划正确是不够的，你还要掌握交流技巧。心理学家经过大量的研究，提出了许多增强说服力的方法，以下是6种比较基本的方法。

方法一：选择易于说服人的环境。

方法二：修饰仪表。

方法三：使自己的言行举止与对方相似。

方法四：从对方的感受出发（同理心）。

方法五：提出有力的证据。

方法六：运用具体的场景和事例。

4）评估
- 你能找到关键资源吗？
- 你能得到别人的认同和支持吗？
- 你的计划能被批准吗？

2. 制订计划

目标：学会制订计划。

任务：完成计划的制订。

准备：了解制订计划的方法。

行动：制订计划。

评估：是否掌握了制订计划的方法？

1）制订计划的方法

制订计划的方法包括目标任务分解图、甘特图、计划表等，下面介绍前两种方法。

（1）目标任务分解图。

我们要学会分解任务，只有把任务分解得足够细，我们才能心中有数，才能有条不紊地工作、统筹安排时间。分解目标任务的原则如下：

横向到边：遵循"百分百原则"，即在工作分解结构中既不能有遗漏，也不能包含项目范围之内的任何产品或活动。

纵向到底：把任务分解得足够细，以达到便于分配、监测、控制（子）任务的目的。

目标任务分解图示例如图5-9所示。

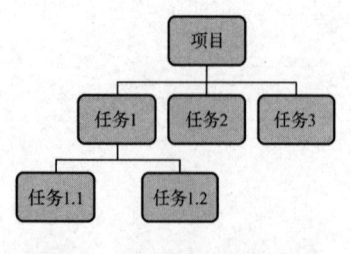

图5-9 目标任务分解图示例

（2）甘特图。

甘特图又叫横道图，它以图示的方式通过活动列表和时间刻度形象地表示特定项目的活动顺序与持续时间。甘特图示例如图 5-10 所示。

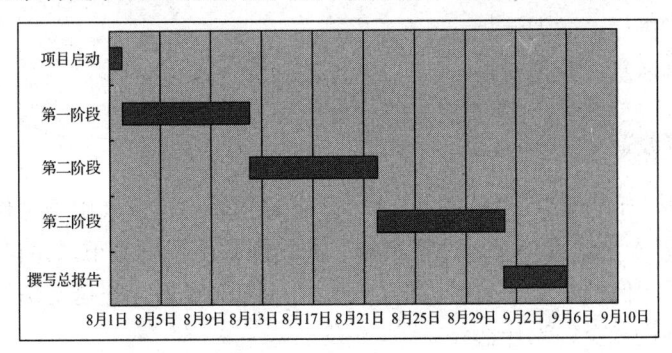

图 5-10　甘特图示例

2）制订计划的要点
- 要实现的目标是什么？
- 通过哪些步骤实现目标？
- 如何安排计划的进度？
- 实施计划的预算是多少？
- 如何保证计划的实施？
- 出现意外情况怎么办？
- 谁来监督计划的实施？

3）评估
- 你能掌握制订计划的方法和要点吗？
- 你能制订一个计划吗？
- 你能制定核查方案，以保证计划的实施吗？

**活动四：制订计划**

各小组选择一个项目，各自制订一个计划。
- 制订学生到企业参观的计划。
- 制订让三个和尚有更多的水喝的计划。
- 制订为期 3 天的新员工培训计划。

## 3. 实施计划

目标：学会实施计划的方法。
任务：完成计划的实施。
准备：了解实施计划的方法。
行动：实施计划。
评估：是否掌握了实施计划的方法？

1）实施计划的方法

方法一：分配任务，统一协调。

方法二：有效监督，奖惩分明。
方法三：严格执行，微调计划。
方法四：收集信息，获得支持。

### 活动五：计算收益

有一家人花 24 万元买了一套房子，住了两个月之后，这家人由于工作关系要离开这座城市，遂以 26 万元卖出这套房子。过了半年，他们回到了这座城市，并花 28 万元买回了这套房子。不久以后，他们想买一套更大的房子，于是以 30 万元把这套房子卖了出去。请分析：这家人的收益是多少？为什么？

2）评估
- 你能利用资源实施计划吗？
- 你能保证计划的有效实施吗？
- 在实施计划的过程中，你能及时发现变化和意外，并对计划做出调整吗？

**阶段三：验证方案，改进方法**

1. 检查计划

目标：掌握检查的方法。
任务：评估解决问题的效果。
准备：了解检查的方法。
行动：实施检查，评估结果。
评估：是否掌握了检查的方法？

1）什么是检查

检查包括测试、观察、测量、核查、评估等。检查可以针对行为、过程、效果、结果、目标、状态等。

2）检查的方法一

检查的方法一包括结果评估法、专家鉴定法、团队成员评估法、指标考核法、列表提问法等。结果评估检查表如表 5-3 所示。

表 5-3 结果评估检查表

| 检查项 | 检查结论 |
|---|---|
| 检查结果 | |
| 检查过程 | |
| 检查"人"的因素 | |
| 检查"财"的因素 | |
| 检查"物"的因素 | |
| 检查关键因素 | |
| 检查环境因素 | |

3）检查的方法二

前测与后测，定性检查（如小组座谈、深度访谈、问卷调查等）与定量检查（如指标、数据、抽样、比较等），自检与他检，定期检查与非定期检查。

4）检查的工具

检查的工具包括计划、记录、指标、仪器、调查问卷、360°评价、雷达图等，下面介绍后两种工具。

（1）360°评价。

360°评价也被称为全方位评价或多源评价，最早由英特尔提出并加以实施，是指与被评价者有较多的工作接触、对被评价者的工作表现比较了解的不同方面的同事，从不同的角度对被评价者进行评价，在完成评价后，根据事先确定的不同评价者的权重得出综合的评价结果。

（2）雷达图。

雷达图又称戴布拉图、蜘蛛网图、蜘蛛图，是日本企业界为了对企业的综合实力和财务状况进行评估而采用的一种综合评价工具。

5）检查的步骤

确定方法→实施检查→说明结果。

6）评估

- 你能运用检查的方法和工具吗？（如列表提问法、调查问卷、指标评估表等）
- 你能正确地说明检查的结果吗？（如用图表、文字、检查报告说明）

## 2. 总结结果

目标：学会说明结果、解释原因。

任务：回顾并解释解决问题的过程。

准备：了解总结的方法。

行动：总结解决问题的过程。

评估：是否掌握了总结的方法？

1）什么是总结

总结是对前一阶段的工作或学习进行回顾、检查和分析、研究，从中归纳经验和教训，获得规律性的认识，以便指导今后实践的报告性文档。

2）总结的方法

总结的方法包括检查过程、评估结果、分析原因、提炼经验。结果评估总结表如表5-4所示。

表5-4 结果评估总结表

| 解决问题的目标 | 评估解决问题的结果 | | | | |
| --- | --- | --- | --- | --- | --- |
| | 好 | 较好 | 一般 | 较差 | 差 |
| 最终结果是否实现了目标 | | | | | |

续表

| 解决问题的目标 | 评估解决问题的结果 | | | | |
|---|---|---|---|---|---|
| | 好 | 较好 | 一般 | 较差 | 差 |
| 过程是否具有创新性 | | | | | |
| 成本控制如何 | | | | | |
| 团队合作如何 | | | | | |
| 有关方面是否满意 | | | | | |
| 总体评估意见： | | | | | |

3）总结的步骤

步骤一：澄清解决问题的每一个步骤，并解释每一步决策的原因。

步骤二：评估解决问题的过程。

步骤三：分析成败的原因。

步骤四：总结经验，撰写总结报告。

4）如何撰写总结报告

总结报告包括标题，摘要，问题介绍，解决方法，结果，结果分析，结论，经验、教训及建议，附注。

### 活动六：月度学习总结

请撰写一份月度学习总结（提纲）。

### 3. 改进方法

目标：学会利用经验改进解决问题的方法。

任务：面对新问题，如何利用经验改进解决问题的方法？

准备：了解改进的方法。

行动：改进解决问题的方法。

评估：能否利用经验改进解决问题的方法？

1）什么是改进

改进是利用经验寻找解决问题的方法，改变、提升、扬长避短，针对新环境、新问题，利用经验、教训、新知破旧立新，包括改进意见、改进执行方案、改进质量评估方法等。

2）改进的方法

（1）比较法。

比较法也叫对比法，是指对一个事物或概念和另一个类似的或对立的事物或概念进行对比，找出两者的差异的方法。

差异孕育新兴，有比较才会有差距，有差距才会有创新和改进。例如，比较研究，中西方文化的比较，不同国家的企业管理模式的比较，同类产品及其营销策略的比较。

比较法分为类似比较（同中求异）、对立比较（异中求同）。

（2）六西格玛法。

六西格玛法采用由定义、度量、分析、改进、控制构成的流程，可用于以下3种比较基本的改进：

- 产品与服务使用过程改进。
- 业务流程改进。
- 产品设计过程改进。

（3）列表提问法。

列表提问模板如表5-5所示。

表5-5 列表提问模板

| 总结内容 | 列举问题 | 评估结果 |
| --- | --- | --- |
| 目标方面 | | |
| 策略方面 | | |
| 方法方面 | | |
| 原因方面 | | |
| 动机方面 | | |
| 计划方面 | | |
| …… | | |
| 整体方面 | | |

## 活动七：改进学习方法

请你制定一个改进学习方法的方案（可以运用比较法、六西格玛法、列表提问法）。

（1）比较法。

- 比较的内容：学习动机、积极性、方法、条件、效果。
- 比较的对象：与他人比较，与自己比较。
- 比较的方向：横向比较、纵向比较。

（2）六西格玛法。

- 定义：我的学习方法是什么？
- 度量：我的学习方法怎么样？
- 分析：为什么要改进学习方法？
- 改进：如何改进学习方法？
- 控制：改进学习方法能保证实现学习目标吗？

（3）评估。

- 你能掌握改进的方法吗？
- 你能制定改进方案吗？
- 你能通过改进来解决问题吗？

## 🡪 任务实现

### 5.2.4 突破性解决问题的团队游戏——创新接力

**1. 任务名称**

创新接力——拯救未来城市。

**2. 任务目的**

培养团队成员的创新思维和问题解决能力，促进团队合作与交流。

**3. 任务准备**

将团队分成若干小组，每组4~5人。设定模拟场景为未来城市面临能源危机和环境问题，团队成员需要提出创新的方案。

**4. 任务流程**

1）第一棒：问题定义与初步想法

各小组讨论并确定未来城市面临的具体问题，如能源短缺、空气污染等。团队成员提出初步想法，并将其记录下来。

各小组选出最具潜力的初步想法，并将其传递给下一棒。

2）第二棒：方案深化与拓展

第二棒对方案进行深化与拓展，可以考虑技术实现方案、可行性分析、资源利用等方面，提出具体的实施步骤和措施。

各小组将深化与拓展后的方案记录下来，并将其传递给下一棒。

3）第三棒：方案整合与优化

第三棒对方案进行整合与优化，可以考虑不同方案的互补性，找出不同方案的共同点和差异点，形成更完善的方案。

各小组对整合与优化后的方案进行梳理，并准备在最后的展示环节将其展示给整个团队。

4）第四棒：方案展示与评选

各小组派出一名代表，向整个团队展示最终形成的方案。展示内容包括问题定义、方案的创意点、实施步骤和预期效果等。其他团队成员可以提问和提出建议，以促进交流和互动。

整个团队评选出最具创新性和可行性的方案。

**5. 任务总结**

在任务结束后，所有团队成员进行反思和总结，讨论任务过程中的亮点和不足，提出改进意见和建议。

## 🡪 任务小结

### 5.2.5 一个人最大的价值在于其问题解决能力

在工作中，我们难免遇到各种各样的问题。面对问题，优秀的人往往会积极地寻找解决问题的方法，平庸的人会为自己的无能为力寻找借口，逃避责任。

优秀的人往往是能够解决问题的人，他们之所以成功，是因为他们能够找到解决一个又一个问题的方法。在公司里，员工最大的作用在于通过工作来解决一个个问题。

一个人的作用有多大、职位有多重要，取决于他能够解决多少问题，并通过解决问题来创造多大的价值。我们能够解决的问题越多，产生的影响越大，体现的能力越强，创造的价值就越大。能够解决问题的人往往在职场和生活中如鱼得水，无论走到哪里，他们都能受到别人的尊重和欢迎。

## 5.3 影响力

### 任务目标

#### 5.3.1 选谁和唐僧去西天取经

**任务名称**

任务：你选谁和唐僧去西天取经？

**任务分析**

影响力不仅是领导者需要的能力，强大的影响力对开展工作也具有巨大的推动作用。因此，我们要提升影响力。

| 实现准备 | 课堂活动 | 活动一："我叫陈阿土"案例分析 |
|---|---|---|
| | 课堂讲解 | 知识点：影响力对工作和提升与人连接能力的推动作用 |
| 实现参考 | 课堂活动 | 活动二：性格测试 |
| | 课堂讲解 | 参考建议：提升影响力的方法 |
| 任务实现 | 课堂实训 | 任务：你选谁和唐僧去西天取经 |
| 任务小结 | 课后思考 | 提升影响力，成为意见领袖 |

### 实现准备

#### 5.3.2 利用强大的影响力提升与人连接的能力

**活动一："我叫陈阿土"案例分析**

1. 活动目的

通过活动，感受影响力的作用。

## 2. 活动流程

1）阅读案例

---

**案例1：我叫陈阿土**

陈阿土是一个农民，从来没有出过远门，攒了半辈子的钱，终于跟着一个旅游团出了国。对陈阿土而言，国外的一切都非常新鲜。陈阿土报名参加的是豪华团，一个人住一个标准间，这让他新奇不已。

早晨，服务生来敲门送早饭时说："Good morning, sir!（早上好，先生！）"陈阿土愣住了，服务生说的是什么意思呢？在陈阿土的家乡，陌生人见面时一般会问对方"您贵姓"，于是陈阿土回答道："我叫陈阿土！"

就这样，一连三天都是那个服务生来敲门，每天都说"Good morning, sir"，陈阿土也每天都回答"我叫陈阿土"。

陈阿土非常生气，他觉得这个服务生太笨了，天天问自己叫什么，告诉他又记不住。终于，陈阿土忍不住问导游"Good morning, sir"是什么意思，导游告诉了他。知道这句话的意思后，陈阿土觉得自己真是太丢脸了。

陈阿土反复练习"Good morning, sir"这句话，以便第二天能体面地应对服务生。第二天早晨，服务生照常来敲门。一开门，陈阿土就对服务生说："Good morning, sir！"听了陈阿土的话，服务生却说："我叫陈阿土！"

---

2）快速思考
- 服务生为什么说"我叫陈阿土"？
- 上述案例说明了什么？

## 知识点：影响力对工作和提升与人连接能力的推动作用

人与人的交往常常是意志力的较量，不是你影响我，就是我影响你。要想成功，我们一定要提升自己的影响力，只有影响力大的人才可以成为强者。

### 1. 影响力的概念及分类

影响力是用他人乐于接受的方式来改变他人的思想和行动的能力。影响力分为以下两类。

1）权力性影响力

权力性影响力又称强制性影响力，主要来源于传统、职位、资历、法律、资源等因素。权力性影响力带有强迫性、不可抗拒性，通过外力来发挥作用，对人的心理和行为的激励是有限的。

2）非权力性影响力

非权力性影响力又称非强制性影响力，主要来源于领导者的人格魅力，以及领导者与被领导者之间的相互感召和相互信赖。

---

**案例2：袁隆平的世界影响力**

对于中国人来说，"袁隆平"这个名字可谓家喻户晓，很多人都十分敬佩他的工作和他做出的贡献。

对于这位来自中国的科学家,国际水稻研究所前所长、印度农业部前部长斯瓦米纳森博士曾经说过:"我们把袁隆平先生称为'杂交水稻之父',因为他的成就不仅是中国的骄傲,也是世界的骄傲,他的成就给人类带来了福音。"

**2. 影响力的作用**

影响力是一种试图控制或引导他人的倾向,促使个体采取劝说、说服、引导等行动来影响他人的思想、情感或行为。无论是陈述观点、排除障碍,还是化解矛盾、承担风险,具备影响力的人往往会通过实际行动来实现愿望。因此,这类人通常能在团队里树立个人威信。

影响力是为推动个人实现所期望的目标而服务的。

**案例 3:华为的品牌影响力**

2015 年,中国政府宣布了全面推进实施制造强国的计划,旨在使中国成为全球经济的主要参与者,特别是在一些竞争非常激烈的领域争取成为引领者。

如今,华为凭借其在通信设备和智能手机领域的卓越表现,已经成为全球知名的科技品牌。华为在全球范围内的业务拓展和技术创新,展示了中国企业在高科技领域的强大竞争力。

在上述案例中,华为的品牌影响力在其拓展全球业务的过程中起到了巨大的推动作用。

**3. 影响力对工作的推动作用**

1)利用权力性影响力推动工作

构成权力性影响力的主要因素有传统因素、职位因素和资历因素。

- 传统因素是指人们对领导者的传统观念。在这种观念中,人们认为领导者不同于普通人,他们有权力、才干,比普通人能力强。这种观念逐渐成为某种社会规范,被领导者便产生了对领导者的服从感。
- 职位因素是指领导者在组织中的职务和地位。居于领导地位的人通常有一定的权力,有了这些权力,领导者就可以左右被领导者的处境,从而使被领导者对领导者产生敬畏感。
- 资历因素是指领导者的资格和经历。资历较深的领导者一般有较大的影响力,被领导者容易对资历较深的领导者产生敬重感。

权力性影响力来源于职权,下级必须服从上级,职权作用于被领导者的心理效果表现为服从感、敬畏感和敬重感。权力性影响力对工作的推动作用是显而易见的,因为权力性影响力作用于被领导者的方式一般是领导者向被领导者提出正式要求或发布指令。这些要求和指令是通过口头或书面形式传达的,如通知、规章、批示等,被领导者必须执行或服从它们。

怎么利用权力性影响力推动工作呢?

第一,我们在工作中要做到"干一行、精一行、爱一行"。即使不能升到高级职位或成为领导者,我们也能获得资历的积累。通过这种方式,我们可以拥有一定的权力性影响力,以推动工作的开展。

第二，在因为某个项目而临时组建的项目组中，我们要尽快落实项目组任命文件，在文件中明确项目组成员之间的工作关系、汇报关系，通过这种方式形成权力性影响力，推动工作的开展。

> **案例 4：地位每提升一级，平均身高高半英寸**
>
> 　　为进行一项研究，一名来自英国剑桥大学的访客来到了澳大利亚一所大学的 5 个班级。在不同的班级，研究人员对该访客的身份做了不同的介绍，分别为学生、助教、讲师、高级讲师和教授。
>
> 　　在该访客离开后，研究人员让其他学生评估他的身高。结果表明：该访客的地位每提升一级，他在其他学生眼中的平均身高就高半英寸。也就是说，当该访客是"教授"的时候，他的身高比他是"学生"的时候高 2 英寸（5cm 多）。

2）利用非权力性影响力推动工作

构成非权力性影响力的主要因素有品格因素、能力因素、知识因素和情感因素。

- 品格因素是指一个人的道德、品行、人格、作风等，是决定领导者影响力的根本因素。品格高尚的领导者容易使被领导者对其产生敬爱感。
- 能力因素是指一个人的能力。有能力的领导者可以给被领导者带来希望和成功，从而使被领导者对其产生敬佩感。
- 知识因素是指一个人拥有的知识。知识丰富的领导者容易得到被领导者的尊重和信任，从而使被领导者对其产生信赖感。
- 情感因素是指一个人对客观事物的好恶倾向的内在反映。当领导者与被领导者之间建立了良好的关系时，被领导者容易对领导者产生亲切感。

非权力性影响力来源于个人魅力，它作用于被领导者的方式是人格感召，包括人格影响力和榜样行为影响力，即领导者凭借自身较高的素质（如拥有丰富的知识、良好的品行、较强的能力，以及与被领导者关系融洽等），使被领导者自愿接受领导，并发自内心地信服领导者，从而对领导者产生敬爱感、敬佩感、信赖感和亲切感。

非权力性影响力是每个人都需要修炼的能力，个人魅力可以提升影响力，从而推动工作的开展和人际关系的建立。

### 4. 影响力可以提升与人连接的能力

1）与人连接的能力的重要性

在现代社会中，每个人都不是孤立的，处理人际关系的能力是非常重要的能力，因为人与人之间的连接非常重要。

单枪匹马或许能做成一些小事，但很难做成大事。现代社会是高度分工合作的社会，每个人都有自己的长处和短处。只有协调好共同做一件事，才能事半功倍，同时让每个人都发挥出最大的作用。

2）影响力如何提升与人连接的能力

在实际工作中，连接客户的能力或维系客户关系的能力非常重要。例如，一些企业的高层管理者经常感到诧异:"不久前我与客户的关系还好好儿的,一会儿'风向'就变了,真不明白。"客户流失已成为很多企业面临的一大难题,这些企业的老板也知道客户流失会带来巨大的损失,一些即将成功的项目也许会因为客户流失而功亏一篑。

当被问及客户为什么流失和如何避免客户流失时,很多企业的老板一脸迷茫。要想避免客户流失,除了采用拓展和维系客户关系的常规方法,影响力也发挥着巨大的作用。

客户不会忘记影响力大的人,有任何突发情况或信息的变化,客户都会首先想到这些人,因为这些人在客户的心里留下了深刻的印象。客户做重大决策也会第一时间与这些人讨论,因为客户希望与这些人保持连接。

> **案例5:华为认为客户关系是第一生产力**
>
> 华为认为,在市场竞争中,竞争对手并不是被华为打败的,而是被华为和客户一起打败的。
>
> 华为的成功实践告诉了我们一个道理:华为的产品可能不是最好的,但让客户选择华为,而不选择其他企业,才是华为的核心竞争力。

除了专业技能,影响力和与人连接的能力也特别重要。拓展新客户不容易,维系与老客户的关系也非常难,影响力在其中发挥着独特的作用。

3)领导者的性格品质决定团队气质

领导力本质上是一种影响他人的能力。领导者的性格决定其领导风格,领导者的综合素质决定团队的综合素质。团队气质往往是由领导者的性格品质决定的。团队从弱小走向强大,靠的是什么?靠的是领导者的"战斗意志"。

➡️ **实现参考**

## 5.3.3 如何提升影响力

### 活动二:性格测试

**1. 活动目的**

通过活动,测试自己的性格类型,初步了解自己的影响力。

**2. 活动流程**

1)完成测试

在网上搜索"性格测试:你是变色龙、猫头鹰、考拉,还是孔雀、老虎",进入相关网页并完成测试。

2)测试结果参考解读

(1)变色龙型。

处事极具弹性,性格多变,可以因环境要求而调整决策与立场,适应力强,擅长整合内部和外部的资讯,不愿与人为敌,适合谈判、协调与交涉工作,是很好的外交人才。

（2）猫头鹰型。

做事精确、条理分明、固守传统、恪守本分、性格内敛，善于用数据沟通，不善于语言表达和维持团队的凝聚力，适合制度严格的职业，如会计师、工程师、律师等。

（3）考拉型。

平易近人、有耐心、冷静、坚定，需要充足的时间来规划或因应变革，可以凭借意志力实现中长期目标，适合担任安定内部、稳定企业的角色或在精密、专业的领域发展。

（4）孔雀型。

人群中的"明星"，表达能力、社交能力强，极具同理心，人缘好，擅长宣扬理想，能够感染、影响他人，是能鼓舞团队士气的"心灵教育家"，适合推广新思想、创立产业。

（5）老虎型。

具有强烈的支配欲望、胸怀大志、竞争力强、好胜心强、勇于冒险、积极自信、眼光敏锐、有决断力，只要认定目标，就会勇往直前，适合开拓市场或重整团队。

**参考建议：提升影响力的方法**

在通信技术发达和信息透明化的背景下，领导权力的作用可能受到一定影响，因此我们要利用影响力来带领团队。提升影响力要以改善自我为出发点，从外部沟通和自我修炼两个方面充分挖掘个人的潜能，追求卓越。

**1. 外部沟通**

1）提高可信度，表里如一

可信度是影响力的核心基础。不被信任的人即使运用各种技巧，也很难产生影响力。

要想提高可信度，首先，我们要了解自己的信念与价值观，只有能清楚地表达和践行自己的信念的人，才能被他人信任。

其次，我们要了解自己想影响的对象，深入了解其价值观、信念与需要，让他们认同我们的目标，并将其视为他们的目标。这种主动影响的影响效果最好，影响力也最大。

2）增强话语的说服力，使其能够打动人心

只有高明、准确的见解才有说服力，如果一个人的话语总是很有说服力，这个人自然就会有号召力。常用的说服方法是说出最重要的理由，或者把事情的价值、个人的需要作为说服条件。

3）知道什么样的人难以影响

难以影响的人可能是抱着敌意听我们讲话的人或是在利益上和我们有冲突的谈判对手，这两种人和我们的观点基本上是相反的，要想通过我们的影响力使其改变自己的观点并接受我们的观点，难度很大。要想让意见不同者与我们共同完成任务，必须通过谈判来达成彼此都能接受的协议。

谈判的目的不是击败对方，而是解决双方共同的问题。为此，我们要把问题与人分开，注重利益，而非立场，做出对双方都有利的选择。如果双方可以达成共识，谈判就没有根本上的冲突，只有细节问题。

4）不要轻易用命令的语气沟通

命令常常使人感到不舒服、不自由，无论说的是什么，一旦用命令的语气说出来，就容易让人反感。

虽然命令不是体现影响力的好方法，但是在没有时间讨论的紧急情况下，或者组织需要个人完成对组织很重要的工作时，还是可以采用这种方法的。

**2. 自我修炼**

1）平时多看书、多思考

看书可以拓宽我们的知识面和视野。书看得多了，懂的东西就多了；懂的东西多了，说出的话就更令人信服了。

看书离不开思考。在读书、做事的时候，我们要从多个角度、立场看待问题，这样才能全面、透彻地分析问题，从而增强观点的说服力。

2）实事求是，注重调查研究和实践经验

我们不能凭想当然做事，要想不出错，就要进行调查研究，这样才可能得出正确的答案。正确的观点可以提高我们的影响力等级，夸夸其谈则会降低我们的影响力等级。

宁可承认自己不知道，也不要妄自尊大，这是学者做学问时一贯的态度。人们之所以尊重他们，正是这个道理。人们信服的不是学者的权威，而是他们在保持严谨的治学态度的前提下创造的劳动成果。

3）在日常生活和工作中坚持公平公正

公平公正往往是令人信服的有力武器，有些人甚至可以为其牺牲自己的生命，可见其价值及重要性。坚持公平公正的方法是找到自己坚持的原则并将其视为底线，有了底线，自然就有了做事的标准，做起事来就有依据了。

4）具备勇敢精神

虽然有勇敢精神的人不一定都会成功，但是成功的人往往是有勇敢精神的人。

5）具备牺牲精神

在关键时刻，我们要挺身而出，为了大家的利益牺牲自己的利益，这样别人就会敬佩、尊敬我们，我们在别人心目中的位置就会很高，我们对别人的影响力就会很大。

6）提高个人素质

人虽然不可能达到完美，但是可以追求完美，这需要坚持不懈的努力。

人通常是感情大于理智的。如果一个人有一个很大的缺点，别人就容易对他感到厌烦，即使他有很多优点，别人也很难接受他。正如有句话说的那样："成功需要万事俱备，失败只需要一个原因。"

我们要具备3种美德，即克制、谦逊和执着。三者是相辅相成的：克制和谦逊是"制动器"，只有制动器的车是跑不起来的；执着是"加速器"，只有加速器的车是很危险的。

上述3种美德有助于我们建立良好的人际关系。如果别人愿意和我们交往，就容易受到我们的影响。

7)提高忠诚度

可以控制自己的人是成熟的人,虽然成熟不代表成功,但是成熟和成功之间的距离很近。控制自己的最大问题是是否需要坚持下去,即是否需要忠于自己最初的想法。信守承诺是忠诚的直接体现。

忠诚的人是可敬的人,他们一旦做了决定,就不会轻易改变。这不仅需要毅力和执着,还需要勇气和控制自己的决心。对于没有忠诚度的人,人们很难相信他们的任何承诺。

### ➡ 任务实现

### 5.3.4 你选谁和唐僧去西天取经

1. 任务目的

思考如何提升影响力,感受个人影响力在团队中的作用。

2. 任务时间

30~40分钟。

3. 任务流程

1)参加活动

将学生分成若干小组,对下面的题目进行无领导小组讨论,各小组形成统一的观点,并将其记录在白板上。

假设唐僧去西天取经需要带4个人,请从以下8个人中选出4个比较合适的人,并给出理由。8个人选是:李逵、孔子、瓦特、林黛玉、郑和、武则天、牛顿、李白。

2)观点分享

- 各小组安排1人分享小组讨论结论,其他小组成员既可以补充,也可以分享不同观点。
- 在整个活动中,每个人在小组中的定位是什么?
- 在小组讨论中,小组内有没有自发产生的小组长?每个小组成员的影响力如何?请对每个小组成员进行评价。

### ➡ 任务小结

### 5.3.5 提升影响力,成为意见领袖

在职场和生活中,如果我们希望别人帮自己的忙、赞同自己的观点,除了借助权力,还可以借助一种特殊的能力——影响力。影响力对成就事业具有非常重要的作用。

在职场中,我们经常遇到需要多人合作甚至跨部门合作的情况;当我们提出一个方案时,也需要获得别人的支持,这样才能让我们的方案脱颖而出;在运作一个项目时,我们同样需要获得别人的支持或公司的资源。这些都受影响力的制约。我们需要提升影响力,成为意见领袖。

## 5.4 团队合作能力

### 任务目标

#### 5.4.1 策划学校元旦晚会

**任务名称**

任务：对学校元旦晚会进行策划。

**任务分析**

学习如何理解团队精神和开展团队合作等知识，参考高效地进行团队合作的建议，发挥主动性和影响力，开展团队合作，完成本节的任务。

| 实现准备 | 课堂活动 | 活动一：观看跨物种的无障碍合作捕鱼视频 |
| --- | --- | --- |
|  | 课堂讲解 | 知识点一：如何理解团队精神 |
|  |  | 知识点二：如何开展团队合作 |
|  | 课外活动 | 活动二：解手链 |
| 实现参考 | 课堂活动 | 活动三：叠"人塔"的启示 |
|  | 课堂讲解 | 参考建议：高效地进行团队合作的方法 |
| 任务实现 | 课堂实训 | 任务：对学校元旦晚会进行策划 |
| 任务小结 | 课后思考 | 即使个人能力再强，也离不开团队合作 |

### 实现准备

#### 5.4.2 如何理解团队精神和开展团队合作

**活动一：观看跨物种的无障碍合作捕鱼视频**

1. 活动目的

通过活动，了解团队合作的重要性。

2. 活动流程

1）观看视频

请扫描二维码，观看视频。

2）快速思考

- 渔民与海豚为何要合作捕鱼？双方的分工协作体现在哪里？

微课：跨物种的无障碍合作捕鱼（视频）

- 渔民与海豚从合作捕鱼中分别得到了什么好处？这是不是双方合作的基础？

## 知识点一：如何理解团队精神

### 1. 什么是团队

团队是由若干成员组成的小组，团队成员具备互补的技术或技能，有共同的目标和评估方法、做事方法，并共同承担最终的结果和责任。

### 2. 团队的构成要素

团队的构成要素可以总结为 5P［Purpose（目标）、People（人）、Place（定位）、Power（权力）、Plan（计划）］。

1）目标

团队应该有目标，以此为团队成员导航，让团队成员知道要去向何处。如果没有目标，团队就没有存在的价值。

> **案例 1：吃三叶草的昆虫**
>
> 自然界中有一种昆虫很喜欢吃三叶草。这种昆虫在进食的时候是成群结队的，第一只趴在第二只身上，第二只趴在第三只身上，由一只昆虫带队寻找食物，这些昆虫连接起来后就像一节一节的火车车厢。
>
> 科学家做了一个实验，他们把这些像火车车厢一样连接起来的昆虫连成一个圆圈，在圆圈中间放着它们喜欢吃的三叶草，结果这些昆虫爬得精疲力竭也吃不到三叶草。

上述案例说明，一旦失去目标，团队成员就不知道去向何处，团队也失去了存在的价值。团队的目标应该得到有效的传播，所有团队成员都应该知道该目标，以便为实现该目标而工作。

2）人

人是构成团队的核心力量，只要有两个人就可以构成团队。团队的目标是通过具体人员实现的，所以人员的选择对团队非常重要。

在团队中，不同的人员通过分工来共同实现团队的目标。选择人员需要考虑不同人员的能力、技能是否互补，以及人员的经验是否丰富。

3）定位

团队的定位包含以下两层意思。

团队整体的定位：团队在组织中处于什么位置？由谁选择和决定团队成员？团队应该对谁负责？用什么方式激励团队成员？

个体的定位：成员在团队中负责什么（如制订计划、具体实施或评估）？

4）权力

在团队中，领导者的权力大小与团队的发展阶段有关。一般来说，在团队发展的初期阶段，领导权比较集中；团队越成熟，领导者的权力越小。

团队权力的大小与以下两个方面的因素有关：一是团队在组织中拥有什么样的决定权，如财务决定权、人事决定权、信息决定权等；二是组织的基本特征，如组织的规模有多大，团队的数量是否足够多，组织对团队的授权有多大，组织的业务属于什么类型等。

5）计划

实现目标需要一系列具体的行动方案，我们可以把计划理解为实现目标的具体工作程序。按照计划执行可以保证团队的进度。只有严格执行计划，团队才能一步一步地接近目标，最终实现目标。

### 3. 团队的特征

与群体相比，团队的特征如表 5-6 所示。

表 5-6 团队与群体的特征对比

| 团队 | 群体 |
| --- | --- |
| 为了完成共同的任务，团队成员相互支持、相互依赖 | 各自独立地完成任务 |
| 团队成员有共同的目标和衡量标准 | 没有统一的衡量标准 |
| 团队成员对彼此负责，共同承担对产品或服务的最终责任 | 没有最终责任人 |

### 4. 团队成员的角色

高效的团队是由一群有能力的成员组成的，他们具备实现目标所必需的技术和能力，而且能开展良好的合作，从而出色地完成任务。团队成员必须有各自的定位和分工，他们的角色如表 5-7 所示。

表 5-7 团队成员的角色

| 角色 | 行动 | 特征 |
| --- | --- | --- |
| 协调者 | 阐明团队的目标，帮助团队成员分配角色和责任，为团队做总结 | 稳重、公正、自律、自信，智力达到中等水平，容易信任别人，能够积极地思考 |
| 决策者 | 制定团队讨论问题、做出决策的模式，促使团队成员达成一致意见并做出决策 | 有较高的成就，敏感，通常缺乏耐心，好交际，喜欢辩论，精力旺盛 |
| 策划者 | 为行动过程提出建议和新观点、新视角 | 思想独立、慎重、聪明、知识渊博，喜欢独辟蹊径 |
| 监督评估者 | 分析问题和复杂事件，评估其他团队成员的贡献 | 冷静、聪明、公平、客观、理智、言行谨慎，不容易激动 |
| 支持和帮助者 | 为其他团队成员提供支持和帮助 | 喜欢社交，敏感，以团队为导向，一般不参与决策 |
| 对外联络者 | 介绍外部信息，与外部人员谈判 | 有求知欲，多才多艺，喜爱交际，直言不讳，具有创新精神 |
| 实施者 | 强调按照既定程序和目标完成任务的重要性，并确保高效、准确地完成任务 | 勤劳、坚持不懈，力求完美，注意细节，充满希望 |
| 执行者 | 把谈话和观念变成实际行动 | 务实、宽容、勤劳、吃苦耐劳 |

### 5. 理解团队精神

团队精神是大局意识、协作精神和服务精神的集中体现。

（1）团队精神的基础是尊重个人的兴趣和成就。团队精神不要求团队成员牺牲自我，相反,团队成员表现个性、发挥特长有助于共同完成任务。

(2) 团队精神的核心是协同合作。

(3) 团队精神的最高境界是所有团队成员的向心力、凝聚力,是个体利益和整体利益的统一,以保证组织的高效运转。

(4) 团队精神的关键是良好的沟通,没有沟通,就没有团队精神。团队成员之间进行良好沟通的具体要求如下:
- 团队成员愿意公开、诚实地表达自己的想法;
- 团队成员之间主动沟通、坦诚交流、并尽量了解和接受别人;
- 虚心、诚恳、积极、主动地聆听别人的意见,尤其要善于听取建设性意见;
- 在工作中,避免和团队成员争吵。

### 知识点二:如何开展团队合作

#### 1. 团队合作的要求

团队的形式并不能自动提高工作效率,只有满足以下要求,才能形成高效的团队合作。

1) 团队成员有共同的愿望
- 团队成员为了共同的目标团结协作,互相支持。
- 团队成员有共同的衡量标准和明确的职责,能够高标准、高质量地完成任务。

2) 团队成员之间进行开放的交流
- 毫不隐瞒地提出自己的观点和看法。
- 关注和倾听别人的建议。
- 在团队中公开讨论不同的建议,并给予真诚的反馈。
- 积极参与团队活动,了解彼此的工作进展。

3) 团队成员之间互相尊重、信任
- 做诚实、可信的人。
- 交流时对事不对人。
- 团队成员对所在的团队感到自豪。

4) 在不同领域,可以由不同的团队成员做团队的领导者
- 在某个领域,某个团队成员可能有专长。
- 团队的领导者为团队成员提供正确的指导,并认可和奖励团队成员或团队取得的成就。
- 在重要的决策点,采纳多数人的建议,避免犯简单的错误。

5) 有高效的工作程序
- 确定团队的策略、标准和流程,根据流程制订计划并跟踪实施进度。
- 高效地利用所有资源,使团队成员的工作轻松而有效。
- 在每一个决策点,团队成员都要基于明确的目标和标准,把决策的风险降到最低。
- 鼓励团队成员充分发挥创造力,鼓励创新。

6）在团队中求同存异
- 在团队中，每个成员拥有不同的技能和知识，有些国际项目的成员甚至拥有不同的文化背景。在团队中应该求同存异，充分发挥每一个团队成员的力量。
- 在选择新成员时，考虑新成员和老成员之间的互补性，以及新成员是否对团队的进步有帮助等。
- 大家一起讨论不同的意见，不要忽视有创造性的意见，允许团队成员提出新的意见，不能因为追求想法一致而失去创造力，否则就失去了团队的价值。

2. 组建团队的方法

1）选人比育人更重要

领导者有责任让每一位员工成长。与育人相比，更重要的是选人。只有先选对人，再用心培育，才能产生理想的效益。

很多企业之所以能做大，是因为有一群战斗力强的员工，有一个训练有素的团队。企业是讲效益的，一开始就要选对人，这样在后续培训时会比从零开始培训省时、省钱、省力。

2）合理地组建团队

团队成员需要在性格和能力上互补。如果团队成员都是一种性格，能力也差不多，犯了错误就会很危险，因为没人提醒和阻止。

> **案例2：取经团队**
>
> 在唐僧的取经团队中，孙悟空最有能力，所以当前锋；猪八戒好吃懒做，所以牵马；沙僧老实本分，所以挑行李。
>
> 取经团队中的3个角色不能任意互换。如果让猪八戒探路，他即使不半路睡觉，也容易被妖怪蒙骗；如果让孙悟空挑行李，袈裟和通关文牒说不定会被他弄丢。

企业的用人原则应该是"用人之长，无不可用之人；用人之短，无可用之人"。在企业中，没有完美的个人，只有完美的团队。

3）统一价值观

为什么很多企业做不大？因为没有统一价值观。如果价值观不统一，就不能充分发挥员工的潜能，员工在合作时貌合神离，不肯出力或劲不往一处使。统一了员工的价值观，就打通了企业的"生命线"。

4）明确战略和目标

人通常不是因为辛苦才放弃的，而是因为盲目。人在看不到前方时是最恐惧的。反思一下，作为企业的一份子，领导者清楚企业的战略和目标吗？员工清楚企业的战略和目标吗？

5）坚定信念

当团队成员感到迷茫时，领导者一定要坚定信念。只要方向正确，就不怕路途艰险。

6）笑对困难

在唐僧的取经团队取得真经后，真经为什么会落水？因为九九八十一难还差一难。我们的人生不也是如此吗？困难是人生的财富和成功的基石，每一次战胜困难后，我们就离成功更近了一点。很多企业家说过,当困难积累到一定量时,如果能坚持下去,成功就是必然的。我们要笑对困难,用乐观、积极的态度面对困难。

### 3. 解决团队冲突

1)冲突一定会毁了团队吗

---

**案例 3:如何理性地看待冲突**

俗话说:"屋漏偏逢连夜雨。"身为某民营制药企业项目研发部经理的王某被接二连三的坏消息弄得焦头烂额:先是历时一年多的新药研制项目遭遇技术难关,只得中途搁浅;紧接着,他又获知国内另一家知名药厂通过引进国外先进技术,已经成功研制出同类品种的新药,该新药通过了医药审批,即将生产上市。

两年前,王某被这家民营制药企业的老板以高薪从某国有大型制药企业聘请过来。为了充分体现对王某的信任,老板将项目研发部的管理权、人事权甚至财务权都交给了他,并委派了海归硕士李某协助他进行项目研发。

在新药研制项目立项之前,王某和李某各自提出了一个方案,两人都不肯让步:李某主张在引进国外先进技术的基础上改进配方和生产工艺,这样做不但见效快,而且技术风险较小,缺点是需要支付一大笔技术转让费用;王某主张自力更生,自主研发具有独立知识产权的全套生产技术,这样做的缺点是技术开发风险较大。

根据公司规定,如果双方各持己见,就要将这两个方案提交到项目研发部全体会议上进行讨论,并做出集体决策。基于多年的国企管理经验,王某认为,如果正副职在业务上产生分歧,当着下级的面各执一词、激烈讨论,必然不利于整个部门的团结,对领导者的权威也是一大挑战。此外,王某也没有信心说服李某和整个部门的同事。于是他找到老板,使出浑身解数,甚至不惜以辞职相逼,迫使老板在方案提交之前将李某调离了该部门,从而避免了一场激烈的冲突。

这是一种很奇怪的现象,团队的领导者往往对冲突讳莫如深,并采取各种措施来避免团队中的冲突,无论冲突是良性的还是恶性的。领导者的担忧不外以下 3 个方面:一是一些领导者把冲突视为对自身权威的挑战,因为担心失去对团队的控制,所以对于拍板和讨论,他们往往会果断地选择前者;二是过于激烈的冲突往往会引发团队内部的分裂,导致团队内部出现不和谐的声音;三是在冲突中受打击的一方的自尊心和自信心会受到伤害,不利于保持和提高团队的整体工作效率。

---

要想形成高效的团队合作,领导者必须学会在缺乏足够的信息和统一意见的情况下及时做出决定。果断的决策机制需要在一定程度上平衡效率与民主,有时会涉及对不同意见的权衡。

对团队的领导者而言,最难的莫过于不被团队内部虚伪的和谐气氛误导,并采取各种措施来鼓励适当的、有建设性的良性冲突,把被掩盖的问题和不同意见摆到桌面上,通过讨论和合理决策来加以处理,否则迟早有一天会爆发更大的冲突。

2)发生冲突的原因

发生冲突的原因包括:以各自的原则为基础的价值观差异,准备不足,时机不对,沟通不畅，职责不清，情绪化，管理混乱（渠道、信息、资源）。

3）解决团队冲突的办法

（1）给予反馈。

给予反馈的注意事项包括：针对对方的需求；反馈应明确、具体，最好能提供实例；尽可能给予正面的、有建设性的反馈；把握时机；集中于对方可以改变的行为；对事不对人；考虑对方的接受程度。

（2）接受反馈。

接受反馈的常用方法包括：认真倾听，不打断对方；避免自我辩护；提出问题；总结接收的信息；向对方表明自己将要采取的行动；尽力理解对方的目的。

（3）欢迎良性冲突。

良性冲突有助于实现团队的目标和增加团队绩效。良性冲突的主要特征包括：刺激才干增长和能力提升，推动创新和改变，对组织的问题提出建设性意见，促进团队成员之间的互相理解与协作。

（4）避免恶性冲突。

恶性冲突会影响团队绩效。恶性冲突的主要特征包括：浪费时间；过度展现自利倾向，妨碍组织的整体发展；持续的恶性冲突会影响个人的情绪和身心健康；导致信息错误和事实真相的扭曲。

## 活动二：解手链

### 1. 活动目的

通过活动，体会团队合作的作用和重要性。

### 2. 活动流程

1）活动内容

- 将学生分成若干小组，每组的人数为双数，建议每次活动的人数为 12～16 人。
- 每组的成员面对面站成两排（站得紧一些），每个学生把两只手伸向对面任意两个同学，并分别握住（不能两人互握）。所有学生都握好手后，站在排头的学生用左手握一下被自己握住的学生的手，相应学生感觉到后立即用另一只手握一下被自己握住的学生的手，依次类推，直到站在排头的学生的右手被握，说明握手的方法正确，否则要重握。
- 大家的手组成了一张纵横交错的"乱网"，在两只手都不松开的情况下，想办法把这张"乱网"解开，规则是在"解网"过程中不能松开手。

2）讨论

- 刚开始"解网"时，你的感觉怎么样？你的思路是不是很混乱？
- 当"乱网"被解开了一点以后，你的想法是否发生了变化？
- 当"乱网"被彻底解开以后，你是不是很开心？
- 在活动过程中，你学到了什么？

3）回顾总结

这个活动的意义不在于最后的结果，而在于每个人是否在活动过程中融入了所在的团队。这个活动成功的关键如下：

- 能否快速找到解决问题的方法？
- 有没有核心人物或勇敢者站出来发表意见？
- 能否快速达成共识？
- 能否在达成共识后立即付诸行动？

➡ **实现参考**

### 5.4.3 如何高效地进行团队合作

**活动三：叠"人塔"的启示**

1. 活动目的

通过活动，思考叠"人塔"的启示，尤其是其中的团队合作精神。

2. 活动流程

1）阅读材料

图 5-11 所示为西班牙的世界级非物质文化遗产——叠"人塔"。通过体会这项活动中蕴含的力量、沉着、勇敢、理智，我们可以了解其背后的"加泰罗尼亚精神"。

图 5-11 叠"人塔"

一座"人塔"通常可以叠六七层，其中在底层起支撑和分散力量作用的大约有 200 人；每层"人塔"的人数是 1～5 人，越向上叠，人数越少。

在底层支撑的多是壮年人和老年人，他们用手臂搭建平台，并托住上面的人，以减少"塔身"的晃动。完成这一步后，组成"塔身"的人会小心而迅速地向上叠"人塔"。此外，在核心人员的外围还有一些参与活动的群众和游客，他们被称为"人桩"。

"塔身"的人数自下而上从 5 人逐渐减少到 2 人，他们的年龄也由壮年逐渐过渡为青年。

最重要的"塔尖"通常由五六岁的孩子来充当，他们行动灵活、体重轻，可以减轻"塔身"的负担。当充当"塔尖"的孩子站稳并举起象征着加泰罗尼亚地区区旗的 4 根手指时，就意味着"人塔"叠成功了。

从高空俯视"人塔"，"塔身"仿佛一座坚不可摧的城堡，站在"塔尖"的人伸出的 4 根手指，仿佛昭示着人类的力量能够触摸到的极限。

2）分组讨论
- 你从叠"人塔"中受到了什么启示（如团队成功和个人成功的关系）？
- 叠"人塔"需要哪些精神和能力？

## 参考建议：高效地进行团队合作的方法

### 1. 敬畏规则

说到规则，有些人或许对它心存反感。其实，但凡有人生活的地方，都需要用规则来限制和约束人的行为。国有国法，家有家规，即使是只有两三个人共同工作的班组，也要通过规则来加以制约和规范，否则"没有规矩，不成方圆"。

规则是规定出来供大家共同遵守的制度或章程。在规则的限制下，我们可能受到束缚，觉得不自在、不舒服。然而，在某些时候，我们会突然发现，规则变得异常美丽。

---

**案例 4：去菲利普岛看企鹅归巢**

某一天傍晚，我们从墨尔本出发，乘车前往澳大利亚南端的菲利普岛。菲利普岛是澳大利亚著名的企鹅岛，我们想去那儿看企鹅归巢的美景。

我们从车上的收音机里知道，菲利普岛上正在举办一场大规模的摩托车赛。司机和导游听到这个消息后都显得忧心忡忡。据他们估计，在我们到达菲利普岛之前大约一小时，这场大规模的摩托车赛就要结束了。根据以往的经验，观众散场的时候会有上千辆车往墨尔本方向开。这条路只有两条车道，我们都担心会堵车。企鹅归巢的时间只有短短半小时，如果因为堵车而耽误了时间，我们一定会感到莫大的遗憾。

在这条路上，从北往南开的车只有我们这一辆，从南往北开的车却有上千辆！我们都紧张地盯着从对面驶来的所有车，出乎意料的是，我们的车行驶得非常顺畅。

我们注意到，从对面驶来的所有车里，没有一辆车越过中线！这是一条左右两边极不平衡、对称的路，一边只有一辆车，另一边是密密麻麻的车。

这里接近澳大利亚的最南端，既没有警察，也没有监视器，只有车道中间的一条看起来毫无约束力的中线，然而没有一个"聪明人"试图破坏这样的秩序。这种"失衡"的图景在视觉上似乎没有美感可言，我却渐渐地被感动了。

夜幕降临，所有车都打开了车灯，看着对面的车灯，我感受到了一种无言的美。那是我平生所见过的最美丽的景色之一，它给我留下的印象，甚至比我们后来如愿看到的景色——暮色之中，憨态可掬的小企鹅从海浪里游出来，摇摇摆摆地踏上沙滩，一路追逐着回到沙丘中的巢穴——还要深刻。我从那条流淌的"车灯之河"中看到了规则之美、制度之美、人性之美。

规则考验的是我们的社会公德感与社会责任感。虽然遵守规则很麻烦，但是规则能够保护我们的安全和幸福。当我们发自内心地敬畏规则时，遵守规则就会成为我们的习惯和素养。

2. 端正心态，找准定位

要想在团队中找到适合自己的位置，心态很重要。如果我们想做领导者，就要具备领导团队的能力。

### 案例 5：人多一定力量大吗

德国科学家瑞格尔曼做过一个拉绳实验：实验对象被分成 4 组，每组的人数分别为 1 人、2 人、3 人、8 人。瑞格尔曼要求各组用尽全力拉绳，同时用灵敏的测力器测量拉力。测量的结果出乎人们的意料：2 人组的拉力是单独拉绳时 2 人拉力总和的 95%，3 人组的拉力是单独拉绳时 3 人拉力总和的 85%，8 人组的拉力是单独拉绳时 8 人拉力总和的 49%。

由此可见，在组织中，付出的结果不一定是"1+1>2"，很可能是"1+1<2"。

"华盛顿合作定律"指出：一个人敷衍了事，两个人互相推诿，三个人永无成事之日。这有点类似于"三个和尚没水喝"的故事。

人与人的合作不是人力的简单相加，前者更加复杂和微妙。1 个人用 1 分钟可以挖一个洞，60 个人用 1 秒却挖不了一个洞。在美国，这种团队合作中的内耗现象被称为"邦尼人力定律"。

请思考以下问题：

- 为什么人多不一定力量大？
- 为什么"三个和尚没水喝"？
- 为什么关羽、张飞不当皇帝？

### 案例 6：小章能当主管吗

某公司从人才市场中高薪聘请了网络管理员小章。半年多以来，小章在工作中表现突出，他的技术能力得到了大家的认可，他每次都能保质保量地完成任务。在别人看来很难解决的问题，小章总是能轻松解决。公司老板对小章的专业能力非常满意，有意提拔他为主管。

然而，公司老板在考察中发现，小章除了完成自己的任务，从不关心其他事情；他对自己的技术保密，很少为别人答疑；有时候，他对分配的任务挑三拣四，如果临时增加工作，他就会表现出非常不乐意的态度；他以各种借口拒不参加公司举办的集体活动。公司老板认为，像小章这样没有团队精神的员工，显然不适合当主管。

### 3. 利用非权力性影响力增强团队的凝聚力

除了履行自己在团队中应尽的职责，我们还可以利用非权力性影响力（包括品格因素、能力因素、知识因素、情感因素等），为增强团队的凝聚力做贡献。

### 4. 乐于沟通、换位思考

如果团队中的沟通渠道比较畅通、信息交流比较频繁，每个成员都能与其他成员保持良好的沟通，团队成员之间的合作就不存在无法克服的困难。

> **案例7：盲人提灯笼的故事**
>
> 有个盲人在夜晚走路时，手里总是提着一个明亮的灯笼。别人看了很好奇，就问他："你又看不见，为什么要提灯笼？"
>
> 盲人说："道理很简单，我提灯笼并不是为了给自己照路，而是为了让别人看到我，不要撞到我。这样我就可以保护自己的安全，等于帮助了自己。"

在上述案例中，盲人照亮别人是为了照亮自己。我们要学会在工作中换位思考，明白"对别人好就是对自己好"的道理。

### 5. 做对事

指令层：做正确的事，如安排老张（执行层主管）出差。
执行层：正确地做事，如老张让秘书小李帮自己买票，自己做好出差的准备。
操作层：把事情做正确，如秘书小李买票后，将出发时间等信息告知老张。
我们要把个人的目标和团队的目标统一起来，用正确的方法实现目标。

### 6. 关键在执行

想 1000 次，不如做 1 次。即使跌倒，也胜过无谓的徘徊。

### 7. 利用高情商助力团队合作

1）高情商的表现
- 能控制住自己的脾气；
- 有沟通交流的能力；
- 有理解别人的感受的能力；
- 有在逆境中进行自我激励的能力。

2）如何利用高情商助力团队合作

利用沟通交流的能力和理解别人的感受的能力助力团队合作的做法是乐于沟通、换位思考。利用高情商的另外两种表现助力团队合作的做法如下：

（1）宽容。

能控制住自己的脾气的人容易宽容别人，从而推动团队合作。

（2）坚韧。

能在逆境中进行自我激励的人可以在团队遇到困难时推动团队解决问题，从而使团队继续前进。

## 任务实现

### 5.4.4 分组完成学校元旦晚会策划

**任务：对学校元旦晚会进行策划**

1. 任务目的

通过团队合作任务，体现和检验个人的团队合作能力。

2. 任务内容

将学生分成若干小组，各小组完成以下任务

1）策划学校元旦晚会，输出元旦晚会策划书

策划学校元旦晚会，包括确定晚会主题、活动对象、活动时间、活动地点、活动协调小组、任务分工、主持人、节目、后勤、装饰、奖项设置，以及编制活动预算和寻找赞助方等内容。

2）总结策划活动，输出总结报告

各小组对策划活动进行讨论，包括各小组的团队建设、内部合作、个人贡献、输出质量、改进质量等。

3. 老师评比，选出优胜小组

主要评比总结报告的质量和获取赞助方案的优劣。

## 任务小结

### 5.4.5 即使个人能力再强，也离不开团队合作

没有出色的个人，就无法形成高效率、有战斗力的团队；没有团队，即使个人再出色，也无法完成复杂、系统的工作。

团队合作在实现目标方面具有很多优势和不可替代的作用。我们要学会与他人合作，学会做一只"合群的大雁"，从而使团队"飞"得更高、更快、更远。

# 第 6 章

# 挑战自我，完善卓越能力

## 学习目标

- 挑战自我是更高的素质提升要求，包括跳出舒适圈和培养坚韧性等。
- 培养挑战自我的综合素质，完善卓越能力，从而取得更大的进步。

## 任务安排

- 在大学期间跳出舒适圈。
- 和自己签一份"合同"，并总结执行情况。

## 学习指南

- 通过课堂活动、小组讨论分享等方式理解知识点。
- 扫描书中的二维码进行扩展阅读，通过学习"实现参考"部分的内容，完成本章的任务，激励自己跳出舒适圈，并培养自己的坚韧性。

## 6.1 跳出舒适圈

### 任务目标

#### 6.1.1 在大学期间如何跳出舒适圈

**任务名称**

任务：在大学期间跳出舒适圈。

**任务分析**

了解舒适圈的定义和跳出舒适圈的重要性，参考其他人的方法，完成在大学期间跳出舒适圈的任务。

| 实现准备 | 课堂活动 | 活动一：亚马逊的诞生 |
| --- | --- | --- |
| | 课堂讲解 | 知识点：长期处于舒适圈内会毁了你 |
| 实现参考 | 课堂活动 | 活动二：你处于舒适圈内吗 |
| | 课堂讲解 | 参考建议：跳出舒适圈的方法 |
| 任务实现 | 课堂实训 | 任务：在大学期间跳出舒适圈 |
| 任务小结 | 课后思考 | 跳出舒适圈，未来的我们一定会感谢现在努力的自己 |

### 实现准备

#### 6.1.2 挑战自我就是要跳出舒适圈

**活动一：亚马逊的诞生**

1. 活动目的

通过活动，了解什么是跳出舒适圈，以及跳出舒适圈后的收获。

2. 活动流程

1）阅读材料

30岁那年，杰夫·贝索斯在纽约的一家金融公司上班，这在当时是一份不错的工作。受互联网的吸引，贝索斯做出了一个在当时看来很"疯狂"的决定：他既没有听从老板的劝告，也不顾亲朋好友的阻拦，毅然辞职去网上卖书！

因为贝索斯这个"疯狂"的决定，亚马逊诞生了，并迅速将业务扩展到电子商务、云计算、数字流媒体、人工智能和物流服务等领域。亚马逊已成为全球最大的电子商务平台之一，截至 2023 年，其在全球电子商务市场中的份额超过 40%，业务覆盖北美、欧洲、亚洲等多个地区。此外，亚马逊还是全球领先的云服务提供商，截至 2022 年，其在全球基础云服务市场中的份额达到 40.5%。

2）思考与讨论

- 你怎么看待贝索斯的决定？
- 如果贝索斯不跳出舒适圈，你觉得他会怎么样呢？

### 3. 观点分享

只有不断扩大舒适圈的范围，才能获得意想不到的成果。人最大的"任性"就是不顾一切坚持做自己喜欢的事。

在生活中，我们应该有改变现状的冲动，而不是一边抱怨，一边原地踏步。要想达到真正的平衡，要么跳出舒适圈，要么扩大舒适圈，在现状的基础上突破自我，把梦想变成现实。

## 知识点：长期处于舒适圈内会毁了你

### 1. 舒适圈的定义

"舒适圈"是一个网络流行语。每个人都生活在一个无形的圈子里，这个圈子里有我们熟悉的环境，我们与认识的人相处，一切都是可掌控的，所以我们感到轻松、自在。

当我们踏出这个圈子的时候，就要面对各种变化与挑战，我们会感到不舒适，于是想退回舒适圈内。

### 2. "三圈理论"

美国心理学家诺尔·迪奇提出了"三圈理论"（见图 6-1），将人对世界的认知分为舒适圈、学习圈、恐慌圈。

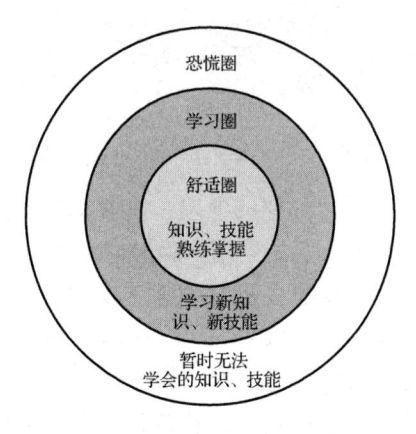

图 6-1  "三圈理论"

舒适圈是核心，追求舒适是人的本性，舒适圈能满足生活和工作的基本需求。不过，每天重复相似的工作或生活，越来越颓废，逐渐丧失激情，看起来很努力、很累、很忙，实则是无意义地循环往复。长期处于舒适圈的人眼下可能觉得舒服，却没有本质的变化，不思进取。

学习圈在舒适圈的外层，是我们较少接触或未曾涉足的领域。对于学习圈中的新事物，我们可以有更多的机会挑战自我、锻炼自我，能学到的东西也更多。有时候，我们可能有轻度不适应的感觉，这种感觉是可以克服的。身处学习圈的人精神上比较兴奋，心理上适度焦虑，思维开放，对未来充满期待。

恐慌圈在学习圈的外层，它是"三圈"中的最外圈。身处恐慌圈的人往往会感到严重的忧虑、恐惧，其思维、情绪和行为比较混乱，所承受的压力已经超过自身的心理承受极限。

在实际的工作和生活中，舒适圈、学习圈和恐慌圈通常是交叉重叠的，没有严格的界限。以跑步为例，从初始的慢跑预热到匀速的中段耐力跑，再到最后的全力冲刺，这个过程伴随着微风拂面的舒适、心跳加速的刺激、竭尽全力的坚持，以及大汗淋漓的畅快。

跑步如此，工作和生活亦如此。人是环境的产物，熟悉的家庭、熟悉的工作、熟悉的社区、熟悉的城市、熟悉的人，这一切既会让人感到舒适，久而久之也会让人感到厌倦。

### 3. 为什么长期处于舒适圈内会毁了你

1）失去学习能力

图 6-2 所示为舒适圈内部和外部的状态，看看你属于哪种状态。

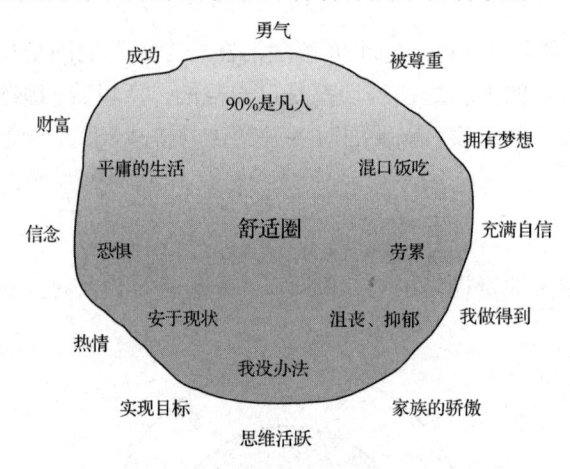

图 6-2 舒适圈内部和外部的状态

回忆一下自己身上有没有出现过类似的情况：心血来潮报名参加考试，却没有认真看过教材，每当目光扫过教材时，都不会多做停留，脑海里有各种借口为自己开脱，如"下班时间就是用来放松的，不要把自己弄得那么累""和朋友打几局游戏吧""把昨天没看完的小说看完吧""去逗逗猫吧""该逛街买新衣服了""要不刷刷短视频打发一下时间吧"等。总之，这些借口的指向十分明确：待在舒适圈里，别折腾了。

到了考试的前一周，你开始焦虑不安：花了那么多钱买课程、教材，当初还信誓旦旦地和朋友吹牛自己多上进，如果没通过考试，那该多丢人，于是强迫自己看书。

放任自己太久，你似乎已经失去了学习能力和自制力，看了不到 5 分钟的书就想玩手机。为了集中注意力，你把手机调成飞行模式并放得离自己远一点，还从默读改为大声朗读。坚持了 15 分钟，你那颗安逸惯了的心又开始"消极怠工"了。

> **案例 1：诺基亚因未能跳出舒适圈而失去市场**
>
> 诺基亚曾是全球手机行业的领导者，其辉煌主要得益于在功能机市场中取得的成功。然而，随着智能手机时代的到来，iOS 系统和安卓系统崛起。诺基亚没有及时调整战略，继续依赖传统的塞班系统和功能机模式。对旧有技术的固守使诺基亚在智能手机市场的竞争中逐渐失去优势。
>
> 诺基亚失去市场的主要原因是其未能跳出舒适圈。面对智能手机迅速发展的时代趋势，诺基亚的管理层过于自信，认为传统优势可以抵御新竞争对手的冲击。这种只想待在优势领域里的心态使他们忽视了技术变革的重要性，导致诺基亚未能及时满足市场需求。尼采说过："习惯会使我们的双手伶俐而头脑笨拙。"诺基亚掉入了思维定式的陷阱，最终被时代淘汰。

2）浪费一手好牌

三国时期，喜欢待在舒适圈里的刘禅不仅导致蜀国日渐式微，还因为"乐不思蜀"被后世评价为"扶不起的阿斗"。

贪图享乐是人的天性，舒适圈里的生活是按部就班、碌碌无为、平平淡淡的。如果一直待在舒适圈里，人就会失去意志和斗志，即使有一手好牌，也只能蹉跎一生。

人类之所以不断地发明新技术、制造新设备，就是想过得更加舒适、方便，让生产、生活更有效率。只有跳出舒适圈，我们才能获得进步与成长。

**4. 挑战自我，跳出舒适圈**

1）挑战自我

人最大的敌人和对手是自己，人需要挑战自我、战胜自我。挑战自我对个人发展具有重要作用。通过挑战自我，我们可以获得进步，并更加相信自己，从而增加我们获得幸福和成功的可能性。

世界上最难的挑战就是对自我的挑战，挑战自我是一件很复杂的事情，只有真正愿意挑战自我、战胜自我的人才能成功。

2）跳出舒适圈

每个人的舒适圈不同，有些人的舒适圈大，有些人的舒适圈小，精彩的故事往往发生在舒适圈之外。对大多数人而言，最好的状态是处于学习圈内。那么，怎么从舒适圈跳到学习圈呢？

舒适圈是平庸的温床。正如桥水基金创始人雷·达里奥所说的那样："我宁愿过失败却不凡的人生，也不要一生平庸。"

希腊有一句谚语是"Pathemata mathemata"（在痛苦中学习），意思是学习知识必然是痛苦的，人只有在痛苦的实践中才能学到知识。

处于学习圈内的典型特征是心理上的痛苦。雷·达里奥鼓励人们拥抱现实，因为现实是成功的起点；直面痛苦，在痛苦中反思，进而提升认知并修正自己的行为，即"痛苦+反思=进步"。

改变是极其艰难的，这是很多人不愿意改变自己的原因，但改变是不可避免的。提升自我的一项重要原则就是让自己处于不舒适的状态。在不舒适的状态下，人更容易保持清醒，从而意识到问题并解决问题。改变自己、跳出舒适圈是非常痛苦的，但当我们回首往事时，会为自己的改变而喝彩。挑战自我是人生的必修课。

➡ **实现参考**

### 6.1.3 如何跳出舒适圈

**活动二：你处于舒适圈内吗**

**1. 活动目的**

通过活动，测试自己是否处于舒适圈内。

**2. 活动流程**

1）进行测试

（1）生活态度与习惯。

- 你是否常常做擅长或熟悉的事情，而避免尝试新事物？
- 你是否喜欢维持现状，而不愿意改变生活习惯或工作环境？
- 你是否在面对挑战时容易感到不安或焦虑？

（2）工作与学习。

- 在工作或学习中，你是否常常选择熟悉的领域或任务，而不愿意尝试新项目或学习新技能？
- 你是否害怕在团队中表达自己的观点，或者担心自己的观点会被他人否定？
- 你是否满足于当前的工作或学习成果，而不追求更高的目标或成就？

（3）人际关系。

- 你是否只和与自己观念相似的人交往，而避免和与自己观念不同的人接触？
- 你是否害怕在社交场合中表现自己，或者担心自己的行为会受到他人的评价？
- 你是否满足于当前的人际关系，而不愿意主动拓展新的社交圈子？

（4）自我认知与成长。

- 你是否常常对自己做出负面的评价，认为自己无法胜任某些任务或角色？
- 你是否害怕接受他人的反馈和建议，担心这些反馈和建议会暴露自己的不足？
- 你是否满足于当前的自我认知，而不愿意通过接受新的挑战来提升自己的能力？

2）测试结果

对于以上问题，如果你的大多数答案是肯定的，那么你可能正处于舒适圈内。

3）启示

舒适圈虽然能带来安全感和稳定感，但是会限制我们的成长和发展。为了拓宽视野、提升能力，我们应该跳出舒适圈，尝试接受新的挑战。

跳出舒适圈并不意味着完全摒弃现有的生活方式或习惯，而是在保持一定程度的稳定和舒适的基础上逐渐尝试新的事物和领域。通过不断挑战自我、学习新技能、拓展人际关系等方式，我们可以逐渐扩大舒适圈的范围，实现自我成长和进步。

**参考建议：跳出舒适圈的方法**

1. 把学习圈变成舒适圈

如图 6-3 所示，我们可以把舒适圈的范围适当扩大到学习圈，逐渐把学习圈变成舒适圈，一步一步地成长。

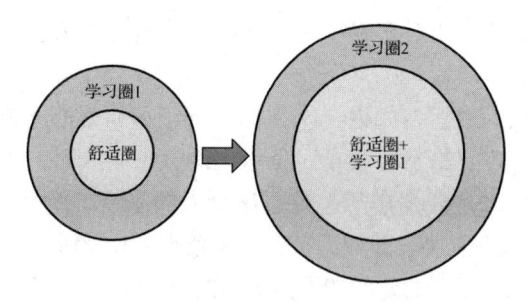

图 6-3 把学习圈变成舒适圈

2. 改变自己

1）改变熟悉的习惯

- 思考自己真正需要改变的是什么，如技能、知识结构、社交圈子等；
- 把大目标分解成小目标，按照正确的步骤一步一步地实现。

2）在改变自己的过程中寻找同伴，并进行自我复盘

- 同伴可以互相鼓励，促进彼此成长，有助于我们改变自己。
- 旁观者清，同伴能更清楚地分析我们的不足之处。

3）养成新的习惯，不断尝试新事物

- 积极地适应不舒适的状态。
- 积极地尝试新的事物和挑战。

4）组队坚持

有时候，我们之所以在面对困难时坚持不下去，是因为没有同伴、氛围和相互监督的机制。我们可以在线上或线下寻找有共同目标的人或社群，和同伴一起设定目标、一起打卡，建立奖惩机制并相互监督，这样就容易坚持下去了。

挑战自我，就是要战胜安于现状的自己。

3. 立刻去做

1）从改变自己开始

**案例 2：相信自己是一只雄鹰**

一个人在高山之巅的鹰巢里找到了一只小鹰，他把小鹰带回家并养在鸡笼里。这只小鹰和鸡一起嬉闹、休息，它以为自己是一只鸡。后来，这只鹰渐渐长大，羽翼丰满，主人想把它训

> 练成猎鹰。可是，由于终日和鸡生活在一起，这只鹰已经变得和鸡一样，根本没有飞的愿望。
> 　　主人试了各种办法都毫无效果，最后把这只鹰带到山顶上，一把将它扔了出去。这只鹰像块石头似的，直直地掉了下去。慌乱之中，它拼命拍打翅膀。就这样，它终于飞了起来！

这个世界上有两类人：一类是认为自己做得不够好的人，另一类是指责别人的人。前者往往是成功者，后者往往是失败者。

为什么人与人之间会有这么大的差别呢？因为成功者会反思自己，把失败归结为自己的过错；失败者只会指责别人，把责任推卸给别人。

改变别人很难，改变自己相对容易一些。能够反思自己的人往往可以持续进步，这就是成功者越来越成功的原因。

人生是一个持续修炼的过程，如果一个人修炼得很好，就能平静地对待个人的得失，不纠结于现状，关注未来，其前途不可限量。企业在选人、用人时，不能只看一个人现在是什么样子，还要看这个人未来是什么样子，要看这个人的品格、胸怀、境界、眼光和格局。

一个人即使没有能力改变社会、改变国家、改变企业、改变别人，或者改变生活中的不公平现象，也可以改变自己。有智慧的、聪明的人大多明白一个道理：与其责备别人，不如改变自己。

2）立刻行动

"绝不拖延，立刻行动"这句话是效果惊人的"行动触发器"。当感觉到拖延的恶习正悄悄地向我们靠近，或者它已经缠上我们，使我们动弹不得时，我们可以用上面这句话来警醒自己，强迫自己立刻行动。

工作成绩是做出来的，不是等出来的。要想有效地落实工作，"立刻行动"是非常重要的秘诀。拖延的原因可能是懒惰。惰性是每个人身上都有的一种倾向。成功者往往能克服这种倾向，不让它影响自己的人生。

3）挑战自我体现在日常的学习和生活中

挑战自我既不需要体现在重大项目、重大行动中，也不需要选择良辰吉日、举行盛大的仪式，它可以随时随地体现在日常的学习和生活中。

大学生活的精彩程度取决于我们的选择：如果我们选择安逸，大学生活就是轻松而单调的；如果我们选择勤奋，大学生活就是忙碌而丰富的。

## ➡ 任务实现

### 6.1.4　在大学期间跳出舒适圈

请参考网上的帖子和观点，结合自己的实际情况，思考在大学期间如何跳出舒适圈。老师抽查，请部分同学分享自己的思考，供其他同学参考。

## ➡ 任务小结

### 6.1.5　跳出舒适圈，未来的我们一定会感谢现在努力的自己

每个人都有舒适圈，每个人都需要舒适圈。跳出舒适圈并不意味着我们不需要它，而是为了

防止自己沦为舒适圈的奴隶，每天浑浑噩噩地混日子。人生是有限的，我们应该精彩地活一回。

机会是靠自己争取的，如果我们一直待在舒适圈里，机会就永远不可能主动找到我们。人生中难免有各种突如其来的事情，使我们不得不离开舒适圈，与其措手不及，不如主动出击，未来的我们一定会感谢现在努力的自己。

## 6.2 坚韧性

### 任务目标

#### 6.2.1 和自己签一份"合同"

**任务名称**

任务：和自己签一份"合同"，并总结执行情况。

**任务分析**

认识到坚韧性是战胜挫折的有力武器，了解习惯养成21天法则，培养自己的坚韧性。

| 实现准备 | 课堂活动 | 活动一：最难的是坚持到底 |
| --- | --- | --- |
|  | 课堂讲解 | 知识点：坚韧性的作用 |
| 实现参考 | 课堂讲解 | 参考建议：培养坚韧性的方法 |
|  | 课堂活动 | 活动二："遗憾教育"<br>扩展阅读：习惯养成21天法则 |
| 任务实现 | 课堂实训 | 任务：和自己签一份"合同"，并总结执行情况 |
| 任务小结 | 课后思考 | 坚韧性是克服困难、成就事业的钥匙 |

### 实现准备

#### 6.2.2 坚韧性是战胜挫折的有力武器

**活动一：最难的是坚持到底**

1. 活动目的

通过活动，了解坚持到底对成功的重要性。

2. 活动流程

1）阅读材料

谷歌高级工程师马特·卡茨给自己制订了一个为期30天的计划。在此期间，他每天都要做一些之前未能坚持到底的事,包括每天骑自行车上下班,每天步行 1 万步,每天拍一张照片,写一本 5 万字的小说,以及不看电视、不吃糖、不玩推特、不喝咖啡因饮料。可以说。马特的计划充满了挑战性。

马特坚持了下来。30 天后,昔日的宅男工程师不见了,他开始发自内心地喜欢骑自行车上下班,甚至完成了在非洲最高峰乞力马扎罗山的远足。

2)快速思考

- 你觉得马特做的事难吗?长期坚持做这些事难吗?
- 你羡慕马特坚持到底的结果吗?
- 你有长期坚持做某件事的习惯吗(尤其是在遇到困难的时候)?

## 知识点:坚韧性的作用

### 1. 坚韧性的定义

坚韧性是指一个人坚忍不拔的毅力、顽强不屈的精神,它激励人们克服一切困难,在困难或威逼利诱面前毫不动摇,坚持不懈地实现既定目标。

坚韧性即意志的坚韧性,是意志品质的重要组成部分,主要体现为人在面对困难和障碍时,能够坚持不懈、百折不挠,克服困难、突破障碍,最终实现既定目标的能力。意志的坚韧性是人坚持不懈、勇往直前地完成任务的能力,它反映了意志的外在稳定性。意志的外在稳定性越强,意志对人的行为、活动的控制力、约束力就越持久,人就越能表现出顽强的毅力和持久的耐心。

意志的坚韧性过高的人容易成为工作狂、书呆子、影视迷,意志的坚韧性过低的人容易贪图享受。

### 2. 为什么坚韧性是战胜挫折的有力武器

坚韧性是克服困难的保障,它可以帮助人们成就事业、实现理想。

有坚韧性的人在遇到灾祸的时候不会无所适从,在困难和打击面前能够顽强地生存下去。

想获得成功的人要经常问自己"我有耐心和坚韧性吗""我能在失败之后仍然坚持吗""我能不顾任何阻碍一直前进吗"。

只有充分发挥自己的天赋和才能,才能找到通往成功的康庄大道。一旦下定决心就不再动摇的人,做起事来通常很负责,获得成功的希望也很大。我们在做事前应该先确定目标,然后按照预定的计划按部就班地执行,不达目的决不罢休。成功者的特征之一是不因任何阻挠而颓丧,盯住目标,勇往直前。

获得成功有以下 3 个重要的前提:一是坚决,二是坚持,三是坚韧。人们往往愿意相信意志坚强的人,因为他们在遇到困难、挫折时不会一蹶不振。

要想实现理想,我们必须持续努力,并打破"只能做到这一步了"的旧观念。如果不打破这种旧观念,我们就不可能战胜挫折。只有战胜挫折,才能获得成功。

自信有助于培养坚韧性,而坚韧性有助于我们获得更大的成功。

### 3. 成功需要坚韧性

1）关于坚持

---
**案例 1：找座位**

有个人经常坐火车出差，有时候买不到坐票，可无论是长途还是短途，无论火车上有多拥挤，他总能找到座位。他的办法很简单，就是一节车厢一节车厢地耐心寻找。这个办法似乎并不高明，却很管用。

他每次都做好了从第一节车厢走到最后一节车厢的准备，可是每次都用不着走到最后一节车厢就会发现座位。他说这是因为像他这样锲而不舍地找座位的乘客实在不多。他经常看到这种情形：他落座的车厢有很多座位，其他车厢的过道和车厢连接处却人满为患。

大多数乘客被一些车厢拥挤的假象迷惑，其实在多次上下客之后，车厢里有不少座位。然而，他们即使想到了这一点，也没有那份耐心。不能坚持找座位的乘客大多只能在上车时的落脚之处一直站到下车。

---

有些人之所以失败，不是因为没有才华，而是因为他们放弃了。有时候，成功和失败只在一念之间，关键是选择坚持还是放弃。

只要坚持不懈，再平凡的人也有可能变得卓越，正所谓"能忍天下人所不能忍者，能为天下人所不能为"。有时候，坚持到底就会出现转机，伟大是"熬"出来的。仔细观察一些看似突如其来的成功，我们会发现，哪有"从天而降"的成功，不过是十年磨一剑。

美国著名演员说过："我不是这个世界上最聪明或最有才华的人，可是我成功了，因为我能够坚持、坚持、再坚持！"是什么让我们不能坚持到底而选择放弃？大致有以下 4 个原因：失去希望、缺乏自信、挫折阻挡、失败打击。

2）关于希望

---
**案例 2：最后一片"叶子"**

病房里，一个生命垂危的病人看见窗外有一棵树。病人望着树上的叶子在秋风中一片片地掉落下来，她的身体也每况愈下，一天不如一天。她说："当叶子全部掉光时，我就要死了。"

一位老画家得知此事后，用彩笔画了一片青翠的"叶子"，并把它挂在树枝上。这最后的一片"叶子"始终没有掉下来，正因为这抹绿，病人竟奇迹般地活了下来。

---

由上述案例可知，人生可以没有很多东西，却不能没有希望。希望是生活的重要价值。只要有希望，生命就能生生不息。

3）关于自信

---
**案例 3：自己"栽培"的世界冠军**

一位曾赢得世界冠军的羽毛球选手到某地访问，记者问他："你能赢得世界冠军，最感谢哪个教练的栽培？"他想了想，坦诚地说："如果真要感谢，我最感谢的是自己的'栽培'。就是因为没有人看好我，我才有今天。"

原来，他当初入选国家代表队时只是个绿叶的角色，虽然他的羽毛球打得不错，但是从没被视为能为国争光的人选。他沉默寡言，年纪也比最出色的选手大。教练选他并不是要栽培他，而是要他陪其他选手练球。

这样一来，他每天打球的时间都比别人长很多，因为他是很多队友的最佳陪练。有一年，他垫底入选世界大赛，第一场就遇到强劲的对手，大家都以为他会成为"牺牲品"，没有人觉得他会赢。没想到他竟然势如破竹地一路赢了下去，甚至赢了教练心中最有希望夺冠的队友，赢得了世界冠军，一战成名。即使没有伯乐，他一样证明了自己是千里马。

在没有遇到伯乐的时候，自己就是自己的伯乐，关键是要相信自己是一匹千里马。这就是自信。自信与身处顺境或逆境无关，它只与一个人内心是否肯定自己的价值密切相关。例如，一张百元大钞无论被怎么踩、怎么揉，它的价值都是 100 元。只要我们足够自信，就没有人可以用话语伤害、侮辱我们。

英国心理学家哈德菲尔德说："人在自信的情况下，可以把自己的能力发挥到 500%以上，而没有自信的人只能发挥自己 30%的能力。"

职位不能界定我们的身份，我们的身份不会随着职位高低、办公室大小的改变而改变，律师、厨师、管理员、电工、领班、飞行员、经理等职位只是真实自我的一小部分。自信是成功的一半，充满自信的人更容易做出一番事业。

**4. 当遇到挫折时，我们要有坚韧性**

挫折是指人们在追求目标的活动中遇到的干扰、障碍或遭受的损失、失败。人随时都可能遇到各种意想不到的困难和挫折，可以说，它们是人生的一部分。

1）挫折的必然性

虽然人人都希望事事顺利，但是"万事如意""心想事成"只是一种美好的愿望。"人生不如意事十之八九"，几乎没有人没经历过挫折和失败。

对于挫折，我们要认识到其必然性。做事时遇到困难和挫折是正常情况，我们不能抱有侥幸心理和逃避心理，更不能因此而放弃。困难和挫折中往往蕴藏着新的机会和希望，奇迹往往在绝望之前出现。

2）挫折的正面作用

**案例 4：必须自己破茧的蝴蝶**

某一天，一只茧上裂开了一个小口，有个人正好看到这一幕。蝴蝶艰难地把身体从那个小口中一点一点地挣脱出来，几小时过去了，似乎没有任何进展。看样子，它似乎已经竭尽全力，不能再继续了。这个人看得心疼，决定帮助一下蝴蝶。

他拿来剪刀，小心翼翼地把茧剪开。蝴蝶虽然很容易地挣脱出来了，但是它的身体很萎缩、很小，翅膀紧紧地贴着身体。这个人并不知道，破茧是蝴蝶在成长中必须经历的过程，它要通过这个过程把体液挤压到翅膀，这样才能在破茧而出后展翅飞翔。

挫折是成功的必经过程，挫折可以帮助我们成长。孟子说"故天将降大任于是人也，必先苦其心志，劳其筋骨，饿其体肤，空乏其身，行拂乱其所为，所以动心忍性，曾益其所不能。"

心理学家把挫折比作"精神补品"，因为每战胜一次挫折，我们就增强了自身的力量，从而为战胜下一次挫折提供精神支撑。挫折促使人认真总结经验教训，探究遭遇困难、失败的原因，寻找摆脱困境、走向成功的秘诀。只有经历并战胜挫折，我们才能充分体会成功的喜悦。

3）勇敢面对挫折，把它变为成长的阶梯

> **案例5：驴子抖落泥土，站了上去**
>
> 　某一天，农夫的驴子不小心掉入枯井，农夫绞尽脑汁也无法救出驴子，于是决定填埋枯井，以解除驴子的痛苦。农夫请邻居帮忙，大家用铲子把泥土铲进井里。驴子明白了自己的处境，刚开始叫得很凄惨。出人意料的是，过了一会儿，驴子安静了下来。
>
> 　农夫好奇地向井里探头一看，眼前的景象令他大吃一惊：当被铲进井里的泥土落在驴子身上时，驴子先把泥土抖落到一旁，然后站到泥土堆上面！很快，这只驴子便得意地上升到井口，在众人惊讶的表情中快步跑开了。

挫折就像上述案例中的"泥土"，只要我们能把"泥土"抖落掉并站到上面，挫折就会变为成长的阶梯。人正是在不断战胜挫折的过程中成长起来的。

软弱的性格往往会导致不幸的命运，而性格坚强的人即使摔倒一两次，终有站起来的时候。要想知道一个人是不是真正的英雄，不能看他在风光无限的时候是什么样子，而要看他在"败走麦城"、处于低谷的时候是什么样子，这就是人们常说的"逆境中方显英雄本色"。

逆境商数是指一个人面对逆境时的挫折承受能力与摆脱逆境的能力。一个人的逆境商数越高，越能灵活地面对逆境，并勇于接受挑战。挫折不可怕，关键是用什么样的态度对待挫折。

4）放弃是最大的失败

没有人能随随便便成功，通往成功的征途上常常有失败相随。失败并不可怕，可怕的是失去面对失败的勇气。只要我们能扛住每一次打击，我们就会变得更加坚强。

世界上没有彻底的失败，放弃是最大的失败。我们必须认清失败是一时的不顺利还是完全没有成功的办法。有时候，失败是因为我们不够努力。在承认失败之前，我们应该反思一下：我们真的付出最大的努力了吗？

我们要警惕"失败思维"。以下3个案例的寓意值得深思。

（1）"失败假设型"思维。

> **案例6：向邻居借锤子**
>
> 　有个人想挂一幅画，但他没有锤子，于是想向邻居借锤子。就在这时候，这个人起了疑心：要是邻居不愿意把锤子借给我怎么办？他昨天漫不经心地和我打招呼，也许他很匆忙，也许这种匆忙是他装出来的，其实他内心对我非常不满。他因为什么事对我不满呢？我又没有做对不起他的事，是他自己多心罢了。要是有人向我借锤子，我立刻就借给他。

他为什么不借呢？他怎么能拒绝帮别人这么点儿忙呢？他还自以为我依赖他，仅仅因为他有一个锤子！我受够了！

想到这，这个人迅速跑到邻居家，按响门铃。邻居开门后还没来得及说一声"早安"，这个人就冲邻居喊道："留着你的锤子自己用吧，你这个小气鬼！"

有人认为凡事要往最好的方向努力，同时要做最坏的准备。这种思维没有错，错的是有些人过多地往坏的方面想，不断地自我否定，实际上早已对做成事情失去了信心。他们的口头禅是"这样不行吧""万一……"。失去信心的结果是事情十有八九会朝着不利于自己的方向发展，一旦如此，这些人还会说："看，我早就说过不行吧？"他们甚至在潜意识里希望事情往坏的方向发展，以验证自己的假设。这种思维会对人产生负面的心理暗示，有这种思维的人很难成功。

（2）"失败记忆型"思维。

### 案例7：一条细细的链子拴得住一头千斤重的大象

一根小小的柱子，一条细细的链子，为什么拴得住一头千斤重的大象？

这种场景在印度和泰国随处可见。驯象的人用一条链子把小象绑在水泥柱或钢柱上，无论小象怎么挣扎，都无法挣脱。

小象渐渐地习惯了，直到长成大象。即使可以轻而易举地挣脱链子，大象也不会挣扎。大象被过去的失败记忆限制住了，放弃了逃跑的念头，殊不知自己在长大后早已不是一条细细的链子拴得住的。

就像上述案例中的大象一样，有些人把过去的失败记忆牢牢地记在心里，看不到力量对比和形势的变化，以为有些事情过去办不到，现在也办不到，一直生活在失败的阴影中。

（3）"失败记忆扩散型"思维。

### 案例8：不敢拿香蕉的猴子

实验者把4只猴子关在笼子里，每天只给它们喂很少的食物，猴子饿得吱吱叫。几天后，实验者从笼子顶部放下一串香蕉，一只饿得头昏眼花的大猴子一个箭步冲向香蕉，可是它刚碰到香蕉，就被机关喷出的热水烫得全身是伤。另外3只猴子依次爬上去拿香蕉时，同样被热水烫伤，这些猴子只好"望蕉兴叹"。

几天后，实验者把一只老猴子换成了一只新猴子。当新猴子想爬上去拿香蕉时，其他3只老猴子立刻制止了它，并告知它这样做有危险，千万不能尝试。过了几天，实验者又把一只老猴子换成了一只新猴子。当这只新猴子想拿香蕉时，有趣的事情发生了：不仅剩下的两只老猴子制止它，连没被热水烫过的那只猴子也极力阻止它。实验继续，当所有老猴子都被换成新猴子之后，没有一只猴子被热水烫过，能喷出热水的机关也被拿走了，香蕉唾手可得，却没有猴子敢上前享用。

从上述案例中可以看出，我们不仅会被自己的失败记忆禁锢，还会把自己的失败记忆传播、扩散出去，禁锢别人。别人继续把这些失败记忆传播出去，却不知情形可能早已改变。

### 5. 意志力是坚韧性的基础和恒心、毅力的源泉

1）意志的定义

意志是指人自觉地确定目标,根据目标支配、调节自己的行为,并通过克服困难来实现预定目标的心理状态。意志是内部意识向外部行为的转化。人的一切有目的、有计划、有意识的行动都属于意志行动。

人生犹如一段逆水行舟的苦旅,如果没有搏击风浪的大无畏精神,就只能被冲垮、淹没。人要有大无畏的精神,这就是人的意志。

2）意志品质的构成要素

意志品质是指构成人的意志的诸多要素的总和,主要包括意志的自觉性、果断性、自制性和坚持性4个方面,是衡量一个人的意志是否坚强的尺度。

（1）意志的自觉性。

意志的自觉性是指动机或目标明确,并能自觉地行动。意志的自觉性强的人能够主动、独立地调控自己的行动,为实现预定目标而倾注全部的热情和力量。

（2）意志的果断性。

意志的果断性是指善于抓住时机,能够迅速做出决定,及时行动。当需要立即行动时,意志的果断性强的人能够迅速决断,从而使意志行动顺利进行;当出现新的情况,需要改变行动时,他们能够随机应变,毫不犹豫地做出新的决定,以便更加高效地完成行动。

（3）意志的自制性。

意志的自制性是指善于控制和支配自己的行动,管理自己的言行。意志的自制性强的人能够在意志行动中不受无关因素的干扰,控制自己的情绪,坚持完成原定计划,同时能停止不利于实现目标的行为。

（4）意志的坚持性。

意志的坚持性是指坚持不懈、百折不挠,不达目的决不罢休。"锲而不舍,金石可镂"就是意志的坚持性的表现。

以上4个方面不是孤立的,而是有内在联系的有机整体,其中第四个方面最能反映一个人的意志品质。

3）意志的作用

---

**案例9：有成就的人与意志力**

美国心理学家曾对1000多名智力超常的儿童进行长达50年的追踪调查,发现其中有些人后来在事业上取得了很大的成就,声名显赫;有些人却一事无成,默默无闻。

心理学家根据被调查者取得成就的大小,把他们分为有成就组和无成就组进行比较研究,发现取得较大成就的人对自己的事业有忘我的献身精神,执着地追求自己认定的目标,即使遇到重大挫折也毫不动摇;一事无成的人在困难面前畏缩不前,只会消极地等待机遇。

---

（1）坚强的意志是行动的强大动力。

坚强的意志既能让人自觉地按照原定计划行动,又能让人自觉地停止不符合要求的行

为，并在受到干扰时控制自己的行为，"当行则行，当止则止"，不因受到诱惑而轻举妄动，掌握自己的命运。

当感到疲倦、松懈、枯燥和情绪低落时，我们要尽快走出不良状态，发挥自己的潜能，坚持不懈地朝着目标努力。坚强的意志是一种源源不断的强大动力，可以推动我们努力实现既定的目标。

（2）坚强的意志是克服困难的必要条件。

做事免不了会遇到困难，克服困难要有坚强的意志。之所以只有少数人成功，是因为在面对困难、危险、不公平的时候，只有少数人能扛过去。

（3）坚强的意志是事业成功的保证。

对于要做的某件事，我们既可以把它想象成艰苦的爬山，也可以把它看作轻松的游戏。无论怎样，必胜的信念、坚定的信心、坚持的毅力和勇敢面对结果的态度都是非常重要的。

意志是恒心和毅力的源泉。许多人之所以在事业上有重大的成就，不仅是因为他们的聪明才智，更重要的是他们有坚忍不拔的毅力和勇气。聪明才智往往是在战胜挫折和失败的过程中得以运用和发挥的。

➡ **实现参考**

## 6.2.3 如何培养坚韧性

**参考建议：培养坚韧性的方法**

#### 1. 确定明确、具体、吸引力大的目标

目标决定了一个人的坚韧程度。目标越明确、具体，目标的吸引力越大，人实现目标的可能性越大。在确定目标的时候，我们需要认真地思考自己为什么要做这件事，以及如果不做这件事会怎样。可做可不做的事往往没有足够大的吸引力，当我们发现吸引力更大的其他目标时，放弃原定目标的可能性会很大。在考虑要不要做某件事之前，我们应该静下心来，认认真真地思考以下问题：这件事对我的意义有多大？这件事非做不可还是可做可不做？不做这件事会面临什么样的后果？

我们做的每件事并非都会带来积极的影响或改善我们的生活状态，有些事如果不做，可能使我们现在的生活状态难以维持。

人改善现状的动力往往小于不得不做某件事的动力。我们对目标分析得越透彻，对其意义与影响理解得越清晰，越能把目标铭记于心。

#### 2. 获得必需的资源

在确定目标的时候，我们必须想清楚以下问题：我有什么资源？我可以通过哪些方式争取资源？我能不能在资源有限的情况下继续前进？当遇到意料之外的困难或阻力时，我该怎么办？有些人之所以一遇到困难就放弃原定目标，将其改为其他目标，最后鸡飞蛋打，不是因为他们不想做成事情，而是因为他们在做事之前对可能面临的问题与困难没有足够的准

备。这里所说的资源不仅包括物质资源、资金资源，还包括心理资源和时间资源。

### 3. 分解目标，一步一步地实现

我们可以把大目标分解成阶段性的小目标。分解目标的目的是衡量前进的里程和排列做事的先后顺序。项目管理中经常出现的一个问题是，要想实现某个阶段性目标，必须同时完成许多事项，如果没有如期完成这些事项，就会阻碍阶段性目标的实现。分解目标需要了解先做什么事，后做什么事，尤其要避免做了很多事之后发现有些事还停留在起点。如果此时才做这些事，那么往往需要花费更多的时间和精力。

例如，你要想考上一流的名牌大学，需要先进入理想的高中；要想进入理想的高中，需要以优异的成绩通过中考；中考的成绩是各门功课成绩的总和，而各门功课的成绩取决于平时是否刻苦学习。如果没有平时的认真听讲和努力学习，"考上一流的名牌大学"的目标就是空中楼阁。

### 4. 学会坚持

"骐骥一跃，不能十步；驽马十驾，功在不舍。"对于大多数人来说，坚持是痛苦的，因为它在一定程度上压抑了人性。成功往往是在忍耐了常人无法忍耐的痛苦之后才能获得的。

80%的人还没有竭尽全力就放弃了。业务发展水平与投入时间的关系如图6-4所示。在前期阶段，收益也许只能基本维持业务运作，熬过这个阶段，收益会增加，但大部分人还没熬过这个阶段就放弃了。恐惧会限制人的想象力，在屋子里徘徊的人是看不到风景的。

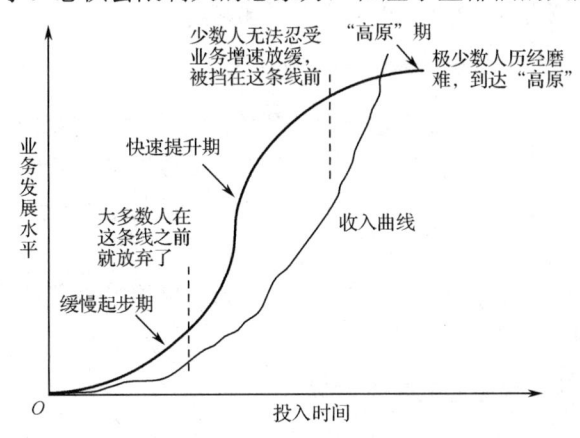

图6-4　业务发展水平与投入时间的关系

1）在日常工作中，坚持是成功的基础

在日常工作中，我们要做好每天或每周的例行工作，如撰写工作计划、日报、周报等。坚持良好的工作习惯，在需要我们担当责任的时候挺身而出，有助于我们获得成功。

例如，有些项目的周期可能长达一年甚至更长的时间，在项目申请、审批阶段，我们要保持与客户交往、交流的频率，向客户介绍最新的产品、项目的进展，获取项目各方面的信息，稳扎稳打，在关键时刻推动项目获得圆满成功。

2）积累工作经验

很多人发现自己在工作中没有晋升的机会，感到非常迷茫。即使遇到这种情况，我们也应该努力坚持学习，积累工作经验，而不是频繁地更换工作。

频繁跳槽的人容易形成"习惯性跳槽"的思维，他们去新公司面试的时候，往往会给面试官留下不稳定的印象。在不涉及原则性问题的前提下，他们如果能在原来的公司坚持工作，积累工作经验，通常能获得更好的发展。

3）提升自己的抗压能力

当遇到特别大的压力时，很多人发现自己难以承受，于是推卸责任。我们应该在工作中提升自己的抗压能力，让自己在职场中越来越轻松，而不是通过跳槽来重新开始，这样只是一次又一次地逃避问题，并没有解决问题。

坚持的意义在于，未来的我们不会后悔当初半途而废，而是会感谢那个坚持到底的自己。

### 5. 给予精神奖励或物质奖励

无论是成年人还是孩子，在实现目标、取得成就的时候，都需要一定的精神奖励或物质奖励。奖励既是外界对自己的肯定，也是自己对自己的肯定。有了这些肯定，我们会觉得开心或产生成就感，从而有信心进入下一个阶段。

奖励的方式很多：有些人会给自己买一件小饰品，或者出去旅游；有些人会和朋友吃一顿饭；还有些家长会口头表扬孩子，或者给孩子买一些奖品。

人是需要激励和表扬的动物。无论是自我激励和表扬，还是别人的称赞，都可以让我们产生更大的信心和更积极地实现目标的心理驱动力。情商高的管理者、家长往往会在下级或孩子实现目标、取得成就的时候给予适当的表扬和鼓励。

### 6. 培养坚韧性是长期的身体训练和心理训练

马拉松或铁人三项运动员要想在赛场上取得好成绩，强大的身体机能和心理素质缺一不可。如果没有强大的身体机能，即使运动员的心理素质再强大，也无法完成这些项目。当身体的消耗已经达到极限时，支撑我们继续前进的往往是强大的心理素质，它甚至可以刺激身体机能超常发挥。

健康的身体能够产生旺盛的精力和强大的行动力，健康的心理是支撑身体的内在力量。培养坚韧性是对身体和心理的双重训练。

### 7. 想放弃的时候就是考验坚韧性的时候

趋利避害是生物的本能。当我们克服重重困难，以为黎明就在眼前，却发现还有更大的困难时，别人可能问我们："何苦这样坚持呢？"我们可能也会问自己："这样坚持值得吗？"在这个时候，我们需要静下心来想一想自己当初是怎么走上现在这条路的。

坚韧性是一种可贵的品质，培养坚韧性的过程是一个艰辛的过程。当我们感觉"山重水复疑无路"的时候，不妨问一问自己："我真的竭尽全力了吗？"再加把劲，也许就会"柳暗花明又一村"。

### 活动二："遗憾教育"

#### 1. 活动目的

通过活动，认识到坚韧性的重要性，理解坚韧性的具体表现。

## 2. 活动流程

**1）阅读材料**

日本电视台曾播出过一个名为"需要遗憾的人"的节目。在该节目中，摄影师跟踪拍摄了下面的故事。

秋天到了，川崎市一家幼儿园的老师领着孩子们去郊外挖红薯。兴奋的孩子们在老师的带领下挖得很快，一会儿就挖了一大堆红薯。时间过得很快，转眼就该回幼儿园了。老师告诉孩子们，挖出来的红薯可以随便拿，但有一个条件：回幼儿园需要步行两小时，还要爬48级台阶。孩子们都想多带点红薯回家，有的孩子甚至在背包里装了5kg红薯。

刚开始往回走的时候，孩子们叽叽喳喳的，十分兴奋。没多久，背着5kg红薯的孩子开始感觉有些累了，变得沉默起来。走到一半的时候，背包过重的孩子步伐越来越沉重、缓慢，腿也有些抬不起来了。又过了一阵子，有些孩子完全走不动了，一屁股坐在地上。当看到48级台阶出现在面前时，有的孩子忍不住放声大哭起来。

老师蹲下身问大哭的孩子们："怎么样，需要帮忙吗？"孩子们边哭边摇头，因为背多少红薯是他们自己选择的，他们必须坚持到底。

这时，有个身体结实一点的孩子把坐在地上哭的孩子们拉了起来，大家一起手牵手，继续朝前走。最后，每个孩子都背着满满一背包的红薯，互相鼓劲，爬完了48级台阶，坚持走回了幼儿园。

**2）快速思考**

- 孩子们的哪些行为体现了坚韧性？
- 除了坚韧性，背红薯还锻炼了孩子们的哪些素质？

## 3. 观点分享

懊悔与遗憾不一定是坏事，只要能正确面对，它们就可能变成好事。例如，背着5kg红薯回家的孩子在半路上为自己的"贪心"感到懊悔，但仍然坚持到了最后。这种在痛苦中锻炼出来的耐力、坚韧性和责任感，无疑比说教深刻得多。

有时候，团队里有几个需要帮助和关照的人，反而能促进团队成员之间相互关爱和协作。例如，如果在所有背着红薯回家的孩子中没有大哭的、坐在地上走不动的，每个孩子都精力旺盛，就不会出现孩子们互相鼓励、互相加油的一幕。

### 扩展阅读：习惯养成21天法则

习惯养成21天法则是通过21天正确、重复的练习来养成一个好习惯的法则。

《现代汉语词典》对"习惯"的解释是"在长时期里逐渐养成的、一时不容易改变的行为、倾向或社会风尚"。请扫描二维码，进行扩展阅读，了解关于习惯养成21天法则的更多内容。

扫一扫

微课：习惯养成21天法则

## 任务实现

### 6.2.4 和自己签一份"合同",并总结执行情况

1. 背景

这份"合同"是我对自己的一个承诺,我一定要有所改变。

2. 内容

- 对存在的问题有清醒的认识(如"我体重超标,这样容易生病")。
- 渴望改变(如"我希望减肥")。
- 宣言(如"我一定要在 30 天里减掉 3kg")。宣言应措辞清晰,有可执行性和具体的时间期限。
- 计划(如"我计划每天锻炼 1 小时,并控制自己的饮食")。
- 奖励(如"如果我减肥成功且坚持 3 个月没反弹,就奖励自己去＿＿＿＿＿＿度假")。

3. 说明

和自己签一份"合同",对自己做出一个承诺,在"合同"的最后签名,并将"合同"保存起来。

4. 总结执行情况

半年后,回顾自己对"合同"的执行情况,把做得好的地方和需要改进的地方、改进建议等整理成一份总结报告,并将其起来保存。

## 任务小结

### 6.2.5 坚韧性是克服困难、成就事业的钥匙

坚韧性非常重要。几乎每个人都会经历失败,最重要的是在经历失败后爬起来继续前进。坚韧性是克服困难的钥匙,它可以帮助人们成就事业。坚韧性可以让人们在灾祸来临时不至于覆灭;可以让柔弱的女子挑起家庭的重担,维持全家人的生计……可以说,整部人类历史都归功于开拓者的坚韧性。

# 参考文献

[1] 王沛. 大学生职业决策与职业生涯规划[M]. 北京：科学出版社，2007.
[2] 侯连兴. 电信运营商现状与发展策略研究[EB/OL]. [2021].
[3] 刘鑫渝，高伟. 高校学生社团育人机制对比研究[J]. 中国青年政治学院学报，2011，30（02）：48-51.
[4] 王东. 大学生考证热——应理性对待[J]. 民族论坛，2011（08）：22-23.
[5] 葛明贵. 大学生学习心理研究[M]. 合肥：合肥工业大学出版社，2010.